中山大学岭南(大学)学院

LINGNAN (UNIVERSITY) COLLEGE

广东改革开放40周年回顾与展望丛书

陆　军◎主编

广东经济发展四十年

○ ⋯⋯⋯ ○ ⋯⋯⋯ ○

才国伟 等◎著

中国社会科学出版社

图书在版编目（CIP）数据

广东经济发展四十年／才国伟等著 . —北京：中国社会科学出版社，
2018. 10

（广东改革开放 40 周年回顾与展望丛书）

ISBN 978 - 7 - 5203 - 3460 - 0

Ⅰ. ①广…　Ⅱ. ①才…　Ⅲ. ①区域经济发展—广东　Ⅳ. ①F127. 65

中国版本图书馆 CIP 数据核字（2018）第 248597 号

出 版 人	赵剑英	
责任编辑	喻　苗	
责任校对	胡新芳	
责任印制	王　超	

出　　版	中国社会科学出版社	
社　　址	北京鼓楼西大街甲 158 号	
邮　　编	100720	
网　　址	http：//www. csspw. cn	
发 行 部	010 - 84083685	
门 市 部	010 - 84029450	
经　　销	新华书店及其他书店	

印　　刷	北京明恒达印务有限公司	
装　　订	廊坊市广阳区广增装订厂	
版　　次	2018 年 10 月第 1 版	
印　　次	2018 年 10 月第 1 次印刷	

开　　本	710×1000　1/16	
印　　张	23. 5	
插　　页	2	
字　　数	310 千字	
定　　价	96. 00 元	

总　序

党的十一届三中全会，吹响了中国改革开放的号角，从此中国大地发生了翻天覆地的变化。时至今日，已经整整四十年，中国从一个贫穷落后的国家发展成为世界第二大经济体，外界称之为中国奇迹。四十年的改革开放，给中国人民带来了实惠，也给世界人民带来了福利，中国已经成为了世界第一贸易大国。四十年的风雨历程，四十年的探索前行，走出了一条中国特色的社会主义道路，向世人证明了中国特色社会主义制度的优越性。

广东地处华南，濒临港澳，是中国改革开放的试验田和排头兵。从蛇口工业区、经济特区到沿海开放城市，再到沿江沿边城市，形成全面对外开放的新格局，广东的先行先试以及"敢为天下先"的开创精神，为全国提供了很好的经验借鉴。2018 年 3 月 7 日，习近平总书记在参加十三届全国人大一次会议广东代表团审议时发表重要讲话，充分肯定了党的十八大以来广东的工作，深刻指出广东在我国改革开放和社会主义现代化建设大局中的重要地位和作用，对广东提出了"四个走在全国前列"的明确要求。"进一步解放思想、改革创新，真抓实干、奋发进取，以新的更大作为开创广东工作新局面，在构建推动经济高质量发展体制机制、建设现代化经济体系、形成全面开放新格局、营造共建共治共享社会治理格局上走在全国前列。"从某种意义上讲，广东的改革开放就是全国的一个缩影，广东的经验就是全国的经验。党中央在充分肯定广东成绩的同时，对广东也提出了更高和更大的要求。

1985 年我还在中山大学攻读研究生，到深圳参加广东外贸体制改革课题的调研，当年深圳建设时期晴天黄尘漫天、雨天泥泞的道路至今印象深刻。珠江三角洲河网密布，水系发达，改革开放前广东、特别是珠三角交通很不发达，广州到东莞要过五六个渡口，要用 6 个多小时的时间。如今粤港澳大湾区城市群通过高速铁路、高速公路、港珠澳大桥等连成一体，成为世界上最发达的区域。改革开放初期，以习仲勋、任仲夷等为代表的老一代改革开拓者，以大无畏的改革精神和实事求是的探索精神，给广东的发展打出来一片新天地。广东从改革开放前的一个偏远落后的省份，如今已经连续 29 年经济总量位列全国第一。广东"以桥养桥""以路养路"，率先到国际金融市场融资，率先成功采用 BOT 的建设方式，率先采用掉期等风险管理的方式，率先发行信用卡等，广东在中国不知有多少个全国第一！从经济特区的建立，对外开放以及"三来一补"的发展模式，助力广东取得发展的原始积累；到珠三角的迅速崛起，广东制造蜚声海内外；再到广东创造，成为创新创业的引领者，这中间不知凝聚了多少广东人民的勤劳和智慧。特有的广东经济发展模式，给各种所有制经济提供了发展的舞台，特别是民营经济以及家族企业开拓了一条特色发展之路。企业发展需要社会和政策的土壤，企业也在不断地回馈社会和国家，广东的企业家们也格外注重履行企业社会责任。经济的发展，更离不开政府的政策扶持和市场制度建设，金融、外贸、工业、财政、税收等各个领域的改革，在广东大地上全面推开。广东的发展离不开港澳两地的支持，同时广东的发展也给港澳的发展注入了新的活力。在"一国两制"方针的指导下，粤港澳经济合作的格局也在不断发展和壮大。最近粤港澳大湾区建设的战略设想，也给粤港澳合作提出了更高的要求，粤港澳三地人民将发挥更大的智慧来互补互助，解决发展的瓶颈问题，将会给世界大湾区经济建设和制度创新留下浓墨重彩的一笔。然而，发展也存在一定的问题，广东的区域发展极不平衡，粤东西北等地区的经济发展甚至滞后于全国平均水平，最富在广东，最穷也在广东。2020 年我们要全面步入小康社会，广东的扶贫攻坚工作也尤为艰巨。

中国、特别是广东的改革开放走的是一条创新开拓之路，没有现成的经验可以借鉴，是中国共产党人，带领全国人民披荆斩棘，共建美好家园的探索之路，所以有人把改革称之为摸着石头过河。既然是走没有人走的路，就会出现这样或那样的问题，也会遇到这样或那样的困难。我们把这些解决问题的思路和克服困难的方法总结起来，这就是经验，是希望给继续前行的人点上一盏明灯。

中山大学地处广东改革开放这块热土，中山大学的众多师生全程参与了广东的改革开放，见证了广东改革开放的奇迹。在我的记忆中，广东改革开放四十年的不同阶段碰到的重要的理论与实践问题，都有我们经济学人参与研究。从最早的加工贸易、"三来一补"，鲜活农产品输港问题，到香港珠三角"前店后厂"、国际经济大循环、珠三角发展规划、产业升级转型、大湾区建设、价格改革、外贸改革、金融改革、国企改革、农民工问题等，中山大学的经济学人都积极地贡献着智慧。1989 年成立的中山大学岭南（大学）学院，本身就是作为中国教育部和中山大学在中国高等教育改革开放方面的一个尝试。得益于广东改革开放的伟大成就，经过近 30 年的建设，岭南学院已经通过了 AACSB、AMBER 和 EQUIS 等国际商学院的三大认证，跻身于国际优秀的商学院之列。自 2017 年初，岭南学院就计划组织校内外专家学者编写"广东改革开放 40 周年回顾与展望"丛书，从经济发展、经济改革、对外开放、区域经济发展、民营企业、广东制造、财政改革、金融发展、企业社会责任以及粤港澳合作等视角全方位回顾广东的发展历程，总结广东的发展经验，并展望未来的发展方向。丛书的编写工作，得到了中山大学领导的大力支持，学校不仅在经费上全力支持，而且在总体布局上给予了诸多指导。当然，由于团队水平有限，写作的时间较短，难免有所疏漏，错误在所难免，还请广大读者批评指正。

中山大学岭南（大学）学院　陆军教授

2018 年 10 月 21 日

目　　录

第三篇　经济发展的基本路径：
要素优化配置

第四篇　改革开放的经济建设成效

第五篇 改革开放的未来展望：
开启广东建设新征程

导　　论

广东是中国的南大门，处在南海航运枢纽位置上，陆地面积为17.98 万平方公里，约占全国陆地面积的 1.87%。广东省下辖 21 个地级市，划分为珠三角、粤东、粤西和粤北四个区域，其中珠三角包括：广州、深圳、佛山、东莞、中山、珠海、江门、肇庆、惠州；粤东包括：汕头、潮州、揭阳、汕尾；粤西包括：湛江、茂名、阳江；粤北包括：韶关、清远、云浮、梅州、河源。广东人民从秦汉开始，就通过海洋走上与世界各地交往的道路，成为海上丝绸之路最早的发源地。

广东是中国改革开放的排头兵，也是中国经济发展的先行地；20世纪 80 年代，率先进行对外开放并迈出改革步伐，建立了经济特区、珠江三角洲经济区、沿海开放城市；20 世纪 90 年代又借着坚持改革开放的春风，开始建立社会主义市场经济框架，经济总量一路领先。进入 21 世纪，沿着市场经济与宏观调控有机结合的科学发展模式，不断推进产业升级与科技进步，经济发展继续迅猛前进，综合实力不断提升。近年来，按照习近平总书记的要求，广东不断探索高质量发展的体制机制，建设现代化经济体系，推动全面开放新格局，努力实现"四个走在全国前列"。

改革开放给广东经济注入了勃勃生机，经济实力和人均产值不断提升。广东地区生产总值（GDP）从 1978 年的 185.85 亿元（全国第5 位）上升到 2017 年的 89879.23 亿元，占全国 GDP 的 11%。截至2017 年底，广东的经济总量已经连续 29 年位居全国第一，全面超过

"亚洲四小龙"中的中国台湾、中国香港和新加坡。根据世界银行数据，如果拿广东省和其他国家相比，其经济总量从1978年世界排名第61位跃升至2016年的第14位，当前大致与澳大利亚相当，大有超越韩国、加拿大等发达国家的势头（见图0—1）。① 广东的人均GDP从1978年的370元提高到2016年的74016元，折合1.11万美元，约在世界排名第60位，已经接近高收入经济体水平。② 2016年，广东省城镇居民人均可支配收入34757.16元，农村居民人均纯收入13360.44元③。按照世界银行制定的国家和地区收入水平划分标准，广东省已达到中等偏上、接近高收入国家或地区的水平。

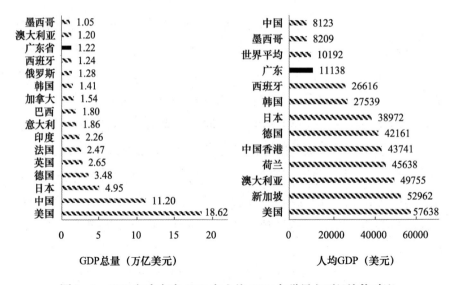

图0—1　2016年广东省GDP和人均GDP与世界主要经济体对比

广东的财政收入连续27年位居全国榜首，是名副其实的"财政第

---

① 2016年价，重新核算后。

② 数据来源：世界银行。

③ 数据来源：国家统计局网站 http://www.stats.gov.cn/。注：2013年前农村居民收支数据来源于独立开展的农村住户抽样调查。从2013年起，国家统计局开展了城乡一体化住户收支与生活状况调查，2013年及以后数据来源于此项调查。与2013年前的城镇和农村住户调查的调查范围、调查方法、指标口径有所不同。

"一大省"，为国家财政做出了突出贡献。1978 年广东的一般公共预算收入不到 40 亿元；2016 年突破万亿元规模，是全国首个超万亿元的省份；2017 年达到 11315.2 亿元，高出第二名的江苏省近 3000 亿元，贡献了全国财政收入的 12.37%，相当于排名后 11 个省份财政收入的总和（见图 0—2）。

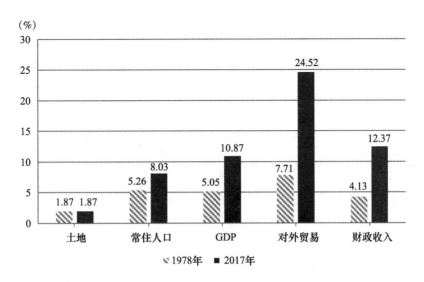

图 0—2　1978 年和 2017 年广东省各项经济指标占全国的比重

　　城市化和工业化结合的发展道路，促成了广东产业结构不断优化。1978 年广东省三次产业的比重分别为 30%、47% 和 23%。2013 年广东省第三产业占比首次超过第二产业，服务业成为广东经济第一大产业，第二、第三产业增加值占比分别为 46% 和 49%。2013—2016 年，广东省第三产业占比提升至 52%，"三二一"产业发展格局基本形成。同时，工业转型升级步伐加快，2016 年广东先进制造业增加值占规模以上工业增加值的比重达 47.81%，高技术制造业增加值占比达 26.55%。广东经济是典型的开放型经济，对外贸易在广东的经济腾飞的历程中发挥了至关重要的作用。2016 年广东省进出口贸易总额达 9553 亿美元，连续 29 年居全国第一，并且在 2013 年、2014 年、2015 年连续三年突破 10000 亿美元大关。

改革开放以来，广东省地区生产总值、人均地区生产总值、工业总产值、全社会固定资产投资以及社会消费品零售总额均呈现两位数增长，并全部领先于全国平均水平（见图0—3）。随着经济和财政实力不断增强，广东对社会发展的投入不断加大，重点领域民生支出得到了较好保障。2016年，教育、社会保障、就业和医疗卫生等民生支出完成9102亿元，占当年财政支出比重的68%。"创新广东、幸福广东"的观念已深入人心。

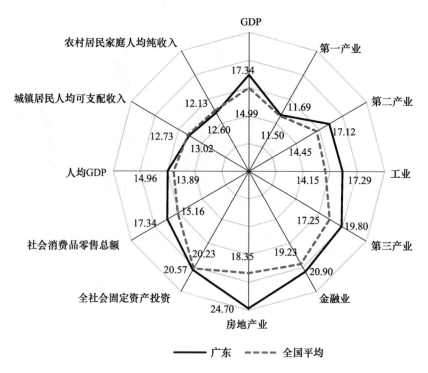

图0—3 1978—2016年广东省国民经济主要指标及发展速度

广东是改革开放的先行地、试验区，在我国改革开放和社会主义现代建设大局中具有十分重要的地位和作用。广东的改革开放是全国的一个缩影，广东的经济建设就是全党和全国人民探索中国特色社会主义道路的经典案例。人民的大胆创新、勇于开拓的精神是取得伟大成就的前提；政府开放包容、敢于担当的品质是深化改革的保证。

　　本书从经济特区的摸石探路出发，以城市建设为载体介绍广东工业化和城市化发展道路；接着，从供给侧视角归纳广东要素集聚和经济发展的基本路径；然后，多维度归纳总结广东经济、民生、生态等方面的建设成就；最后，展望广东未来经济发展的战略和措施。本书着眼于广东改革开放四十年的经济发展实践，试图归纳和提炼我国改革开放的有益经验，并在继续深化改革、探索现代经济体系等方面为全国提供借鉴。

第一篇

改革开放的前期探索：
先行"摸石"探路

"广东过去 40 年取得的发展成就，渗透着改革先行者们'大胆地闯、大胆地试''杀出一条血路'的勇气和精神。""党的十一届三中全会后，我国对外开放首先是从广东开始的。"从经济特区到沿海开放城市，再到经济开放区，无不是在广东先行先试的。广东的改革开放是全国的一个缩影，广东改革开放的经验就是全国的经验。

第 一 章

改革开放的起点：经济特区

"广东是改革开放的排头兵、先行地、试验区，在我国改革开放和社会主义现代建设大局中具有十分重要的地位和作用。"① 提起改革开放，人们自然而然地想到经济特区，因为经济特区是中国从计划经济向市场经济过渡的试验田，也是中国改革开放的起点。而说起经济特区，首屈一指是深圳，短短四十年从一个小渔村发展成当今中国最成功也是最有活力的创新型城市。经济特区的"先行先试"为广东乃至全国的改革开放提供了很好的借鉴。

第一节　改革开放的时代需求

"文化大革命"使国内社会秩序、人民的思想和国民经济都遭受了严重的破坏，经济建设面临严峻挑战。十年"文化大革命"使广东经济遭到严重破坏，农业发展缓慢，工业低速增长，国民经济停滞不前。导致这种结果的表层原因有：电力、燃料、原材料供需缺口大，长期供不应求；交通不发达，运力严重不足；基础建设周期过长，半拉子工程较多；就业情况不容乐观，待业人员多。而引发广东经济发展停滞不前的深层原因是什么、问题的根源在何处引起了当时领导层的深思。

---

① 2018 年习近平在参加广东代表团的讲话。

1977 年 11 月，邓小平与叶剑英来到广州，中共广东省领导人在汇报工作时提及当时广东经济面临的困难，邓小平指出最主要的还是政策问题。长期以来，受"左倾"思想的影响，经济政策超越社会历史发展阶段，体制僵化造成国民经济停滞不前。1978 年 5 月，全国开展关于"实践是检验真理的唯一标准"的讨论，广东省委积极参与，批判了"两个凡是"的错误观点，开始实事求是地思考当时中国所面临的问题、广东所面临的问题。

为寻求解决国民经济停滞不前问题的方法，探索符合我国基本国情的社会主义现代化道路，国务院副总理谷牧于 1978 年春率领政府代表团到法国、瑞士、比利时、丹麦以及联邦德国考察。考察发现，自第二次世界大战后，西欧国家把一些高精尖技术如电子、核能、航天等转为民用，并且重视基础科学研究和技术开发；这五个西欧国家的地方政府都具有较大的权力，例如联邦德国州一级政府的财权和事权都较大。借助第三次工业革命，这五个西欧国家快速地实现了国民经济现代化，而且迈入经济社会稳定发展的黄金时期。通过考察西欧五国实际发展情况，广东省领导人深受启发，在高度集中的计划经济体制下，虽然广东省比欧洲的一些大国还大，但管理经济的权力却很小，很多事务都需要到北京通过多部门审批决策同意才能解决，有时甚至耗费几个月时间尚不能收到结果。在此情况下，难以充分发挥地方政府和企业的积极性和主动性，很难激发经济活力。

为了加快广东经济发展，早日走出困境，时任广东省委第二书记的习仲勋在中共十一届三中全会中向中央领导表示，希望中共中央能够给予广东最大的支持，给地方多一些处理问题的机动余地。例如，允许广东吸收港澳、华侨的资金，容许广州从香港引进一批先进设备和技术，购买电力，进口部分饲料，用来装备一些国营农场、畜牧场、海水养殖场，为后续发展积累经验；在靠近香港地方兴办拆船业，解决钢材的需求，支持农业和工业的发展；同时还希望中央允许广东在香港设立办事处，以便与港澳厂商建立直接联系；授予广东决断处理来料加工、补偿贸易等方面的经济业务，以减少不必要的层次手续。①

受益于中共十一届三中全会的影响，广东地区领导人的思想得到解放，广东上下加快发展经济的决心与信心得到进一步增强。中共广东省委认真分析广东实际情况，找出广东经济发展的优势所在，力图依托广东自身具备的比较优势来发展地方经济。广东地处大陆南端沿海，与香港、澳门相邻，拥有众多华侨，拥有丰富的资源；海域辽阔，有利于国际往来；交通便利，有利于发展商品经济。基于对广东自身比较优势的认识，中共广东省委向中央提出了"要权"和在广东省沿海的某几个城市划分出一定的区域，仿造国外的出口加工区或者自由贸易区的模式，实施特殊的政策，以便充分发挥广东省的比较优势，让广东省在四个现代化建设中先行一步的设想。

为贯彻落实党的十一届三中全会精神，出席中央工作会议的王全国在会议上发言提出了构想："广东毗邻港澳，华侨众多，在当前大好国际形势下，这方面大有可为，我们应当做得更灵活些，更放手些，具有5500万人的广东，难道赶不上台湾，赶不上南朝鲜？……应当组织力量进行调查研究，做出规划，包括改革上层建筑，向中央做出报告，在全国体制未解决前，要求对广东做些特殊规定，放给更大的权力。配合对外经济技术交流的必要建设，如电力、燃料、交通运输，要求中央给予支持。可以设想，如果工业上放手大搞加工装配和一定的合营、补偿贸易，农业上运用外资、技术和国际市场，建立发展一批农业、畜牧、水产品基地，再能搞成几个大的引进项目以及相应的交通运输建设，广东的经济很快将会发展起来，人民的收入将会显著提高，将会为国家做出更大的贡献。目前这个工作才是刚刚开始，要一边发展工作，一边组织力量进行规划。"②

---

① 罗木生：《中国经济特区发展史稿》，广东人民出版社1999年版，第6页。
② 同上书，第7页。

第二节 经济特区的诞生

1979年初，交通部香港招商局（见图1—1）为寻求发展，要求在距离香港不远的宝安县蛇口半岛划出一块地方建立工业区，以加强与海外各国的经济交往。中共广东省委领导同意了招商局的要求，并于1月9日向国务院报告。1月31日副总理李先念对此表示非常支持，并写下了"拟同意，请谷牧同志召集有关同志议一下，就照此办理"的批示。自此，蛇口工业区成为我国设立的第一个成片开发的出口工业区。

图1—1 香港招商局旧址

1979 年 1 月 23 日，广东省委正式决定：将宝安县改为深圳市，受广东省和惠阳地区双重领导，属于省辖市；将珠海县改为珠海市，受广东省和佛山地区双重领导，属于省辖市。同年 2 月 14 日，国务院批准宝安、珠海两县外贸基地和市政建设规划，要求把宝安、珠海两县建成具有水平的工农业结合的出口商业生产基地、吸引港澳游客的游览区和新型的边境城市；3 月 5 日，国务院批准宝安、珠海改县设深圳、珠海两市的报告。

在中央决定让交通部香港招商局在蛇口办工业区的同时（1979 年初），中共广东省委主管宣传文化工作的书记吴南生到汕头传达党的十一届三中全会精神。此时，汕头经济发展很不景气，城市建设仍然很落后。城市街道破败不堪，自来水管年久却不能得到及时修缮，下水道损坏严重，全城供电严重不足，经常停电。1979 年 2 月 21 日，吴南生向习仲勋、杨尚昆向中共广东省委发了一份电报，指出汕头存在的突出问题："来后，我还同地区有关部门的同志研究了利用外资发展经济和扩大对外贸易的问题。汕头市解放前是我国重要港口之一，货物吞吐量最高年份达 400 万吨，海上的客运达 35 万人次。汕头地区劳动力多，生产潜力很大，对外贸易、来料加工等条件很好，只要认真落实政策、调动内外积极因素，同时打破条条框框，下放一些权力，让他们放手大干，这个地区生产形势、生活困难、各方面工作长期被动的局面，三五年内就可以从根本上扭转。我们已拟定一个初步意见，待报省委研究。"[①] 1979 年 2 月 28 日，吴南生返回广州，当晚即与习仲勋交换意见，并在 3 月 3 日召开的中共广东省委常委会上汇报了自己的想法，依据中共十一届三中全会解放思想、改革开放的精神，提议广东"先走一步"。建议在沿海划出一个地方，进行单独管理，运用各种优惠政策来吸引外资，把国外先进技术等引到当地。鉴于汕头在全省是除省会广州之外对外贸易进出口最多的地方，同时拥有全国最多的华侨，具有较大的投资潜力。纵使最终万一办不成，其地理位

---

① 《吴南生访谈录》，《南方日报》1998 年 12 月 1 日。

置偏于一隅，所导致的影响也不会大，所以吴南生提议可以将特区设在汕头，该提议得到常委们一致赞成。

1979 年 4 月 5 日至 28 日，在北京召开的中央工作会议中，习仲勋代表中共广东省委在中南组的讨论会上提出了向中央"要权"和"先走一步"的要求，阐述了广东省关于向中央"要权"，改革开放先走一步和在深圳、珠海、汕头设立对外加工贸易区的具体思路。参加会议的福建省领导廖志高等积极响应了他的要求和设想，并且提出比照广东，在福建省也实行类似的政策和在厦门设立特区的建议。在中央工作会议期间，中央印发了《关于大力发展对外贸易，增强外汇收入的若干规定》，首次正式提出"试办出口特区"和对广东、福建两省在对外经济活动中实行特殊政策、灵活措施。同年，6 月 6 日正式拟定了《关于发挥广东优势条件，扩大对外贸易，加快经济发展的报告》，6 月 9 日福建省拟定了《关于利用侨资外资，发展对外贸易，加速福建社会主义建设的请示报告》。

1979 年 7 月 15 日，中共中央、国务院正式批转广东、福建两省关于对外经济活动实行特殊政策和灵活措施的两个报告，即中央 1979 年50 号文件（见图 1—2）。文件确定中央给予地方更多的主动权，使地方能够发挥自身的优越条件，抓住当前有利的国际形势先走一步，尽快将经济搞上去，同时还批准在广东省的深圳、珠海、汕头和福建省的厦门各划出一定的区域试办"出口特区"，并指出"关于经济出口特区可以先在深圳、珠海试办，待取得经验后，再考虑在汕头、厦门设置的问题"。对出口特区的具体政策包括：（1）外商投资办厂受我国法律的保障；特区需要的进口物资和出口商品，实行优惠税制；外商所得的合法利润，在交纳各项税款之后，可按有关规定汇出；简化人员出入的手续。（2）特区设中国银行的机构，可同中国银行港澳分行直接往来，开立账户，办理结账手续。（3）特区的工资，可高于全国和广东省的平均水平。我方在外投资企业和合营企业的人员，其所得外币工资上缴，按特区工资标准，付给人民币。（4）具体管理办法，要依据既要维护我国的主权，执行中国法律、法令，遵守我国的外汇管理和海关制度，又要在经济上实行开放政策的管理原则，尽早制定细则。并建立海关、商检、检疫、边检、银行、邮电等机构，办理有关业务。①

图1—2　中共中央1979年50号文件

　　1979年50号文件下发后，中共广东省委成立特区工作筹备小组，由省委书记吴南生担任组长。在筹办"出口特区"的过程中，筹备小组听闻有议论说陕甘宁是"政治特区"不是"经济特区"，筹备组决意将"出口特区"改为"经济特区"。1979年12月12日，广东省委向中央专题报告"出口特区"的筹办工作中写道："中央批转广东省

----

① 罗木生：《中国经济特区发展史稿》，广东人民出版社1999年版，第15页。

委的报告中说要办'出口特区'，我们同各方同志和朋友多次交换意见，都觉得改称为'经济特区'较好。特区固然要以办工厂企业为主，但也要搞楼宇住宅和其他经济事业。比如在深圳特区，拟规划工业区、科学技术研究区、住宅区，以及商业、行政和文化区。……因此，把'出口特区'改为'经济特区'，其含义会更加确切些。"1980年3月24日至30日，中共中央、国务院在广州召开了广东、福建两省会议，会议根据广东省建议，同意将原定"出口特区"的名称正式改为"经济特区"，并写入5月6日经中央转发的这次两省会议纪要中，自此，"经济特区"名称正式开始使用。

第三节　中央对经济特区的扶持政策

为建设好经济特区，中共中央、国务院陆续制定和实施了一系列支持经济特区发展的政策措施，涉及财政、外贸与外汇使用、金融、项目审批和自用和市场销售物资的进出口等方面。

一　财政方面

1979年至1981年，广东省对深圳市实行"收入留用，基数经费照拨"的财政体制；1981年中央决定深圳、珠海两市财政收入在1985年以前不需上缴，用于经济特区经济的建设，之后又决定将这一财政体制延长至1989年。自1981年至1986年，汕头经济特区财政收入较低，由广东省和汕头市给予一定数额的拨款和财政分成，其中1984年至1986年，广东省政府每年给予补助1000万元。

二　外贸与外汇使用方面

在全国统一政策指导下，经济特区的对外贸易由经济特区自主经营，并且经济特区可以接受各省、市、自治区的委托，代理外贸部不统一经营并经各省、市、自治区批准的进出口业务。此外，国家采取简化审核发证的手续，对经济特区经营的配合许可证管理的出口产品给予适当的照顾。对经济特区的外汇收入（包括外汇兑换券在当地回笼部分）超过 1978 年基数的新增部分，国家规定在 1989 年以前不需要上缴，留给经济特区用于经济建设。

三　金融方面

放宽对经济特区银行贷款的限制，允许经济特区银行吸收的存款在几年内全部用作贷款，并且经济特区现有的信贷资金也可以全部留下使用。中国人民银行根据特区的需要和偿还能力，会同国家计委核定各特区向国外银行和特区外资银行筹借商业贷款的控制指标。规定特区向外借款，应自借自还，一般应通过经批准的国内金融机构办理；一些创汇能力强的企业，经中国人民银行各特区分行批准，也可以直接向外借款。

四　项目审批方面

1982 年，国家规定对于投资规模 3000 万元人民币以下的轻工业项目和 5000 万元人民币以下的重工业项目，建设条件和生产条件能够自行平衡的，经济特区可以自行安排。1988 年 3 月，不论轻工业、重工业项目，国家将经济特区这一审批权限扩大到投资总额在 3000 万美元以上。[1]

五　自用和市场销售物资的进出口方面

经济特区内行政机关、事业单位和企业，经批准用于经济特区建设和生产用的机器设备、零部件、原料、材料以及货运车辆，旅游、饮食业营业用的餐料，自用的数量合理的办公用品和交通工具免征关税和工商统一税。对特区进口供应区内市场销售的物资、商品（不含国家限制进口物资、商品），由广东、福建两省特区办公室根据特区实际需要，每年提出额度，报海关总署会同国务院特区办

---

① 罗木生：《中国经济特区发展史稿》，广东人民出版社 1999 年版，第 37 页。

公室核定后，按规定予以减半征收关税优惠，超过额度部分照征全部关税。

六 基本建设计划管理方面

自 1986 年开始，经济特区建设项目中利用外资不纳入基本建设投资规模。中央各部以及各省、自治区、直辖市在经济特区投资建设的项目，分别纳入各自的基本建设投资规模。内地企业用自有资金到特区举办外向型工业项目，在基本建设投资规模外另算。

七 对外经济特区内联企业税收方面

1986 年 1 月，国家规定：内联生产性企业，在特区内按 15% 的税率缴纳企业所得税。从获利年度起五年内，在特区税后的利润，如留在特区扩大生产或兴办外向型工业，免除在内地补缴所得税和调节税；如投往内地的，按 20% 补缴所得税。从第六年开始，在特区税后的利润不论是否投往内地，均按账面所得额补缴 20% 的所得税，但免征调节税。

第四节 经济特区的初期探索

经济特区试验初期，我国正处于经济调整时期，"中央没有钱"，而经济特区基础设施建设需要大量的资金，为此经济特区的建设只能依靠自己筹措，但各个经济特区的实际情况并不相同，因此每个经济特区的建设以及起步时间也各有不同。

一 深圳经济特区

深圳经济特区参照"蛇口模式"，根据深圳带状地形，以绿化带相隔，将 320 多平方公里的范围划分为几块，规划成一个多中心的组团格局。先从罗湖开始，地方政府利用 3000 万元的银行贷款和部分地方财政投入作为"酵母"，进行罗湖商业服务区的基础设施建设。先从 0.8 平方公里范围内进行土地开发，并在搬罗湖山填罗湖洼池的同时展开数十条道路的建设，通过一次性拨款，将各种电缆、管道一次性全部埋好，做到"五通一平"。罗湖商业服务区通过兴建金融、商业、旅游、住宅等服务设施，向外商提供所需场地，同时向外商收取土地使用费，从中获取资金，并用获取的资金继续用于罗湖基础设施建设，同时开发上步工业区。通过利用银行贷款"借鸡生蛋"以及边投资、边收益、再投下去、进一步扩大收益的"滚雪球"的办法，解决经济特区初步开发建设过程中资金不足问题。不到一年时间，上步工业区已厂房林立，之后不到一年的时间，八卦岭工业区同样盖满了厂房。在三年的时间内，深圳建起近百座高楼大厦，同时还建起图书馆、博物馆、体育馆、大剧院和深圳大学以及 36 所中小学等文化教育设施和 6 个公园，15 个住宅小区。至 1985 年底，深圳市建成区面积达 30 多平方公里，城市高楼大厦林立。

二　珠海经济特区

珠海是一个海滨城市，拥有美丽的山丘和宜人的风景，为此珠海的规划者在珠海经济特区试办初期，把珠海的发展重心放在了旅游业上，希望能通过先发展旅游业为之后的建设提供资金支持。1979 年，珠海创办了全国第一家中外合作旅游企业，即珠海石景山旅游中心，建设当年就实现开业并获得了收益，之后又相继兴办了其他几个中外合资的旅游企业。在发展旅游业的同时，珠海经济特区也非常重视基础设施建设。至 1982 年，很多基础设施建设就绪之后，领导人认识到旅游业并不能带来预期的收入，为此，珠海领导者开始将注意力集中在发展工业上。自 1984 年开始珠海先后兴建了吉大、南山、夏湾、北岭四个工业区，至年底，基础建设竣工面积达 38 万平方米，其中 65% 为工业标准厂房，实现工业总产值达 3.34 亿元，占工农业总产值的 82%。之后的几年时间，制造冰箱压缩机、空调机、电子设备、玻璃、啤酒、录像机、计算机软件、合成纤维、印刷电路板以及电视机等产品的新工厂数目迅速增加。

三　汕头经济特区

汕头经济特区为四个经济特区中面积最小的一个，起步时间也最晚，因资金紧缺，因此采取整体规划、分期开发、开放一片、建设一片、投资收益一片的方针。首期开发0.2平方公里，按中央规定的出口加工区的模式建设龙湖工业区，首先从通用厂房着手。在没有推土机和车的情况下，群众采取原始的方法，运用锄头和畚箕进行经济特区的开发建设。至1983年，龙湖第一幢通用厂房竣工并开始接受外商进区办厂，投资环境开始形成。第一座标准厂房建成之后就引来大量外商办起生产厂，随着通用厂房不断增加，兴办的外资企业也不断增多。至1984年底，汕头经济特区建成了3座通用厂房以及相配套的餐厅、商场、宾馆等设施。至1985年底，轻工业通用厂房建起12座。此外，汕头经济特区根据自身农业发达的特点，积极发展农业种植和水产养殖业，开辟了2300亩的水产养殖场和19.3平方公里的农业区。

第五节　特区经验的推广和深化

从1980年到1984年，全国的经济总量增长了1.5倍，深圳经济总量增长了6倍多，珠海增长了3倍多，汕头增长了1.4倍，厦门增长了1.6倍，深圳与珠海的增长速度远远高于全国的增长速度。[①] 经济特区的试验不仅为当地创造了经济高速增长的绩效，同时还为国内进一步改革开放提供了参照，具有借鉴意义，也为如何进行基础设施建设、招商引资等以实现经济绩效提供了经验。

1984年，邓小平先后视察了深圳经济特区、珠海经济特区和厦门经济特区，亲自了解经济特区的发展情况。视察后邓小平肯定了经济特区经济建设取得的成绩，并为深圳经济特区题词："深圳经济特区

---

① 徐现祥、陈小飞：《经济特区：中国渐进改革开放的起点》，《世界经济文汇》2008年第1期。

的发展和检验证明，我国建立经济特区的政策是正确的。"邓小平在认可经济特区的发展的同时，还在酝酿推广特区的某些方法，他讲道："除现在的特区之外，可以考虑再开放几个港口城市，如大连、青岛。这些地方不叫特区，但可以实行特区的某些政策。我们还要开发海南岛，如果能把海南岛的经济迅速发展起来，那就是很大的胜利。"① 根据邓小平所提意见，中央、国务院于 1984 年 3 月下旬召开沿海部分城市座谈会，决定进一步开放上海等 14 个沿海城市，1985 年把长江三角洲、珠江三角洲和闽东南地区、环渤海地区开辟为沿海经济开放区。至此，沿海地区对外开放从南到北次第铺开。

1988 年 4 月 13 日，七届全国人大一次会议正式批准海南省办经济特区，海南经济特区成为我国面积最大的经济特区，借鉴过往经济特区的经验，对海南实行较深圳等经济特区更加灵活、更加优惠的政策和给予更多经济活动自主权，在对外开放方面除了采用之前四大经济特区行之有效的方式之外，国际上其他通行的做法也在海南进行试验。

1990 年 4 月，中央决定开发开放上海浦东。不同于以往的五大经济特区都是建立在经济不发达、对国民经济影响不大的城市或者地区，并且都是在计划经济薄弱环节进行经济体制改革试验，上海浦东区的经济开发开放是以特大型城市为龙头。虽然上海浦东不叫经济特区而叫新区，但对浦东新区开发开放的政策却较海南经济特区的优惠政策更进一步，浦东新区享受的政策不仅包括五大经济特区和其他国内开发区的全部优惠政策，还享有较特区和开放区更加优惠的政策。

1992 年，邓小平再次到深圳等经济特区进行视察，发表了震撼全中国的讲话，此次南方讲话对我国经济改革与社会进步具有重要的推动作用。同年 5 月，中共中央通过制订《关于加快改革、扩大开放，力争经济更快更好地上一个新台阶的意见》，将改革推向全国。至 1992 年 4 月底，初步形成了一个沿海、沿边、沿江、内陆；东、西、

---

① 《邓小平文选》第 3 卷，人民出版社 1993 年版，第 52 页。

南、北、中全方面大开发的战略布局。

2010 年 5 月，中国中央新疆工作座谈会上正式批准将喀什、霍尔果斯确定为经济特区。喀什拥有悠久的历史，是新疆南疆地区政治、经济、文化的中心，同时喀什的地理位置为其带来了特殊区位和地缘优势。喀什与塔吉克斯坦、巴基斯坦、吉尔吉斯斯坦、印度、阿富汗五国接壤，拥有五个一类口岸和一个二类口岸对外开放，具有"五口通八国，一路连欧亚"的地理优势。霍尔果斯同样具有独特的区位优势，是新疆与中亚各国发展贸易、全国向西开放的桥头堡。新疆两个经济特区的设立有助于新疆经济跨越式发展，同时有助于国家向西发展，加强中亚乃至亚欧各个国家的合作。

2017 年 4 月，中共中央、国务院印发通知，决定设立河北雄安新区，这是继深圳经济特区和上海浦东新区之后又一具有全国意义的新区。雄安新区地处北京、天津、河北保定腹地，规划范围涉及河北省雄县、容城、安新 3 县及周边部分区域，具有明显的优势区位，交通便利，发展空间充裕，资源环境承载能力较强。雄安新区的设立旨在集中疏解北京非首都功能，探索人口经济密集地区优化开发新模式，调整优化京津冀城市布局和空间结构，培育创新驱动发展新引擎。①

第六节　对经济特区的新要求

毫无疑问，改革开放成就了我国经济的增长奇迹，而经济特区的试验为全国诸多地区经济发展提供了宝贵的经验，可以说经济特区是中国特色社会主义建设的探路者。

在改革开放初期，经济特区是中国认识世界、学习世界、走向世界的窗口，也是世界认识中国的窗口。经济特区的先行先试，实际上是中国从计划经济转型市场经济的试验，是在政治可控的前提下逐渐

---

① 佚名：《中央设立河北雄安新区　重要性比肩浦东新区和深圳特区》，新华社，2017 – 04 – 01。

构建市场经济基础、培育市场经济意识和完善市场经济制度的人为实验。人们喜欢用"摸着石头过河"来形容中国改革初期的制度转型，遵循着"先行先试"到"重点推广"再到"全面铺开"的发展模式，正确的就用制度固定下来，在全国推广实施，错误的就及时更正。

2015年，英国《经济学家》周刊网站刊发题为"不那么特别"一文，指出全世界现有大约4300个经济特区，全球3/4的国家中每个国家至少拥有一个经济特区，而其中最成功的就是深圳。中国领导人不敢一下子在全国范围实施经济改革，于是设立了深圳特区来做试验。深圳吸引了成千上万的外国投资者，在那里经过检验的政策被推广到其他城市。但全球经济特区热说明，政府往往认为这轻而易举：发布一份公告，拨出一块土地，提供赋税减免，然后，就像变戏法似的，贫困地区或亏损企业就焕然一新了。真有那么容易就好了。经济特区虽然风靡全球，却常常陷入失败。非洲就满是"累赘"，印度有几百个特区未能启动。

经济特区的建设面临着诸多考验，而我们整个国家的改革开放同样面临着这样的难题。首先是腐败问题。改革的先行先试滋生了一批特权阶层，他们禁不住金钱的诱惑，被腐朽的生活方式俘获，背弃了人民的信任和自己当初的信仰。其次是深化改革的动力问题。改革开放初期，我国实行的是增量改革，也就是改革基本上没有利益受损者，改革的阻力主要来自思想意识方面。随着改革的深入，将不得不触动一部分既得利益者的权益，因而改革的动力也会慢慢弱化，改革的阻力反而会越来越大。再次是法律法规跟进问题。改革开放是前无古人的事情，没有任何模式或范式可以借鉴和遵循，发现的新问题、解决的新方法、得出的新经验，需要以法律法规的形式固定下来并推广开来，而这些对我国的立法和司法带来了巨大挑战。最后是政策趋同问题。特区的先行先试，是为了在全国推广改革开放的成功经验，而当政策推广开来以后，特区变得不"特"了。无论是从政策视角，还是从经济增长速度来看，这些年特区发展确实出现了趋同现象，这也是经济理论中的边际报酬递减规律使然。如何继续"大胆实践探索，继续深化改革、扩大开放，为全国提供新鲜经验"①，这不仅是经济特区，也是对广东提出的更高要求。

习近平同志在参加十三届全国人大一次会议广东代表团审议时，明确要求广东要以更宽广的视野、更高的目标要求、更有力的举措推动全面开放。要提高站位，既面向全国充分发挥广东对泛珠三角区域乃至全国的辐射带动作用，更面向世界积极参与"一带一路"建设，加强创新能力开放合作，在形成陆海内外联动、东西双向互济的开放格局上率先取得突破。

专题 1—1

中央对广东社会主义现代化建设的要求

改革开放以来，党和国家领导人多次对广东工作做出重要指示批示，对广东推进社会主义现代化建设提出了新要求。

赶超亚洲"四小龙"。1992 年，在广东改革开放面临严峻考验的历史关头，邓小平同志亲临广东视察并发表重要谈话，对广东的发展提出了殷切希望，比如广东，要上几个台阶，力争用 20 年的时间赶上亚洲"四小龙"。在邓小平同志的鼓舞下，广东掀起了新一轮深化改革、扩大开放、加快发展的热潮。

率先基本实现现代化。1992 年 10 月，党的十四大报告明确要求，力争经过 20 年的努力，使广东及其他有条件的地方成为我国基本实现现代化的地区。2000 年 2 月，江泽民同志视察广东时，再次强调广东率先实现现代化的重要意义，为广东题词：增创新优势，更上一层楼，率先基本实现社会主义现代化。

更好地发挥排头兵的作用。2003 年 4 月，胡锦涛同志在广东视察工作时，要求广东在全面建设小康社会，加快推进社会主义现代化进

---

① 2018 年 3 月，习近平同志在参加十三届全国人大一次会议广东代表团审议时的讲话。

程中更好地发挥排头兵的作用。2004 年 12 月，胡锦涛同志在听取了广东省委、省政府的工作汇报后，要求广东不断创新发展思路、增强发展动力、提高发展水平，努力在全面建设小康社会、加快推进社会主义现代化进程中更好地发挥排头兵作用。

三个定位、两个率先。2012 年 12 月，党的十八大后习近平总书记视察地方第一站就到了广东，要求广东努力成为发展中国特色社会主义的排头兵、深化改革开放的先行地、探索科学发展的实验区，为率先全面建成小康社会、率先基本实现社会主义现代化而奋斗。

四个坚持、三个支撑、两个走在前列。2017 年 4 月，习近平总书记对广东工作做出重要批示，充分肯定党的十八大以来广东各项工作，要求广东坚持党的领导、坚持中国特色社会主义、坚持新发展理念、坚持改革开放，为全国推进供给测结构性改革、实施创新驱动发展战略、构建开放型经济新体制提供支撑，努力在全面建成小康社会、加快建设社会主义现代化新征程上走在前列。

四个走在前列。2018 年 3 月，习近平同志在参加十三届全国人大一次会议广东代表团审议时的讲话，对广东提出了更高的要求。广东要带头贯彻党中央关于改革开放的重大部署，紧密联系广东实际，勇于先行先试，大胆实践探索，继续深化改革、扩大开放，为全国提供新鲜经验。力争在构建推动经济高质量发展的体制机制上走在全国前列，在建设现代化经济体系上走在全国前列，在形成全面开放新格局上走在全国前列，在营造共建共治共享社会治理格局上走在全国前列。

第二篇

经济发展的载体：
工业化和城市化

广东的经济发展，尤其是珠三角的迅速崛起，是中国工业化与城市化成功融合的典型。改革开放促成了人们思想的解放，经济利益恢复成为经济主体追求的主要目标。再加上外资的引入以及国际产业的转移，推动了中国从落后的农业国向工业国的转变，同时工业化过程中展现出的规模效应和集聚效应，又促成了人口的聚集和城市的发展。正是在这种工业化与城市化的融合过程中，激活了广东人民敢为人先、勇于创新的精神，才会再次在经济建设中创造出辉煌成就。

第 二 章

深圳的开拓创新和经济发展

深圳的发展和经验证明，我们建立经济特区的政策是正确的。 邓小平 一九八四年 月廿六日

1984 年 1 月 24 日至 26 日，中国改革开放的总设计师邓小平，首次视察深圳并题词："深圳的发展和经验证明，我们建立经济特区的政策是正确的。"邓小平说，"我们建立经济特区、实行开放政策，有个指导思想要明确，就是不是收，而是放。""特区是个窗口，是技术的窗口，管理的窗口，知识的窗口，也是对外开放政策的窗口。"

第一节　深圳的历史起点

深圳市地处广东南部，珠江三角洲东岸，与香港一水之隔，是国务院定位的全国性经济中心和国际化城市，与北京、上海、广州并称"北上广深"。全市下辖罗湖区、龙岗区、龙华区、福田区、宝安区、

南山区、盐田区和坪山区 8 个行政区。改革开放 40 年以来，深圳从一个渔歌唱晚的边陲小镇发展成为今天欣欣向荣的现代化城市，借改革开放的东风，在贫瘠地面上书写华章。

深圳市在历史上的前身为宝安县，宝安作为县建制始于 331 年。朝廷置辖地六县的东官郡，大致为今天的深圳市、东莞市和香港等范围。1573 年，明朝政府扩建东莞守御千户基地，到 1575 年，大明朝廷决定在这里正式设置县治"新安"，取"革故鼎新，去危维安"之意。然而，明朝时的新安，在革新和安定上都并没有什么作为。在随后的清王朝，地区整体情况更是每况愈下，国土又大面积沦丧。1842 年至 1898 年，清政府与英国相继签下《南京条约》《北京条约》和《展拓香港界址专条》，条约将港岛、九龙和新界割让、租借给英国，此时原属新安县的 3076 平方公里土地中，有 1055.61 平方公里脱离其管辖，深圳与香港从此划境分治。这与其革新、安定的初愿相去甚远。

直到 1979 年，改革的春风在中国南部徐徐吹来，深圳开始高速发展，经济水平突飞猛进，在短短 40 年时间里，从一个海边渔村发展为中国屈指可数的城市之一，深圳取得了举世瞩目的成就。20 世纪 80 年代，160 米高的国贸大厦曾以"三天一层楼"的"深圳速度"震惊全国，10 年以后，383 米高的地王大厦又以"九天四层楼"的"新深圳速度"在全国乃至亚洲独领风骚。

第二节　深圳的开拓创新

一　经济特区的先行先试

1979—1984 年是深圳经济特区的初创阶段，为其建设打下初步基础。深圳利用邻近香港的区位优势和特区的优惠政策，通过吸引"三来一补"企业发展工业，积累建设基金、国外技术和管理经验。这一阶段主要是"杀出一条血路"①，狠抓基础设施建设，以市场为取向突破计划经济体制的束缚，首先在价格制度、工资制度、基建制度、劳动用工制度等方面大胆进行经济体制改革试验。

中共十一届三中全会确立了改革开放的基本国策，但在如何开放的问题上面临重重困难。传统计划经济体制下，人口多但是生产力水平低，地区之间发展极为不平衡。因此，为了把改革开放的成本降到最低，避免出现大的社会摩擦与动荡，首先必须寻找突破口。1977 年邓小平复出后首站到广东视察，边境地区农民外逃出港严重的问题让他敏锐地觉察到"这是我们的政策有问题"。这为此后创办经济特区埋下了伏笔。1979 年 5 月 11 日至 6 月 5 日，中央根据邓小平的意见，派国务院副总理谷牧带领工作组到广东、福建考察，指导两省起草向中央的请示报告。同年 6 月 6 日、9 日，中共广东、福建省委分别向中央上报《关于发挥广东优势条件，扩大对外贸易、加快经济发展的报告》和《关于利用侨资、外资、发展对外贸易，加速福建社会主义建设的请示报告》，正式提出了实行新体制和在深圳、珠海、汕头、厦门试办"出口特区"。1979 年 7 月 15 日，中共中央、国务院批转广东省委、福建省委关于对外经济活动实行特殊政策和灵活措施的两个报告，决定在深圳、珠海、汕头和厦门试办特区。至此，中央正式做出了关于试办特区的重大决策。

1982 年起，深圳特区就开始了大规模的建设，蓬勃发展的势头一直持续到 1985 年初，城市基建是这一阶段的首要任务。这一时期，深圳建国贸大厦，三天一层，被称作"深圳速度"；蛇口提出的"时间就是金钱，效率就是生命"的口号也流传全国（见图 2—1）②。特区有计划地开展了大规模以基础工程为主的城市建设。首先是集中力量

---

① 邓小平 1979 年 4 月 17 日在出席经济特区召集会议时表示："广东、福建有这个条件，搞特殊省，利用华侨资金、技术，包括设厂。只要不出大杠杠，不几年就可以上去。如果广东这样搞，每人收入搞到 1000—2000 元，起码不用向中央要钱嘛。广东、福建两省 8000 万人，等于一个国家，先富起来没有什么坏处。""中央没有钱，可以给些政策，你们自己去搞。杀出一条血路来。"

② 王硕：《深圳经济特区的建立（1979—1986）》，《中国经济史研究》2006 年第 3 期。

图2—1 深圳速度——"时间就是生命 效率就是金钱"

抓罗湖、上步24平方公里新城区的道路、供水、供电、通电话、供煤气、排污、排水和平整土地（简称"七通一平"）等基础工程建设，到1984年初基本完工。特区发展工业也取得一定进展。1979年50号文件已经指出，特区工业要由一般到先进，逐步发展。1984年初，特区三级干部会议上提出工作重心转移的问题，开始集中力量引进外资，重点发展先进工业，力争引进技术密集、知识密集型的项目，使引进工作有个新的突破。但是，产业升级并不必然以政策制定者的意志为转移，更多的要靠经济规律自身来实现。在这个阶段，深圳"三来一补"型工业仍有着蓬勃的发展。1984年初，邓小平视察深圳特区之后，特区乃至全国改革开放形势急剧升温，深圳中途调整了原有计划，将基建工作重新摆在了建设第一位 。

在经济体制改革方面，深圳遵循"急需先改"、从局部到全面、从单项到配套的规律。特区设立初期，大量外资引入，首先面临招工、薪酬的问题。外资经营期限的存在使得计划经济时期"铁饭碗"的固定工制度不再适用，深圳于是制定了合同工制度：企业根据需要招工，工人根据自愿签订合同，同时工资制度也随之发生了改变；另外大量外资引入后需要取得建厂房的土地，计划经济时期的征地制度被取代：经过政府批准的土地收取土地使用费，明确了土地的所有权与使用权。为了解决商品短缺，进行流通体制、价格体制等的改革。到 1987 年深圳在计划体制、企业体制、价格体制、流通体制、财政体制、信贷体制、外贸外经管理制度、工资制度、基建管理制度以及政府管理机构等方方面面都进行了改革，这是一个逐渐全面深化的改革过程，初步形成了深圳较为完善的资本、劳动、土地、技术、信息等较为完善的生产要素市场。

二　外向型的工业化之路

1985 年至 1992 年，深圳建立起以工业为主的外向型经济，全面推进市场取向的经济体制改革，系统、深入地迈向市场经济体制改革阶段，率先进行国营企业股份制改革，改革金融体制，对土地进行公开拍卖，实施住房商品化，改革劳动管理体制，完善社会保险体制，初步形成了出口创汇的外向型经济格局。这些改革为中国确立社会主义市场经济体制的改革目标积累了经验，发挥了特区作为经济体制改革试验场的作用。

建市之初，深圳的工业几乎均为新建，涵盖种类较杂。随着时间的推移，在政府有意识地引导以及市场的自然选择下，深圳工业的行业结构也不断出现变化。按产值统计，1980 年深圳市排前五位的工业行业分别为食品制造业、纺织业、木材加工业、机械工业、皮革业。到 1985 年，深圳工业已然崛起，排名前五的行业分别为电子及通信设备制造业、食品制造业、文教体育用品制造业、纺织业、机械工业。1990 年，排名前五的行业变为电子及通信设备制造业、纺织业、食品制造业、机械工业、纺织服装与鞋帽制造业。深圳的行业结构逐渐转向为工业为主，并且不断重型化。电子及通信设备制造业很早就成为深圳最重要的主导产业并延续至今。[①]

深圳工业的另一显著特征是外向型与出口导向型。建市之初，地方政府就为深圳工业定下了以出口为导向的战略。除了 1983—1987 年

---

① 关云平、严鹏：《深圳工业的演化路径及展望》，《开放导报》2017 年第 6 期。

这四年深圳市的对外贸易处于逆差状态外，其余年份深圳的进出口贸易均保持顺差（见图2—2），且规模不断扩大，深圳的出口竞争力在不断强化。深圳出口的主要商品涵盖了传统轻重工业的产品和高新技术产业的产品，到2012年以后，各出口商品的总体金额均保持着相对稳定的规模。

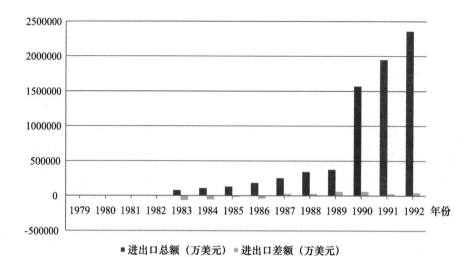

图2—2　1979—1992年深圳市进出口情况

三　深化改革的体制探索

1993—2008年，深圳在全国率先建立起比较完善的社会主义市场经济体制和运行机制，并大力推进现代化城市建设。这期间深圳继续充分发挥了先行先试的优势，全面建设和完善各种要素市场。1997年，深圳在全国率先建立起了以"十大体系"为内容的社会主义市场经济体制基本框架，率先建立起现代企业制度，深化国有资产管理体制改革，进行了商贸流通体制改革，完善了劳动力市场，建立了产权交易市场，推进了金融体制创新等，标志着深圳基本完成了从计划经济到社会主义市场经济的过渡。在这一期间，解放思想、改革开放是深圳发展的关键词。

20世纪90年代中期，深圳与顺德并驾齐驱进行企业产权制度改革，调整所有制结构，实施"国有经济有进有退"，大力引进外资创办外商投资企业和民营企业，打破了"国有经济一统天下"的局面，创造了新的资本组织形式——混合经济组织。① 一部分国有企业被改造为股份制企业，或者直接成立股份公司，推进股权多元化，建立法人治理结构。同时，积极推进产权交易，促进产权在各类经济主体间合理流动。与国有企业改革相适应，深圳最先探索建立国有资产监管体制和运营机制，建立了国有资产委、资产经营公司、国有企业3个层次的国有资产管理体制，解决了国有资产无人问责的问题。2003年以来，深圳进一步对国有资产监管体制进行改革，强化国资委的出资人职能，简化国有资产管理层次，完善国有资产监管体系。深圳国有资产监管体制的改革，为后来全国各地的改革提供了范例。

与企业改革相结合，深圳市金融体制改革也在稳步进行。首先，为了适应大量引入外资和进出口贸易的需要，深圳率先进行了外汇管理体制的改革。外汇双汇制缓解了外汇供需的矛盾，在计划用汇外，通过市场调剂解决了合法性的问题。其次，为了适应外向经济发展要求，深圳积极兴办各类金融机构。到2008年，深圳共有金融机构160多家，其中外资金融机构38家，极大地促进了深圳的建设和发展。最后，深圳适应经济发展需要发展多层次资本市场。1990年成立深圳证券交易所，发行第一只股票，吹响了我国发展股份制企业和资本市场的前奏。

在行政体制改革上，深圳也并未松懈。自经济特区建立以来，深圳就坚持探索建立"小政府、大社会"的行政管理体制，先后进行了7次行政体制改革，4轮行政审批制度改革，初步建立了精简、高效的政府班子，有效地提高了行政执行力。其中包括在全国较早探索实行职能有机统一的大部门体制。按大行业、大系统综合设置机构，形成了"大贸工、大交通、大文化、大城管、大农业"的管理格局，减少了协调成本，提高了行政效率。另外还建立了一套比较完整的行政责任体系，在全国率先开展了政府绩效评估试点，推行部门责任"白

---

① 中国特色发展之路课题赴广东省深圳市调研组：《横空出世看深圳》，《人民日报》2008年11月10日。

皮书"制度，在政府效能建设上迈出重要步伐。深圳市政府还减少了行政审批事项，优化审批流程，缩短审批时间，提高了服务效率。自 1997 年起，深圳在全国率先开展行政审批制度改革，通过 3 轮改革，全市审批、核准事项减少了 60% 左右。2006 年，深圳又启动第四轮改革，非行政许可审批和等级事项从 697 项减少到 348 项（见图 2—3）。①

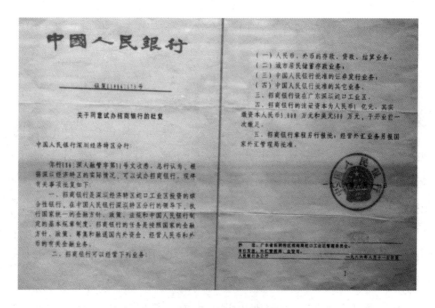

图 2—3 深圳试办招商银行

四 国际化中的创新驱动

改革开放 40 年，深圳又有了新的发展目标——打造国际化城市，加强深港合作，以科学发展观构建"和谐深圳""效益深圳"。在这一阶段里，深圳进一步推进了民营经济的发展，继续深化行政管理体制改革，努力创建服务型责任政府，大力推进 CEPA 以及泛珠三角经贸合作，实现区域内的共同繁荣。深圳建设国际化城市有利于开拓深港合作新局面，推动深港产业合作进程，打造双赢局面。

---

① 《横空出世看深圳》，《人民日报》2008 年 11 月 10 日。

从广东自贸区前海蛇口片区挂牌，到粤港澳大湾区建设成为国家战略，再到深圳河套地区成为深港科技创新特别合作区，在国家对外开放的大局当中，深港澳合作永远是一张"王牌"。深圳市委六届九次全会提出，坚定不移推进更紧密更务实的深港澳合作，坚决贯彻"一国两制"方针，坚持"依托香港、服务内地、面向世界"，共建粤港澳大湾区核心引擎。为了更好地推进合作，深圳市政府将前海作为粤港澳深度合作示范区先行试验。2017 年，前海紧紧围绕"深港合作年"主题，积极参与粤港澳大湾区规划建设，加快建设深港合作战略新平台，扎实做好粤港澳服务贸易自由化示范基地建设，推动港人港企数据认证服务平台上线，成为内地首个支持香港数字证书的电子政务应用，启动深港设计创意产业园项目。一系列扎实的举措，有效地拓展了前海国家战略平台功能。截至 2017 年底，片区累计注册港资企业 7102 家，注册资本达 8705.42 亿元；累计推出制度创新成果达 319 项，全国首创或领先 131 项。

另外，深圳市政府还进一步深化深港澳在科技等重点领域的合作。2017 年以来，深港两地金融管理部门重点开展金融科技、绿色金融领域的创新合作，推动研究设立深港金融科技专家咨询小组、举办深港金融科技交流活动、设立深港金融科技孵化基地、制定深港金融科技人才交流计划、设立深港金融创新专项奖等。此外，深澳双方 2017 年正式组建了特色金融联合工作小组，并多次召开会议研究特色金融合作方案，加快推进特色金融合作项目。根据政府工作报告，深圳在2018 年将以大湾区发展规划建设为契机，推动深圳更多项目纳入粤港澳大湾区科技创新、基础设施等专项实施方案，推进深港澳在经贸、金融、教育、科技、人才等各领域更紧密合作，积极对标国际化高标准投资贸易规则，发展更具国际竞争力的开放型经济。

在新的发展阶段里，深圳在加速国际化进程中一直没有停下脚步。2016 年上半年，深圳外贸进出口值为 11877.1 亿元，其中出口 7123 亿元，稳居全国大中城市外贸出口首位。累积来看，深圳在世界 130 多个国家和地区设立境外企业、机构 5000 多家，是中国对外投资最活跃的地区。城市国际化，教育要先行。深圳吉大昆士兰大学、深圳国际太空学院、华南理工—罗格斯大学深圳创新学院、深圳墨尔本生命健康工程学院等一批特色学院签约落户。目前，全市共聚集了近30所境内外优质高校在深办学，400多所中小学与国外学校建立友好关系，外籍人员子女学校达到7所。国际化高端人才从四面八方汇集于此。在引进海外人才政策落实方面，深圳市人社局修订发布《深圳市出国留学人员创业前期费用补贴资金管理办法》，提高海归创业补贴；修订发布《深圳海外高层次人才认定标准（2016年）》；开放人才园举办8期"海归人才智路演""创业大讲堂"等系列公益活动。

始终立足全球发展大格局的原则，深圳正打开通往世界的大门，以加快推进高水平对外开放促进城市创新发展，以更为宽广的国际视野，全面构建对外开放新格局，努力探索出一条既具有"深圳特色"又可引领全国城市对外开放合作的新路。

第三节　深圳经济发展的成就

一　经济高速发展，人民生活水平明显改善

自1979年中共中央、国务院同意在深圳、珠海、汕头和厦门试办经济特区以来，深圳在这四个城市中就一直成绩耀眼且遥遥领先。1979—2016年，深圳市地区生产总值、人均地区生产总值、工业总产值、固定资产投资额及社会消费品零售总额均以两位数的速度高速增长，大幅领先于全国平均水平（见表2—1）。

2017年，深圳市实现地区生产总值22438.39亿元，开始超越广州的经济总量（2.15万亿元）。其中第一产业增加值18.54亿元，增长52.8%；第二产业增加值9266.83亿元，增长8.8%；第三产业增加值13153.02亿元，增长8.8%。2017年深圳市新兴产业（七大战略性新兴产业和四大未来产业）实现增加值9138.55亿元，占GDP比重达到40.9%。以信息技术产业为代表的新经济快速发展，成为了深圳经济增长新动力。2017年深圳市社会消费品零售总额达6016.19

亿元，增长9.1%，比上年提高1个百分点，居民消费水平保持了平稳较快增长。

表2—1　　　　深圳市国民经济和社会发展主要指标及发展速度

经济指标	1979年	2016年	以1979年为基期年平均增长速度（%）
地区生产总值（亿元）	1.96	19492.60	22.6
第一产业（亿元）	0.72	7.17	−1.3
第二产业（亿元）	0.40	7780.45	28.6
第三产业（亿元）	0.83	11704.97	22.1
人均地区生产总值（元）	606	167411	11.0
工业总产值（亿元）	0.71	28547.77	32.2
职工年平均工资（元）	769	89757	13.7
固定资产投资额（亿元）	0.59	4078.16	27.0
社会消费品零售总额（万元）	1.13	5512.76	24.1

数据来源：《深圳统计年鉴》。

在中国社会科学院与《中国经济日报》联合发布的《2017中国城市竞争力报告》中，深圳综合经济竞争力位列第一，其发展远超另外几个同时期的经济特区。在这发展的40年里，深圳的成功很大程度上得益于毗邻香港的地缘优势，无论是香港工业转移还是接受当年其最为先进的理念和体系，香港在深圳发展的路上扮演了一个不可或缺的领头角色。同在广东省的珠海邻近澳门，但是澳门经济的主要构成是内地禁止的博彩业，同时20世纪80年代澳门经济基础和工业基础也不如香港，在产业转移引领发展上，珠海优势要小得多；另外汕头特区面向的是东南亚的华侨，但是他们投资汕头的欲望相对较小，因为东南亚本身就有较多廉价劳动力，并且经济实力也无法与香港商人比较。地缘优势的存在很大程度上加速了深圳经济特区的腾飞（见表2—2）。

表2—2　　　　　　四大经济特区2017年综合经济竞争力指数比较

城市	综合经济竞争力指数	排名
深圳	1.000	1
珠海	0.142	48
汕头	0.123	55
厦门	0.250	19

数据来源：《2017城市竞争力报告》。

　　改革开放以来，深圳一直以香港作为标杆一路奋进。40年前，深圳经济特区尚未诞生，其前身为宝安县，GDP仅有6000万元人民币，而同年香港GDP总量为183.15亿美元，两者相差悬殊，几乎没有可比性。到了2017年，香港本地生产总值达到26626.37亿港元，按照2017年人民币兑港币平均汇率1.1552折合，约为人民币2.3万亿元，而深圳GDP达到了2.24万亿元。从跟跑到并跑，只有站在历史的宏阔视野中，才能充分感知"深圳速度"的来之不易（见图2—4）。

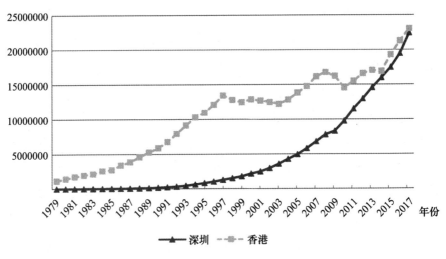

图2—4　1979年以来深圳、香港GDP增长情况（万元）

二　产业结构不断升级，高新技术产业领头作用明显

改革开放以来，高新技术产业已逐步发展成为深圳经济的第一增长点和第一大支柱产业，深圳正在成为中国高新技术产业化最重要的基地之一和国家创新型城市。深圳高新技术产业已具备相当规模，形成了以电子信息产业为主导的高新技术产业集群，成为全国高新技术成果产业化的重要基地。

深圳高新技术的三大领域包括电子信息、生物医药以及新能源、新材料产业。电子信息方面，深圳目前已形成了以计算机、通信、微电子为代表的电子信息产业群。2016 年，深圳 18 家企业入选中国电子信息百强企业，华为技术有限公司连续 9 届位居榜首，中兴、比亚迪位居前十，另外，腾讯、康佳、华强、赛格、宇龙、金蝶等一大批电子信息企业在深圳迅速崛起，代表了深圳电子信息产业的整体实力，展示着深圳电子信息行业的强大形象。生物医药方面，深圳生物技术产业在生产技术、生产设施和检测条件等硬件上属国内一流水平，生产规模较大，在国内同行业中具有较大优势，已经成为生物医药产业发展的新高地。作为深圳市三大高新技术支柱产业之一的新能源、新材料产业也得到了迅猛发展。深圳市新能源新材料产业联盟于 2013 年正式成立，推动深圳市新能源、新材料的技术进步和产业化，通过建立产学研信息的资源共享机制，建立与政府沟通的渠道，争创深圳在新能源新材料产品的行业龙头优势。

高新技术的发展离不开深圳的研发投入与自主创新力度。根据对国际知识产权组织（WIPO）的 PCT 专利数据库的分析统计，截至 2016 年底，深圳累计申请 PCT 专利 69347 件，连续 13 年居全国各大城市首位。就国际排名来看，深圳位居世界第二，仅落后于日本东京，领先韩国首尔、法国巴黎、美国纽约等城市。2016 年，深圳 PCT 专利申请量排名前三名依次为华为、中兴和华星光电。

将高新技术产业作为支柱产业也是深圳在发展的道路中逐渐摸索确立的。20 世纪 80 年代初期，深圳的经贸活动极为活跃，直至 90 年

代中期，"贸易立市"味道一直十分强劲，贸易和初级加工业可视为当时的两大支柱产业。20世纪80年代末到90年代初，深圳就开始制订系列发展科技产业的战略和计划。1987年，深圳市颁布了《深圳市人民政府关于鼓励科技人员兴办民间科技企业的暂行规定》，其中关键的一条是承认知识产权的价值，允许科技人员用专利等知识产权入股。日后，华为总裁任正非也承认，这一"红头文件"确实对华为的最初创业起到了很大的刺激作用。① 除了先行先试，深圳更是拿出魄力，主动放弃坐享的加工贸易红利。1993年底，在时任市委书记厉有为主导下，深圳出台决议，停止登记注册新的"三来一补"企业。特区内已办的"三来一补"加工业，属于污染环境的，坚决迁走。这在当时引起了轩然大波。"三来一补"企业是各村集体的主要收入来源，如此一来，直接触动了各村的利益，并引致了村镇区三级的反对。改革开放初期，深圳吸引的大多数是夕阳工业，这是历史条件决定的，也是发展初期必然经历的阶段。但随着深圳发展的逐渐积累，以及全球科技浪潮的兴起，要顺应世界经济环境变化的趋势，产业结构的调整是迫切需要解决的课题。

1995年7月，深圳召开全市科技大会，提出贯彻全国科技大会精神，实施"科技兴市"战略，把推进高新技术产业发展作为今后的中心工作，明确了信息产业、新材料、生物技术为今后发展的三大支柱产业。三个月后，深圳市委市政府发布《中共深圳市委、深圳市人民政府关于推动科学技术进步的决定》，明确"以高新技术产业为先导"的战略思想。正是得益于这提前于其他城市将近10年的前瞻布局，深圳逐渐建立起了高科技产业基础。

作为新兴产业的代表，20世纪80年代以来，深圳金融业也经历了创业发展、转型调整和深化提高的飞速发展阶段。市场经济为资本创造了优化配置的机制渠道，加上前海平台和蛇口片区自贸区的建立，

---

① 《深圳经济何以成功？过去的30多年发生了什么》，21世纪经济报道，http://business. sohu. com/20160510/n448573484. shtml。

强化了深圳金融集聚效应。尤其是 2012 年以来科技和金融相结合等方面政策体系、2013 年前海股权交易中心挂牌开业等，完善了科技项目投融资扶持体系和覆盖科技创新全链条的金融支撑体系，为新兴产业创造了良好的投融资环境。深圳金融业发展处于全国前列水平，2016 年深圳市金融业实现增加值 2876.89 亿元，同比增长 14.6%，占同期全市 GDP 的 14.8%，金融业增加值稳居全国大中城市第三位，仅次于北京和上海。在英国智库 Zyen 集团发布的新一期"全球金融指数"（GFCI）中，深圳排第 22 位，在国内城市中仅次于香港和上海。深圳金融业的高速发展为经济发展和技术创新保驾护航。截至 2017 年底，全市持牌金融机构总数已达 403 家，深圳证券交易所上市公司超过 2000 家，互联网金融企业、股权众筹融资、互联网财富管理均稳居国内前三名；境内上市公司达 233 家（其中中小板 94 家、创业板 62 家），居全国第六；境内上市公司总市值 4.35 万亿元，居全国第三。

三　持续开放改革，创新领跑全省

改革与创新，是深圳与生俱来的基因，也是深圳这座城市的"金字招牌"。2013 年，深圳商事登记制度改革在全国率先破冰，大刀阔斧改革了登记审批制度，决定实施以"证照分离"和注册资本认缴制为主要内容的商事制度改革，改"先证后照"为"先照后证"，实现商事主体资格和许可经营资格相分离，前置审批事项由原 69 项削减为 11 项，大幅减低市场准入门槛；在全国率先实施注册资本认缴制改革；在全国率先实施全业务、全流程、无纸化网上商事登记，无须到窗口提交书面材料，便可在网上完成全部登记业务；在全国率先实施"四证合一"和"多证合一，一照一码"……改革，让深圳释放出强大的创业活力，截至 2017 年 8 月底，深圳新登记商事主体 207.2 万户，比改革前增长 305%。

近年来，深圳在全面深化改革的大潮中砥砺前行，全面发力、多点突破、纵深推进。32 个市直部门晒出了"权责清单"，率先构建编制了覆盖市、区、街道三级的权责清单体系。仅 2016 年一年，深圳取消、转移、下放 293 项行政职权事项。深圳实施强区放权改革以来，下放事权 108 项，下沉公务员编制 2374 名。在简政放权、转变政府职能的同时，政务服务的质量不断得到提升。龙华区建设 24 小时便民自助服务厅，实现涉及自然人的政务服务事项全天候"自助办理"；市公安局上线"户政全城通"，市民可任意选择全市 123 个户政窗口办理 9 类 21 种户籍业务，率先在国内实现户政业务同城通办。罗湖区率先推动的公立医院改革，有效破解医疗资源配置不合理、老百姓看病难的顽疾，在全国医疗卫生系统获得高度评价，中国工程院院士、公共卫生专家钟南山认为这项改革实现了从"以治病为中心"向"以健康为中心"的成功转变，目前成功经验正在向全市推广。

创新驱动离不开人才驱动。2017 年 11 月 1 日，深圳市"人才公园"开园，它是全国第一个以人才为主题的主题公园。开园当天，《深圳经济特区人才工作条例》开始实施，这一天，也被定为每年的深圳"人才日"。近年来，深圳通过成立注册资本 1000 亿元的市人才安居集团，明确"十三五"时期新筹集建设保障性住房和人才住房 40 万套，提高新引进博士、硕士、本科生的一次性租房和生活补贴等举措，吸引创新人才入驻。在创新驱动发展战略推动下，深圳"大众创业万众创新"蓬勃发展，中外创客汇集于此。人才与创新为深圳经济社会发展提供源源不断的活力和潜力。5 年来，深圳全市生产总值从 2012 年的 1.295 万亿元增长到 2016 年的 1.95 万亿元，年均增长 10.3%；地方一般公共预算收入由 1482 亿元增至 3136 亿元，年均增长 20% 左右。

作为在改革大潮中应运而生的城市，开放同样是深圳与生俱来的城市特质。依托前海，深港在金融、航运、贸易、两地青年创业和专业服务业等范畴逐渐形成了优势互补、互利共赢的合作模式。2012 年以来，前海片区注册企业从 5000 余家增长至 2017 年上半年的超过 14 万家，其中香港企业 4000 多家。2016 年以来，美国苹果华南运营中心、美国高通深圳创新中心、美国微软物联网实验室、美国微软教育产业联盟创新中心等世界 500 强项目相继落户深圳。目前，在深投资的世界 500 强企业总数近 300 家，跨国企业投资向高端领域迈进。

第四节　深圳经济发展的启示

在深圳发展过程中，遇到过多次质疑以及能否持续繁荣的担忧，但它一次次突破瓶颈，经济持续增长，质量和结构不断改善，城市综合影响力上升。毋庸讳言，深圳早期发展是建立在政策优势和区位优势之上的，而政策优势消失之后，高度市场化的体制优势和多元自由平等的文化优势，则是推动深圳经济竞争力不断增强的关键因素。

体制优势体现在多个方面：第一是民营经济为主体，创新性十足；第二是高度的开放性，深度融入国际和国内市场；第三是政府与企业关系处理得当，企业是经济活动的主角，政府甘当配角，政府不是热衷于干预和指挥，而是乐于在旁边提供服务。当然，这三者之间又是相互影响、相互促进的，民营企业以利润为导向，自己为自己负责，自然希望政府提供服务而不是指挥和干预；民营企业主导也使政府干预和指挥的空间有限；在高度开放的环境下，企业除了以市场为导向，以创新为命脉，别无其他选择。

高度市场化环境的长期熏陶，加上移民城市的特点，使深圳逐渐形成了务实、诚信、敢为人先的城市文化。城市文化对一个地方的经济社会发展就像空气一样，虽不被觉察却又极端重要，当有些人仍然狭隘地把历史悠久作为衡量文化的唯一标准时，多元、自由、平等、法治这些现代市民社会价值观不知不觉中成了深圳社会的主流价值观，它是深圳经济体制不退化甚至继续进化的重要保证。在探究深圳成功的秘密时，体制与文化之间相互影响、相互促进的关系不应被忽视。

深圳发展并非一路坦途，也面临很多挑战，其他城市可能不具备深圳的先天区位优势和移民文化优势，但深圳经验仍然可以给其他地方一些启示，特别是对那些近年来经济严重失去活力的地区来说，深圳是一个很好的参照。最重要的一点，就是要正确处理好企业与政府的关系，大力发展多种所有制经济，发挥市场主导作用，发挥政府服务作用。同时，一定要更新文化，文化改良是经济振兴的前提，对那些与发展市场经济格格不入、与现代社会文明准则格格不入的落后文化，一定要加以荡涤。

第 三 章

广州的开放包容与经济发展

　　素有羊城之称的广州，不仅是广东省的省会，同时还是我国的国家级中心城、国际贸易中心、国际综合交通枢纽，是首批沿海开放城市，我国的国家综合性门户城市。从地理位置上看，广州位于广东省的中南部，地处珠江三角洲北缘，濒临南海，同时毗邻香港、澳门，是我国通往世界的南大门，地理区位优势明显，这决定了广州市是粤港澳大湾区、泛珠江三角洲经济区的核心城市以及一带一路的枢纽城市。从历史文化的角度看，广州拥有悠久的历史，是我国的历史文化名城，自秦始皇时期开始直至明清时期，广州一直是郡治、州治、府治的行政中心，是华南地区的政治、经济、军事、文化和科教中心，是我国历史上为数不多的拥有2000多年历史的港口城市（见图3—1）。

图3—1　老广州的通商口岸

第一节　广州的历史起点

自秦汉时期开始至明清时期两千多年间，广州依托其地理优势，一直是中国对外贸易的重要港口城市，纵使是在鸦片战争前清政府实施闭关锁国政策时期，广州都是我国重要的对外贸易港口，是华南地区商业发展繁荣兴盛的大城市。在新中国成立后，广州市经过长期打造成的商业大城市地位有所改变。在计划经济时代，广州的发展方向被逐步调整为工业城市，政府致力于把广州建立成华南工业基地。当时的领导层认为如果能把重工业建设好，人民的生活就能够改善，为此在建设过程中，一贯执行的方针是"先生产，后生活"，在生产安排方面优先基础工业品的生产，然后才是消费品的生产。然而在新中国成立30年之后，也即到了1979年，注重重工业的发展并没有给广州带来任何明显的好处，经过几十年注重工业的发展非但没有改善广州的基础设施和住宅条件等，反而表现出的是基础设施的陈旧和住宅的破旧不堪。虽然广州到1979年为止建设的重心都是强调重工业的发展，但是对农村和城市的基础设施和住宅的建设工作却是区别相待，如果是农村，修建道路、桥梁、供电、安装下水道和电话等设施被视作生产性需求，但是如果换作在城市，上述这些则被视作改善生活所需。就交通运输方面而言，自1950年在广州市中心建起横跨珠江的大桥以替代曾经被炸毁的海珠桥后，直到1984年广州市再没有建造过新桥，人们来往珠江两岸使用的是几十艘小渡轮。住宅方面，到20世纪80年代之时，很多房屋已经变得破旧不堪了，在新中国成立的这30年间，除了广州市东部新建了干部宿舍和新建工厂的工人宿舍外，广州市几乎没有建过新的住宅。居民因缺乏资金和材料，不愿意修理自己的住宅，直接导致房屋的破旧不堪，甚至有多数房屋虽然有自来水，但是却没有上下水道。

高度集中的计划经济体制并没有为我国经济带来预期的增长，相反，随着人口的翻倍，很多问题开始尖锐化，我国迫切需要一种体制来改变现状，以求经济的快速发展、人们生活水平的提高。在新中国成立近30年国内却依旧十分落后，社会诸多问题开始尖锐化的背景下，邓小平提出对内进行经济、政治体制改革，对外实施开放性政策，也即对我国经济发展有重要意义的改革开放政策。改革开放40载中，计划经济体制逐步被扬弃，社会主义市场经济体制逐步建立起来，在此过程中，广州经济呈现高速增长，产业结构不断调整，广州作为中心城市的地位得到恢复与强化。

第二节　广州的大胆探索

改革开放初期，为了能够迅速地改变广州的面貌，加快广州经济的发展，提高人民的生活水平，广州市除了致力于改善基础设施不断进行扩建外，还采取了一系列的改革措施：改善旅游设施吸引华侨到国内投资、振兴广州的商业以及重建广州的工业。

一　让市场发挥资源配置作用

（一）放开物价：从鱼市开始

在改革开放前的计划经济时代，农副产品实行统购统销，价格由国家来制定，生产者没有生产销售自主权，农副产品的价格受到了严格的限制，严重抑制了生产者的生产积极性，直接导致生产者的产出水平不高，没有充分的激励机制激励生产者充分发挥自身的生产积极性，甚至出现养鱼者自身却没有鱼可吃的奇怪现象。为了改变这种现象，1978年底，广州在全省率先放开了部分水产品市场，建立起全国第一家鲜鱼交易市场，为打破长期以来所有价格都是由政府指令性定价的局面迈出大胆的一步，开创了我国价格改革和流通体制改革的先河。1979年中共广州市委明确提出"敞开城门、疏通渠道、改革购销体制、放活价格、货畅其流"的改革思路，自此各种商品的价格开始逐步放开，之前采用的各种计划票证也开始逐步取消。物价的放开过程并非一帆风顺，其中遇见过许多困难，面临很多人的质疑，例如，1981年，广州放开鱼价，鱼价放开第一时间，鱼的价格出现疯狂上涨，就广州的草鱼而言，从每斤 1 元飙升至 4 元，鱼价如此疯涨引起百姓怨声一片，纷纷断言放开鱼价的尝试是失败的，在百姓纷纷质疑这项改革措施的情况下，中共广东省委、广州市委并没有因为外在压力骤起就浅尝辄止，而是坚持既定的改革方针，坚信广州市目前面临的问题只是短期供求不平衡导致的。历史事实证明政府的这项改革措施是对的，这次尝试是成功的，并且为后来其他商品价格的放开提供了事实支撑。随着时间的推移，市场这只"看不见的手"开始发挥作用，放开鱼价导致鱼的价格短期上涨，鱼价上涨调动了农民养鱼的积极性，郊区的农民都开始挖鱼塘养鱼，至 1981 年冬，市郊的鱼塘面积增加了 3000 亩。至 1982 年，广州农贸市场的塘鱼上市量由 1979 年的 19 万担上升至 49 万担。由于鱼的供给量增加，广州的鱼价开始下降，之后逐步就回落到绝大多数居民可以接受的价位，短短三年时间，广州市成为大中城市中市民吃鱼最多并且价格最便宜的城市。

1981 年至 1983 年，广州市相继放开了禽、蛋、鱼、果的价格，1984 年放开蔬菜价格；至 1985 年，菜、肉、禽、鱼、蛋、奶、果七大类与人们日常生活密切相关的农副产品的生产经营和价格全部放开；1992 年，广州全部证票取消。之后，广州又继续缩小计划产品范围，进一步放开商品的价格。

（二）搞活商品流通环节

为了活跃城乡市场，促进生产生活所需物质资料的交流，广州市政府致力于搞活商品流通环节来促进广州市经济的发展，从 1979 年开始制订了一系列的政策措施，不仅允许农民直接进城经商，同时还鼓励私营企业和个体工商户与国营商店和集体商店竞争，并且还采取优惠政策吸引外地企业和境外企业到广州设店经营，打破长期由国营、供销社"一统天下"的局面，恢复和兴办各种农副产品、日用百货贸易货栈。[①] 为促进商品流通，广州发展集体、个体、私营、中外合资

---

① 舒元等：《广东发展模式——广东经济发展 30 年》，广东人民出版社 2008 年版，第 110 页。

合作等多种商业形式，允许工业企业创办供销公司和自销产品；开放农贸市场，拨款扩建以及新建农贸市场，打开城门鼓励农民进城摆摊经营、开业办店，逐步形成多种经济成分、多渠道、多形式、少环节的商品流通体制。

自秦汉至明清的 2000 多年间，广州一直都是我国对外贸易的重要港口城市，是华南地区商业繁荣昌盛的大城市，利用广州传统商业大城市的历史资源和优势，广州自 1978 年开始建立一大批规模较大的市场，培育和发展农贸市场、服装市场、原材料市场等生活资料市场和生产资料市场，同时也培育和发展诸如资金、房地产、技术、劳务、人才、产权交易、信息等生产要素市场。逐步形成并完善市场体系，推动广州经济的快速腾飞。

至 1984 年，广州市商业流通体制改革取得可喜成果。外地驻广州的工商贸易机构有 170 多个，店（点）200 多间，郊区农民进城办旅馆 18 间，饮食店 280 多间，商店 93 间。农工商公司在市内设点约 150 处。广州市兴办 46 个贸易货栈，开设站前路等 10 个农副产品批发市场及清平等 30 个农副产品零售市场，5 个日用工业品市场。①

（三）鼓励个体和私营企业的发展

1979 年 10 月，中共广州市委、市革委会决定，允许待业人员自筹资金，自带工具，自选场地，自由组合从事生产和开办生活服务事业，以及从事不剥削他人的个体劳动。1980 年 8 月，广州市革委会召开劳动就业工作会议，提出在政府统筹规划指导下，实行劳动部门介绍就业、自愿组织起来就业和自谋职业相结合的方针，拓宽就业渠道，实现多渠道就业。1984 年 3 月，召开的广州市第一次个体劳动者代表大会选举产生了广州市个体劳动者协会委员会，通过了《个体劳动者协会章程》和向全市个体劳动者发出的倡议书。1993 年，中共广州市委、市政府制定了《关于加快个体和私营经济发展的决定》，在全国最先提出个体私营经济是国民经济的重要组成部分。上述这些领先全

---

① 资料来源：广州地情局。

国其他城市的改革措施，使广州市场变成更加繁荣，促进了全市的就业，较好地满足了人民日益增长的生活必需品需求，促进了广州市经济的发展。

二 多措并举吸引华侨和外商投资

作为华南地区的经济中心，广州位处珠江流域下游，濒临南海，毗邻港、澳，面向东南亚，通往五大洲，拥有优越的地理位置，是我国的南大门，拥有众多的华侨，与海外关系密切，广州约有 1/3 的家庭有海外关系，并且那些祖籍在广东或者国内其他地方的华侨，往往会途经广州并做短暂的停留，生活在农村的侨属有时候也会专门到旅游设施相对较好的广州来会见海外的亲友。广州为吸引华侨回国投资，大力改善投资环境，首先是对华侨亲属开展多项补偿工作，改善旅游设施。

一方面，对侨眷给予特殊照顾，对华侨亲属进行补偿。当年我国对有海外关系的当地居民所实施的粗暴做法，当局者不可能装作若无其事，对有海外关系的当地居民最好的弥补方式是归还过去没收的财产，只有侨眷所遭受的粗暴对待得到恰当弥补后，多数华侨才会愿意回国投资以及为其亲友修缮祖居。对侨眷的弥补工作面临种种问题种种困难，归还没收的财产的补救方法在农村实施相对简单，但对于城市地区而言，却遭遇各种波折。我国自 1949 年以后城市住房就收归国家所有了，居民的住房由房管局分配，而华侨的房屋往往被分配给高级官员居住，并且有些华侨的房屋已经被破坏或者是已经倒塌了，此外被没收的华侨房屋还存在产权不清楚、继承者众多且分散世界各地的问题。为解决上述这些问题，政府制订了新的方针政策，进行复杂的谈判，来决定应该由谁接受财产或者补偿金。

另一方面，扩建旅游设施，以求给游客一个良好的印象，进而吸引华侨投资。在我国未对外开放时，侨商与中国做生意进行贸易活动有时间和地点的限制，签订合约只限于参加广州出口商品贸易会（简称广交会）期间。广交会自 1957 年创办开始每年举行两届，每届为期一个月，在此期间，外商可以在中国出口商品中任意选购。当时广交会展览厅附近只有几个路程较近的宾馆，随着我国对西方国家进一步的开放，广州在旧址以北的几公里处兴建了一座大型展览馆，形成了一个外贸区，此外还扩建了附近的火车站，之后陆续新建了一些办公楼、展览馆和外国游客服务中心。1979 年颁布新的特殊政策，广州开始大规模运用外资，在与外商进行接触的过程中，了解到外商对宾馆设施差、服务低劣、通信落后感到不满意。为提供高质量的服务，政府着手兴建新设施，建造新宾馆。新建宾馆后，因每个宾馆只有少量的汽车，外宾经常面临从其他地方回宾馆以及从宾馆外出找不到车的问题，为解决外宾出行面临的问题，广州官员与香港一家公司签订合约，为广州购买近 300 辆计程车，成立公司进行专门管理。不同于其他地方，公司向租用汽车的司机收取固定的租金，司机载客所得的全部收入都归司机自己所有，多劳者多得，这种经营模式避免了多做少做所拿收入一个样的情况，充分调动了司机的积极性，激励他们尽可能多载快跑，增加收入，同时也使客运市场活跃起来。有了这次成功经验之后，广州官员又陆续签订了更多合约，广州计程车数量大增，国外游客以及本地人都可以在主要交通要道等候出租车，在街上随时可以招手要车。

三　鼓励多主体竞争振兴商业

从 1954 年开始至"文化大革命"期间，国家提倡将广州转变为工业城市，1958 年提出要把广州建设成华南的工业基地。20 年来注重工业的发展并没有给人民带来理想中的生活，经济发展没有达到预期的结果，相反还带来一些消极影响，长时期对商业的忽视沉重地打击了人们经商的积极性，降低了消费者的生活质量，甚至出现吃饭、洗衣、理发等简单的生活需求也成为问题的现象。在居民满足不了自我需求、迫切需要改善生活质量时，关注经济发展的广州政府意识到不能一味重视工业的发展而忽视商业的发展，商业的发展可以与工业的发展并存，并且商业的发展有助于推动工业化进程，二者的发展是互相促进、互相推动的。

　　从 1979 年开始广州市政府制订了一系列的政策措施促进商业发展。允许农民直接进城经商，鼓励私营企业和个体工商户与国营商店和集体商店开展竞争，个人经批准可以开设个体或集体的小食店、饭店和杂货店。在政策的支持下，数以万计的从农村回城的待业青年能够依其所长自谋生计，与此同时还可以满足百姓的基础日常生活需求。市区随处可以找到贸易集市购买所需，贸易集市长达几个街区，个体户可以在这些贸易集市出售商品，比如沙面正北的清平路拥有一个占地四个街区的农贸市场，出售来自全省和全国 23 个省的产品；黄花岗一带专门划分出几个地方开设面积较大的夜市；许多街道开设了露天集市，部分街道允许设立固定的木质售货亭，而对于生活在市郊的农民，政府允许其在靠近公路的自家地盘上开设商店。

　　政府对商业的重新重视调动了个体户经营的积极性，同时也给国营商店带来了强大的竞争压力。为解决国营商店效率低下的问题，广州政府采取的一种办法是将规模较小的国营商店承包给个体户，由个体户代替国家进行销售货物。个体户经营的形式主要有以下三种：其一是个体户承诺替国家销售一定数目的货物，上缴一定的税额，获取超额销售所得利润的大部分提成；其二是个体户支付一定的金额将商店的全部商品包下，以后需要时再直接从工厂进货；其三是个体户向国家上缴一定的租金或者销售货物利润，国家任由个体户自由经营，个体户实质上成为租赁国家铺面的独立商贩。①

　　为解决一些规模较大的国营商店效率低下问题，政府采取给予其自主经营权的方法，这些商店须定期向国家上缴一定数额的利润，其余部分全部留为己用，具体剩余利润怎么使用怎么分配由商店管理人员自主决定。采取这个方式的一个典型的例子是南方大厦，其总经理与国家签署为期四年的合约，约定利润指标，指标内利润需向市政府上缴 55%，超额利润只需上缴 30%，上缴之后剩余利润自主决定具体

---

① 傅高义：《先行一步：改革中的广东》，广东人民出版社 2008 年版，第 170 页。

如何运用。有了利润指标做参照后，商店员工开始关心商店利润，开始关注顾客的爱好，尽可能为顾客提供更好的服务、更高质量和多样化的商品，以吸引顾客的购买。

四　重建广州基础设施和工业

新中国成立以来长期重视工业的发展而忽视城市建设，直接导致广州市基础设施陈旧、住宅破旧不堪，人民的基础需求得不到满足。为改变整个城市基础设施薄弱的现状，政府制订计划、执行新的政策来修建道路、引进现代化通信设备、新建住宅等。为解决城市交通堵塞、城市道路负担太过沉重的问题，广州在整个20世纪80年代一直进行大规模的道路新建、维护和扩建，加宽了几条主要道路，改为带自行车道同时还能通行两辆汽车的双行道。为解决通信困难的问题，政府制定长远规划，在20世纪80年代早期开始引进先进的电话转接设备，到中期的时候迅速扩大电话服务业，1984年广州有2.9万门电话，到80年代中期的时候，主要政府机关、宾馆和现代化企业均已经装上电话。为解决住宅破旧不堪以及随人口数量增加而住宅日益紧张的问题，政府将市区内一些两到三层的楼房拆除，建立起10层及以上的楼房，并且在一些高楼中安装电梯，到20世纪80年代末，10层以上的楼群工程举目皆是。在住宅建设的过程中，遇到了诸多问题，归纳起来可分为两种，其一是资金问题，新建住房需要大量资金，企业很少有能力兴建住房；其二是购买问题，新建的住宅往往价格高昂，除了少数致富的个体户和接受海外亲友馈赠的个人以外，很少再有其他人能够支付。

在重建广州工业的过程中，因资金不足以及原材料缺乏的限制，广州政府采取优先发展轻工业的方式。因清政府时期国内实施闭关锁国政策，错失了第二次工业革命的发展机会，之后被迫打开国门，虽有爱国人士主动学习西方先进技术，但当时我国遭受西方列强的侵略，处于半殖民地半封建状态，经过爱国先辈长期的浴血拼杀，无数人的牺牲终于换来了新中国的成立，新中国成立后百废待兴，一切都处于困难的起步阶段，却又遭受三年自然灾害、十年"动乱"，因此种种，导致我国炼钢、造船、轮船、机械、化肥等大型工程落后了几十年，欲使广州工业实现现代化，需要大量引进先进机械设备，需要巨额的投资，但当时外汇十分短缺。因发展轻工业所需资本相对重工业较少，且轻工业利润高，出口销路广，此外香港的投资者普遍希望能够尽快收回投资，对资本密集型工业不感兴趣，在这种情况下，为了尽快赚取外汇，提高投资回收率，政府决定优先发展轻工业，主要以生产消费品为主，如自行车、手表、电冰箱、电视机、纺织、啤酒和中药等。广州在重建工业的工程中，也遇到原材料缺乏的限制，因广州的资源有限，有些工业现代化发展所需物资只能依靠从全国其他地方长途运输到广州，加重了全国交通运输系统的负担，为此政府暂时只立足发展那些生产本地工业所需产品的重工业，等有资金之后再全面实现重工业的现代化。

第三节 广州的前进路径

一 以交通运输为核心提升公共基础设施

"七五"期间（1986—1990 年）广州市着手城市建设，投资24.7 亿元用于本市的城市建设，兴建了一批桥梁、高架路、立交桥、环城公路等；投资 99 亿元用于全社会住宅的建设；引进先进的电话转接设备，增加电话机数目，迅速扩大电话服务业，实现程控化，国际长途电话可直拨世界 242 多个国家和地区。

"八五"时期（1991—1995 年）广州市着力改善投资环境，进一步改善城市交通和通信条件，加快城市建设。"八五"时期是广州市自新中国成立以来各个时期固定资产投资增长速度最高的一个时期，累计完成 1791 亿元，平均增长达 50%，比"七五"时期平均增速高30.4 个百分点。在住宅方面，通过将房地产开发与城市建设相结合，加快旧城改造和新城建设的速度，建成了名雅苑、红棉苑、云景花园、丽江花园等一批有一定规模的住宅区。在交通运输方面，改造和建设道路系统，5 年来新扩建道路长 68 千米，面积达 199 万平方米，各种桥梁 94 座。建成东濠涌高架路和珠江隧道并实现通车，建成并投入使用全长 22 千米的广州北环高速公路，整治、扩建东风路和解放路等多条主干道及出口路段，完善了以广州为中心，贯通省内、辐射境内外的公路网络。与世界 130 多个国家和地区的港口有运输业务来往，成为华南地区最大的物资集散地；广州白云机场旅客吞吐量 1256 万人次，成为国内最繁忙的三大航空港之一，进一步增强了广州市交通枢纽的功能。在通信方面，广州市有七成以上的家庭装上了电话，公用电话遍布公共场所及大街小巷，近年来先后开通的声讯台、有线电视系统、可视图文等新业务，使广州形成一个无线、有线相结合，连接国内外，空中、地面、地区三位一体的现代化通信网络。1993 年 9月，广州成为国内第一个被接纳为世界大都市协会正式会员的城市。

"九五"时期（1996—2000 年）广州市华南地区中心城市地位凸显，辐射力和综合服务能力不断增强，带动珠江三角洲工业化发展和城市群的迅速崛起，凭借独特的区位优势，抓住机遇，加快发展，充分发挥华南地区最大商贸中心、金融中心的作用。2000 年，全市社会消费品零售总额达到 1121.13 亿元，年均增长 15.3%；全市金融机构人民币各项存、贷款余额分别为 5545.19 亿元和 3895.49 亿元，年均分别增长 22.6% 和 24.3%。不断完善全市的交通运输、邮电通信等基础设施，逐步形成了水、陆、空综合性立体化运输网络，使广州成为不仅拥有华南地区最大的国际港口和最大的航空港的港口城市，同时还是华南地区最大的铁路枢纽和高速公路网络的核心城市。迅速发展各种通信手段，实现程控化并已开通了综合数字网、分组交换网、数字数据网、移动电话网、卫星网等通信网络。

"十五"时期（2001—2005 年）基本形成广州现代化大都市主骨架，巩固了广州区域性中心城市的地位。在此期间，建成或正在建设一批重大基础设施，诸如全国三大枢纽机场之一的广州白云国际机场、全国四大客运中心之一的广州铁路新客运站、广州港南沙港区、广州国际会议展览中心、广州大学城等等，城市建设投资达 909.55 亿元。

此外，广州市的城市面貌在此期间发生了巨大变化，城市形象得到显著提升，广州市于 2003 年 10 月全面启动实施"青山绿地"工程，截至 2005 年末，全市实有 191 个公园，公园面积达 3239.89 公顷；珠江广州河段水质明显好转，集中式饮用水源地水质达标率达到 96.8%。

"十一五"时期（2006—2010 年）广州作为国家中心城市功能显现，国际交通枢纽功能进一步增强，城市信息化建设取得迅猛发展。经过多年的发展，广州的综合经济实力得到不断加强，同时产业结构也在不断优化，整体来看广州综合经济实力和产业结构水平居全国前列，2010 年，广州市地区生产总值在全国主要城市中仅低于上海和北京，居第三位；广州市服务业增加值占 GDP 的比重达 61.0%，在全国主要城市中仅低于北京（75.0%），居第二位。截至 2010 年底，广州地区民航共有 105 条国际航线、507 条国内航线，连通全球五大洲的 180 个城市，其中国外通航国家和地区 21 个、国外通航城市 59 个。新白云国际机场旅客吞吐量突破 4000 万人次，达 4098 万人次；货邮吞吐量 145.43 万吨，跨入世界空港前 15 名。高铁站广州南站成为全国四大铁路客运中心之一、亚洲最大规模的一流站场。在这个时期广州以建设"数字广州"和国际"信息港"为目标，推进城市信息基础设施建设，电子政务、电子商务、社会信息化和信息产业取得新发展，成为国内三大通信枢纽、互联网交换中心和互联网三大国际出入口之一。

"十二五"时期（2011—2015 年）国家中心城市功能得到强化，城市综合承载力得到明显提高。加大了对基础设施的投资力度，在海港、空港、高铁、地铁、高快速路等基础设施建设方面取得了重大进展，就 2015 年而言，广州完成基础设施投资 1339.08 亿元，较上年增长 7.4%，这五年累计完成基础设施投资 5804.18 亿元，年均增长 3.2%。政府不断务实国际航运中心基础，力图将广州建设成辐射能力强和具有资源配置功能的国际航运中心，实现国际航空中心功能进一步强化，截至 2015 年底，广州白云国际机场航线条数达 235 条，比 2010 年增长 42.4%；通航城市 192 个，形成覆盖东南亚、连接欧美澳、通达内地主要城市的"空中丝绸之路"。2015 年，广州白云国际机场旅客吞吐量达 5520.94 万人次，位居全国第三，比 2010 年增长 34.7%；货邮行吞吐量 200.17 万吨，较 2010 年增长 37.6%。

二　适时调整产业发展政策促产业结构优化

改革开放初期，广州在工业方面，根据自身的资源情况以及地理位置等采取优先发展轻工业的政策，为加快轻纺工业的发展，对轻纺工业在投资、贷款、外汇、物资、人才、运输等多方面给予优惠和支持，并围绕轻工业的发展，调整重工业结构。在农业方面，广州认真贯彻执行中央指示，不断清除"左"的思想影响，在郊县地区广泛推行各种联产承包责任制，以期调动农民的积极性，从而提高农业生产效率。截至 1982 年，全市有 96% 的生产队实行了联产承包责任制，其间涌现出一大批商品率高、经济效益较大的专业户、重点户和各种合作经济组织，社队企业和社员家庭副业也有了很大发展。为进一步稳定、完善农业承包责任制，促进农村经济全面发展，政府引导大力发展专业户（重点户）、专业组，充分发挥农村各种"能工巧匠"的作用，鼓励农民自觉自愿地实行各种形式的经济联合。

1983 年 1 月，中共广州市委在四届三次全体（扩大）会议提出：要坚决而有秩序地进行机构改革和经济体制改革，要把农村推行以"包"字为核心的联产承包责任制的经验，扩展到城市工业、交通、商业、服务业、基建、科技、文化事业等各个领域。要通过改革，打破吃"大锅饭"的局面，使生产力较快提高到一个新的水平。1985 年在实行以联产承包责任制为中心的第一步改革基础上，政府开展第二步改革，取消了农副产品统派购制度，调整了农村的产业结构，促进了各种经济作物和多种经营的发展，农林牧渔业得以全面增长，"六五"期间农业总产值平均每年增长 6.78%。

广州市在"七五"期间大力发展技术密集型和高附加值产业，注重电力、原材料工业和交通、通信等基础工业的发展，并进一步加强农业发展，不断增加投入，扩大生产能力。"七五"期间全市全社会固定资产投资完成 385 亿元，较"六五"期间增加 254 亿元，增长 1.94 倍，其中生产性建设投资比"六五"期间上升 8.3%。农业投资 3 亿多元。

1991 年，高祀仁在市委六届一次全会上发表讲话，指出虽然广州市产业结构调整取得一定进展，但是总体产业结构仍不协调，主要表现为基础产业滞后，加工工业中高附加值深加工产业比例低。为此提出"要相对集中一部分财力、物力，加强能源、原材料等基础工业和交通、通信等基础设施的建设。调整改造传统加工产业，逐步形成具有广州工业特色的电子、汽车、摩托车、日用电器、纺织、服装、食品（饮料）、医药、石油化工、钢铁等 10 个支柱行业，形成以'两车三电'为骨干的 25 个拳头产品。与此同时，要抓好以重点拳头产品为依托的企业组织结构的调整。进一步完善已建立的企业集团，抓紧组建一批新的企业集团或集团公司。通过合理调整产业结构和企业组织结构，形成新的经济优势，提高我市企业的整体效益水平"[①]。

为促进经济增长方式由粗放型为主向集约型为主的转变，广州市政府在《广州市国民经济和社会发展第九个五年计划及 2010 年远景目标纲要》指出"九五"时期国民经济和社会发展的主要任务之一是优化三次产业内部结构，培育和扩大新的经济增长点，充实壮大六大支柱产业，大力发展"三高农业"，加快金融和信息等新兴产业的发展。制定产业发展政策支持和鼓励发展六大产业和信息产业；对列入规划的高科技制造业，"三高"农业项目，基础产业重点项目，市政府将从财力、物力等方面给予扶持，包括在项目的立项审批、项目的投融资方式、财政贴息、股票和债券的发行、利用外资、用地规划等方面予以政策倾斜支持。

1996 年，广州市加大产业布局调整的力度，实施"稳定提高第一产业，调整优化第二产业，大力发展第三产业"的产业发展方针。在

---

① 《广州年鉴（1992）》。

中心城区，特别是老城区，实施"迁二进三"战略，通过调整产业结构，搬迁工业企业，腾出工业用地发展第三产业。此外，政府大力发展生态工业，加速发展高新技术产业和环保产业，在生态环境可持续利用的基础上，促进广州三次产业的协调发展。"九五"期间广州农业产业化、集约化和科技化程度明显提高，现代化都市农业展露新姿；随着先进技术的引进，轻纺、食品、医药、建材等传统行业升级换代，以电子通信、家电、精细化工、石油化工等行业领头的新兴产业及高科技产业发展迅速，工业技术水平有较大提高，优先发展的三大支柱产业（电子信息业、建筑与房地产业和汽车工业）占全市 GDP 的比重达 20% 左右，以工业为主的第二产业对经济增长的贡献率在 50% 左右；以商贸、金融保险、房地产、信息咨询、旅游服务为主的第三产业也呈不断发展壮大趋势。产业结构的战略性调整使广州经济增长格局从过去主要依靠第二产业推动转向第二和第三产业共同推动。

2004 年，广州市委书记林树森在中共广州市委八届三次全会上指出广州要继续促进产业结构和生产力空间布局的调整优化，坚持推进传统产业、高新技术产业和服务业的协调发展，突出抓好汽车、钢铁、石油化工等生产力骨干项目建设，工业发展后劲进一步增强；坚持工业化和信息化双轮驱动，运用高新技术、先进适用技术改造和提升传统产业，不断提升产业竞争力。在巩固发展传统服务业的同时，着力发展航空、临港现代物流业、现代商贸物流业和旅游业以及金融服务业，努力提升第三产业发展水平，进一步整合和完善现代化大都市的综合服务功能。与此同时，紧密结合产业结构调整和重大生产力骨干项目的布点建设，加快实施"南拓、北优、东进、西联"的城市发展战略，促进城市生产力空间布局进一步优化。①

"十五"时期广州加快发展带动力强、产业链长、高增长性的产业战略性项目，力争将汽车、石油化工和电子信息产业等支柱产业做

---

① 时任中共广东省委常委、广州市委书记林树森在中共广州市委八届三次全会上的讲话。

大做强，并注重提升重化工业和装备工业的发展水平，努力推动企业集聚和产业集群发展。在此期间广州集聚了一批产业关联度大、产品链条长、带动能力强、在国民经济中有重大影响的生产性骨干项目，汽车、石化、钢铁、造船业方兴未艾，新型大工业的主心骨逐渐成形，工业成为拉动全市经济增长的火车头，并且广州的工业化进程正式步入以重化产业为先导的新阶段。2000 年全市轻重工业产值的比例为 56.85∶43.15，2005 年这一比例变为 42.43∶57.57。这 5 年中重工业发展远远快于轻工业，工业重型化趋势日益明显。

2008 年，广州市以产业规划和重大项目促进产业结构优化升级，推进现代产业体系建设。编制《广州市主体功能区规划（2008—2020)》和《广州市建设现代产业体系规划纲要（2009—2015)》等重大规划；出台《关于大力推进自主创新加快发展高新技术产业发展的决定》《关于推进广州科学发展建设全省"首善之区"的决定》《关于加快发展现代服务业的决定》《关于加快推进广州市产业转移和劳动力转移的实施意见》《关于加快形成城乡经济社会发展一体化新格局的实施意见》等文件，把推进重大项目建设作为广州经济结构调整的突破口和"首善之区"建设的基础，加强重大项目管理和服务。将直属企业在国资委成立以来应缴未缴国有资本收入转增国有资本金投入，增加汽车制造等重点产业领域企业国有资本金 3.4 亿元；支出国有资本收入 3.4 亿元，支持企业改革和重点产业的发展；加大对先进制造业和现代服务业的投资力度，安排国有资本收入 5.26 亿元用于 7 个重点发展项目建设，带动投资总额达 82.9 亿元；全年全市 76 个重点项目完成投资 551.9 亿元。

之后几年，广州市继续出台一系列相关规划以推动产业结构升级，2010 年广州获批成为国家高技术服务业基地，加速推进中新知识城、科学城等现代产业功能园区和重大项目载体建设，着力打造以服务经济为主体、现代服务业为主导，现代服务业、战略性新兴产业和先进制造业有机融合、互动发展的现代产业体系。提升自主创新能力和产业竞争力，促进产业链向高端化延伸，提升产业核心竞争力。政府明确提出建设国家创新型城市和华南科技创新中心，立足技术创新推动产业实现整体转型升级。市财政每年保持对自主创新和高新技术产业发展不少于 10 亿元的投入。

2011 年，广州市编制《广州市战略性主导产业重点支持目录》《广州市战略性新兴产业发展规划》，推动实施战略性主导产业发展的资金扶持政策；制定市区产业"退二进三"工作考核办法，推进"退二进三"工作；启动《广州市产业用地指南》修编工作，保障重点产业项目建设。2012 年，出台《广州市战略性新兴产业发展规划》和产业指导目录，制定《广州市战略性新兴产业创业投资引导资金参股创业投资基金管理暂行办法》，印发实施《广州市服务业发展"十二五"规划》，确立了广州服务业新的梯级发展空间格局。2013 年，建设创新平台，推进建设广州移动互联网创新集群项目，优化创新环境，实现 3G 网络城区全覆盖；发展战略性新兴产业，加速资金、技术、人才向战略性新兴产业基地集聚，把战略性发展平台作为产业转型升级的主引擎，构筑"2 + 3 + 9"平台体系，加大两个新城区和三个副中心投资强度，重点推进市政交通、教育文化、医疗卫生等基础设施向新城区延伸。2014 年，加快传统产业转型升级和劣势产业退出，广州市国资委坚持增量发展和存量调整并举，以增量发展为主的结构调整方针，围绕广州建设区域金融中心目标，推动国资金融业突破性发展，并带动和协同核心产业加速发展，在发展中同步调整优化布局结构。实施"232"战略，促进 2 个金融控股平台、3 家银行、2 家证券公司做大做强。市国资委以汽车、装备制造、电子信息、生物医药与健康、地产五大产业作为国资核心产业，支持其做大做强做优。2015 年，广州市聚焦科技、金融、总部经济，加快产业结构调整；出台"1 + 9"科技创新系列政策，落实财政科技经费和孵化器双倍增计划，实施高新技术企业培育行动方案，高新技术企业快速增长；出台发展和利用资本市场、推进互联网金融产业发展的政策措施，加快建设国际金融城、民间金融街等金融功能区，加强金融招商和新业态培育；出台加快总部经济发展三年行动计划和若干措施，组织引资引技引智工作会议、夏季达沃斯"广州之夜"等招商活动，吸引中航油南方总部等20多个总部项目落户，新认定总部企业36家。"十二五"时期广州推进补短板、强功能取得成效，新业态、新模式、新产品不断涌现，尤其是"互联网＋"的迅猛发展逐步将电子商务、物流快递等孕育成为拉动经济增长的新动力。

第四节　广州的经济建设成就

在举国充满改革的氛围之下，广东政府提出先行一步的要求，而广州作为广东省的省会，经过40年的经济建设，广州经济建设取得了显著成绩，至2016年底，地区生产总值（GDP）连续28年位居国内城市第三位，仅次于北京和上海（见图3—2）。

图3—2　广州新貌

一　经济实力持续增强，经济地位稳中有升

广州作为首批沿海开放城市，同时作为改革开放过程中先行一步

的广东省省会，经过 40 年的经济建设，经济高速增长，经济实力日益增强，人民的生活水平也得到显著提高。从图 3—1 可以看出，自 1978 年以来，广州地区生产总值呈高速增长趋势，经济实力持续增强。地区生产总值从 1978 年的 43.09 亿元，发展到 1995 年的 1258.2 亿元，突破 1000 亿元大关；2005 年地区生产总值达到 5154.23 亿元，突破 5000 亿元大关；2011 年达到 10748.28 亿元，突破 1 万亿元大关；2017 年实现地区生产总值 21503.15 亿元，同比增长 10.0%；1979 年至 2017 年地区生产总值平均增长速度达 13.3%。

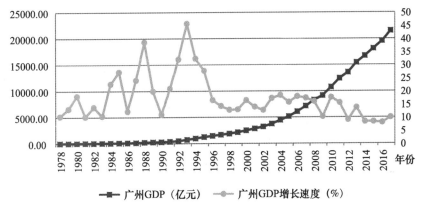

图 3—3　1978—2016 年广州地区生产总值

数据来源：《广州统计年鉴》。

从经济增长速度来看，1978 年至 1996 年，广州 GDP 增长速度呈剧烈波动趋势，增长快的年份增长速度可达 25% 以上，增长慢的年份增长速度不到 5%；1996 年至 2000 年，地区生产总值增长速度相对稳定，维持在 13% 左右；2000 年以后，广州经济增长速度基本保持在 10% 以上，"十五"时期（2001—2005 年）GDP 平均增速为 13.8%，"十一五"时期（2006—2010 年）GDP 平均增速为 13.5%，"十二五"时期 GDP 平均增速为 10.1%。2000 年以后广州 GDP 增速呈轻微波动状态，先大体表现为波动上升趋势，在 2007 年达到顶峰，增长速度为 15.3%，之后经济增速有所放缓，2016 年增速下降至 8.2%，呈现出经济从高速增长转向平稳增长的走势，与我国近几年经济增长步伐放缓变化一致。

改革开放的提出为我国经济的发展注入了强大的动力，在不具备良好的基础设施、充足的资本积累、较高的技术水平、优质的人力资本和完善的产权保护制度这些一个国家和地区经济要保持高速增长必须具备的基本条件下，国民经济维持了长期的高速增长，创造了"中国经济增长之谜"。在整个外在环境处于有利经济增长的环境情形下，与全省以及全国整体水平相比，广州的经济增长速度都几乎要高于广东省和全国的经济增长速度。图3—4的曲线描述了1978年以来广州、广东省和全国的经济增长速度的走势。从图可以看出，作为广东省的省会，广州的经济增长速度与广东省全省平均水平接近，略高于全省平均水平；与全国平均水平相比较，在改革开放初期至20世纪80年代，广州在个别年份增长速度低于全国平均水平，20世纪90年代后，广州经济增长速度一直高于全国平均水平，总体来说，广州的发展速度基本上是高于全国平均发展速度，经济增长速度走势基本与广东省一致，表现出略高于广东省平均水平。

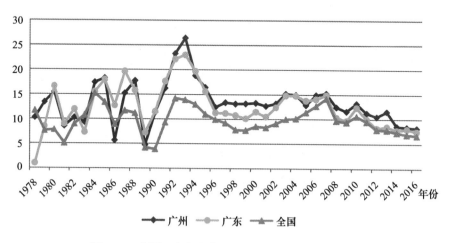

图3—4　全国、广东和广州 GDP 增长速度比较（%）

数据来源：《广州统计年鉴》《广东统计年鉴》《中国统计年鉴》。

　　作为广东省的省会，广州一直是广东省的政治、文化、科教和经济中心，是华南地区最兴盛的商业大城市。随着轻工业的兴起与不断发展，以及受深圳经济特区的日益壮大的影响，广州曾一度落后于珠三角其他临近地区，在某些年份经济发展速度落后于全省平均水平，至20世纪90年代之后这一情况得到改变，并在90年代中期较为稳定地领先于全省平均水平。

　　从图3—5可以看出，在整个20世纪80年代期间，广州市地区生产总值占全省比重整体呈轻微下降趋势，90年代之后开始转为上升趋势，虽然在20世纪80年代广州在全省的经济地位略微下降，但广州作为全省的经济中心城市地位未曾改变，地区生产总值占全省的比重一直维持在20%以上，纵使开始有深圳经济特区的设立，以及之后珠海经济特区和汕头经济特区的设立，尤其是深圳地区在设立经济特区之后取得了飞速的发展，增长速度惊人，在这种情形下，作为一个相对深圳等特区而言的老城，高新技术以及科研人才等相对处于弱势地位的广州，经济总量占全省的比重能够一直保持在20%以上并保持一定的增长，实属不易，可见广州经济发展成就非凡。

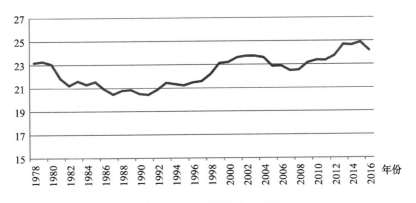

图3—5　广州地区生产总值占全省比重（%）

数据来源：《广州统计年鉴》《广东统计年鉴》。

二　产业结构不断优化，第三产业日益发挥主导作用

随着经济的不断发展，广州的产业结构经历了一个不断调整和不断优化的过程，第一、第二、第三产业增加值的比重从 1978 年的 11.67∶58.59∶29.74 调整至 2016 年的 1.22∶29.42∶69.36。在这近 40 年中，广州第一产业在经济结构中的比重由 11.67% 持续下降至 2016 年的 1.22%，下降了 10.45%；第二产业在经济结构的比重呈现轻微波动状态，1985 年至 1990 年除 1988 年外呈下降趋势，之后两年呈轻微上升趋势，之后又开始持续下降，在 2002 年占比达 37.81% 的谷底后开始回升，至 2006 年后达到 40.2% 的高峰后持续下降，至 2016 年占比为 29.42%；除极个别年份外，第三产业在经济结构中的比重持续上升，从 1978 年发展至 2016 年上升了 39.62%。从数据与图 3—6 可见，广州的产业结构正在向第三产业倾斜，产业结构在不断优化，日益发挥主导作用。

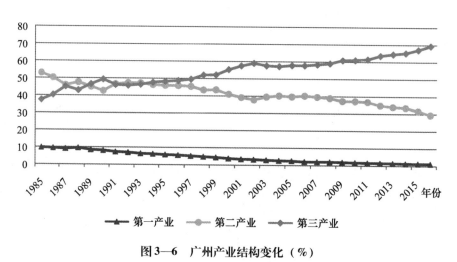

图3—6　广州产业结构变化（%）

数据来源：《广州统计年鉴》。

"六五"（1981—1985 年）时期我国正处于改革开放和现代化建设的初期，国内经济等建设处于小范围内的试水期，尝试在小范围内试

验，以期能够寻找出可以指明前方道路的方式方法，在此期间广州三大产业的比重变化幅度较小。从"七五"时期开始广州产业结构开始发生快速的变化。

"七五"（1986—1990 年）时期广州产业结构发生急剧变化。经济发展至 1990 年，广州第三产业在 GDP 中的比重已超过第二产业，主要由于交通、国贸、金融、旅游等第三产业的迅速发展。1990 年广州国内生产总值中第一、第二、第三产业产值分别为 25.73 亿元、136.3 亿元和 157.57 亿元，比例为 8.05∶42.65∶49.3。

"八五"（1991—1995 年）时期广州产业结构发生调整，第二产业比重上升，第三产业比重出现下降趋势。面临前五年广州市产业结构发生急剧变化，广州市委、市政府积极应对工业地位下降的现实，决心重振工业，继续发挥大中型工业企业的骨干作用。在"八五"时期，广州初步形成了以市属工业为主体，区街工业和乡镇工业两翼齐飞的工业发展新格局，区街工业和县级市工业总产值占全市工业总产值的 44.61%。1995 年广州国内生产总值中，第一产业增加值 73.46 亿元，第二产业增加值 580.19 亿元，第三产业增加值 589.42 亿元，三次产业比重调整为 5.91∶46.67∶47.42。

"九五"（1996—2000 年）时期广州第三产业取得了大的发展。在"稳定提高第一产业，调整优化第二产业，大力发展第三产业"的产业发展方针的指导下，广州对产业结构进行战略性调整，经济增长格局由过去的主要依靠第二产业推动转向由第二和第三产业共同推动。引进先进技术，对轻纺、食品、医药、建材等传统行业进行升级换代，并大力发展电子通信、家电、精细化工、石油化工等行业领头的新兴产业及高科技产业。同时，不断发展壮大以商贸、金融保险、房地产、信息咨询、旅游服务为主的第三产业。2000 年广州国内生产总值中第一、第二、第三产业产值分别为 94.37 亿元、1032.05 亿元和 1249.49 亿元，比例为 3.97∶43.44∶52.59，第一、第二、第三产业增加值年平均增长速度分别为 5.4%、13.3%和 13.7%。

"十五"（2001—2005 年）时期广州第二、第三产业协调发展，互相促进。以"二产带动三产，三产促进二产"为发展思路，加快发展带动力强、产业链长、高增长性的产业战略性项目，致力于做大做强汽车、石油化工和电子信息产业等支柱产业，提升重化工业和装备工业发展水平，推动企业集聚和产业集群发展。其间一批有重大影响的生产性骨干项目集聚广州，汽车、石化、钢铁、造船业方兴未艾，新型大工业的主心骨逐渐成形，广州正式步入以重化产业为先导的工业化进程新阶段。与此同时，广州服务业迅速发展，以商贸、金融保险、房地产、信息咨询、旅游服务以及教育培训、文化娱乐为主的第三产业不断发展壮大。2005 年广州国内生产总值中，第一产业增加值130.22 亿元，第二产业增加值 2045.22 亿元，第三产业增加值2978.79 亿元，三次产业比重调整为 2.53：39.68：57.79，第一、第二、第三产业增加值年平均增长速度分别为 4.9%、14.9% 和 13.5%。

"十一五"（2006—2010 年）时期着力构建现代产业体系，产业结构进一步优化。这几年广州着力构建以现代服务业、先进制造业和高技术产业为主导的现代产业体系，全市工业高新技术产品产值占全市工业总产值的比重从 2006 年的 27.01% 提高到 2009 年的 32.8%，提前完成 30% 的预期目标。2010 年全市规模以上工业高新技术产品产值为5327.94 亿元，占全市规模以上工业总产值的比重达 38.5%。从这几年产业结构变化趋势来看，广州第一、第二产业比重呈下降趋势，第三产业比重呈上升趋势，产业结构取得进一步优化。2010 年广州国内生产总值中，第一、第二、第三产业增加值分别为 188.56 亿元、4002.27 亿元、6557.45 亿元，三大产业结构为 1.8：37.2：61。

"十二五"（2011—2015 年）时期第三产业持续快速增长，对经济增长的贡献率首次高于七成，成为推动全市经济增长的重要力量。在"十二五"时期加大对区域金融中心的建设力度，保持金融业平稳较快的发展，并加快投融资体制改革，创建民间金融街、广州国际金融城、南沙现代金融服务区等 6 大金融功能区，设立广州股权交易中心、广州碳排放权交易所等 5 大金融交易平台，组建广州基金投融资平台，"新三板"挂牌企业 146 家，广州股权交易中心挂牌企业 2994 家。

2015 年，金融业增加值比上年增长 14.2%，在各行业中位居第一，占 GDP 比重为 9%，较 2010 年提高 2.8 个百分点。在此期间，新业态、新模式、新产品不断涌现，尤其是"互联网＋"的迅猛发展逐步将电子商务、物流快递等孕育成为拉动经济增长的新动力，并且大力推进战略性新兴产业发展，先进制造业和高技术制造业保持高于整体工业的增速，工业结构向高端化发展。2015 年，全市实现规模以上工业增加值 4840.42 亿元，同比增长 7.2%；先进制造业增加值、高技术制造业增加值同比分别增长 8.8% 和 19.4%，分别高于规模以上工业增加值增速 1.6 个和 12.2 个百分点。高技术制造业增加值占规模以上工业增加值的比重从 2011 年的 11% 提高到 2015 年的 11.7%。2015 年广州市三次产业结构调整为 1.26∶31.97∶66.77。

三　创新能力日益增强，助力经济向好发展

面临全市基础设施落后，交通不便等现状，为了实现经济的快速可持续性发展，广州市坚持"科技兴市"的方向，认为科技是第一生产力，为加快社会主义现代化建设，增强广州的经济实力，必须要依赖科技进步。在改革开放 40 年中，广州始终注重对科技创新的投入，从最初的引进学习国外先进技术，到逐步增加科研经费支出，为科技创新搭建平台，创建基地，提供各种政策上的扶持，经过近 40 年的努力，广州在科技创新方面取得了佳绩。

"六五"时期，广州处于百废待兴的状态，研发所需设施欠缺，为了提高劳动生产率，同时也为了提高企业依靠内涵为主扩大生产的能力，在此期间，广州大规模引进先进技术和设备，用国外的先进技术改进当地的工业和企业。广州通过技术引进以及技术改造增强了企业发展新产品的能力。根据统计数据，就橡胶行业而言，1985 年全市引进项目成交 129 项，引进先进技术设备 912 台（套），完成技改项目 130 项，是年全行业开发新产品 10 项，进行工艺和技术革新 67 项，产品质量得以不断提高，该行业 1985 年生产的橡塑凉鞋和拖鞋质量和销量居全国第一。

　　"七五"时期，广州走依靠科技发展经济的道路，坚持"科技兴市"的方向，认为科学技术是第一生产力，依靠科技进步是加快社会主义现代化建设的必由之路。其间深化科技体制改革，采取改革科技拨款制度、发展技术市场、组建科研生产联合体、实行专利制度等措施，逐步建立科技与生产紧密结合的机制，促进了传统产业技术改造和新技术、高技术产业的发展。"七五"期间市属工业系统应用新技术、新工艺、新材料等科技成果，累计开发成功并投产的新产品达2304种，新花色品种4万多种；全市培养和引进高级工程师和各类科技人员5000多名，到1990年底，全市已拥有高中级科技人员6.2万多人；发展职工业余大学、中等专业技术教育，企业普遍开展了岗位技术培训，累计投入教育的资金达11.98亿元。

　　"八五"时期，广州继1984年成立了广州经济技术开发区后又成立了天河高新技术产业开发区，在利用外资、引进、消化、推广境外高新技术方面发挥了积极作用。产业开发区汇集了全省80%的研究开发机构，设立了较齐全的学科专业，增强攻关能力。至1995年底，广州地区已有各类科研开发机构523个，较1990年增加69.26%；研究开发机构中从事科技活动人员达1.89万人，较1990年增加4.25%；各类专业技术人员达45.28万人；"八五"时期，全市共取得各类科技成果347项，推广应用221项。

　　"九五"时期，科技进步对广州经济的推动作用不断加强，截至2000年，科技进步对广州工业经济增长的贡献率达48.1%，较1995年提高7.2个百分点。这五年时间广州市共取得605项重大科技成果，推广应用达529项。广州高新技术产业开始崛起，2000年全市经认证的高新技术企业达331个，高新技术产品427个，高新技术产品总产值达487.32亿元，占全市工业总产值的比重为15.72%。

　　"十五"时期，广州积极探索一条有广州特色的自主创新道路，致力于打造自主创新策源地，在此期间建设了广州科技城和广州大学城，并且已进入使用状态，基本建成23所示范性高中，大学城一、二期工程，市第二少年宫也相继建成。这五年来广州坚持促进传统产业、高新技术产业和服务业协调发展，运用高新技术改造传统产业取得显著成效，其间制造业信息化推进工程顺利通过国家科技部验收，该工程的实施有效提升了企业的自主创新能力与综合竞争力。根据2005年的统计数据，2005年广州市科技活动经费支出总额190亿元，其中用于研究与发展（R&D）经费支出85亿元，分别比上年增长18.8%和25%，占地区生产总值的比例分别达3.71%和1.66%。当年科技进步对工业经济增长的贡献率达50.8%，全年全市实现高新技术产品产值1867.87亿元，占全市工业总产值的27.6%，其中，工业高新技术产品产值1787.8亿元，占全市工业总产值的26.4%。

"十一五"时期，广州创新能力进一步增强，区域创新体系日趋完善。其间建立起一批创新平台和国家级软件产业基地、电子信息产业基地、生物产业基地、动漫网游产业发展基地，形成了比较完善的科技企业孵化网络，有力地推动了产学研一体化发展。2009年末，全市有中国科学院院士16人和中国工程院院士18人；全市拥有国家级、省级和市级工程技术研究中心共162个，其中，国家级12个，省级59个，市级91个；拥有各类独立研究开发机构160个，国家级、省级大学科技园7个。2010年，广州市实现高新技术产品产值5474.27亿元；实现高新技术产品增加值1594.37亿元，占GDP的14.83%，比2005年提高3.92个百分点。同年广州市被确定为国家创新型城市试点，广州高新技术产业区成为全国首批国家级创新型科技园区和国家海外高层次人才创新创业基地。

"十二五"时期，广州全面实施创新驱动发展战略，加快了中新广州知识城、科学城、国际生物岛等自主创新核心载体的建设和功能开发，为增添经济发展新动能提供有力支撑。2014年，全社会研究与试验发展（R&D）经费支出334.01亿元，占GDP比重首次达到2%。截至2015年底，全市国内有效发明专利量达24142件。2015年全市共有17项科技成果获国家科学技术奖，占全省获奖数的51.52%；164项科技成果获广东省2015年科学技术奖，占获奖总数的69.2%。同年，广州市位列中国城市创新创业环境排行榜第二（不含直辖市），

13 家企业获评《快公司》2015 年中国最佳创新公司 50 强；天河二号超级计算机运算速度连续 6 次蝉联世界第一。

第五节　广州经济发展的启示

广州拥有悠久的历史，自秦汉至明清时期一直都是华南地区商业发展最繁荣兴盛的城市，但新中国成立后广州商业城市的定位有所改变，新中国成立后的计划经济时代，对广州的发展定位是发展成一个工业城市，成为华南工业基地，政府长期以来急于将广州打造成一个工业城市，而忽视了农业商业的发展，最终 30 年的经济发展并没有像预想中般给广州带来理想中的发展，反而各种经济社会问题层出不穷。为使经济能够快速发展起来，能够满足人民日益增长的物质资料需求，在全国全面推行改革开放的潮流中，广东省领导人率先提出让广东先走一步，作为广东省的省会，广州对经济体制进行了一系列改革。为解除计划经济对生产者生产积极性的抑制作用，广州率先放开塘鱼价格，之后全部放开菜、肉、禽、鱼、蛋、奶、果七大类与人们日常生活密切相关的农副产品的生产经营和价格；为搞活商品流通环节，政府拨款扩建、新建农贸市场，打开城门鼓励农民进城摆摊经营、开业办店，鼓励私营企业和个体工商户与国营商店和集体商店开展竞争；制订了一系列的政策措施鼓励个体和私营企业的发展。相对于深圳特区，广州经济发展的经验或许对其他城市更具启发意义。

一　内生的持续发展能力

改革开放初期重计划而轻市场，因而各地的竞争能力发展优势主要取决于是否能率先争取到"特殊政策、灵活措施"。政策优势意味着资源优势和发展优势；随着改革的深入，计划的色彩转淡，而市场的力量渐强，各地的竞争能力和发展优势越来越取决于当地政府及企业是否能充分挖掘和利用本地传统产业优势，顺应国内外市场需求的变化，把握国内外产业周期变化所导致的产业调整转移的契机，推动资源整合，做出及时适度的战略调整。从某种意义来说，外生的优惠政策或许并不能保证使一个地区产生持续的增长效应以及领先优势，除非当地在外生政策刺激起来的发展阶段能培育出内生的持续发展能力，而这种内生的持续发展能力才是一个地区经济持续增长的源泉。随着改革的推进，体制改革的空间渐小而各地经济体制趋同，广东所拥有的"先行一步"优势日益减弱，政策的边际刺激效应也减少，各地经济绩效的差距将最终取决于各地内生的持续发展能力。省内三个经济特区的差异就是有力证明：2000 年以来，相对于广州佛山、中山等市，尽管深圳特区已涌现了华为、中兴等著名高新产业，但其经济增长速度并没有体现出明显优势；与此同时，珠海、汕头两个特区则相对落后于东莞、佛山和中山，除珠海近年速度稍微超过广州外，汕头则一直无法在发展速度上超越广州。这种内生的持续发展能力既涉及该地区的政府是否具备尊重国内外市场和产业发展规律的理念、整合市场资源的能力，能否营造出适合企业低成本发展的生产和营商环境，也涉及该地区是否能培育出依靠市场竞争而非政策资源的优势产业和企业，等等。换言之，它实际上是一个地区经济系统的整体能力，一旦形成，就不容易被超越。从这个意义上讲，广州虽然未能一直得到政策优惠而一度造成发展的相对滞后，但却迫使广州在压力下更早地面向市场，在挫折中吸取经验教训，突破并不具备持续发展优势的轻工业、家电等轻工业发展的困局，向市场要出路，及时转向重化工业，并努力推动工业向技术资金密集型和集群化转变，从而较早形成这种内生的持续发展能力。

二　依靠比较优势转型

改革开放以来，广州工业发展历程也表明，一个地区的工业体系乃至产业结构的形成必须尊重历史的沉淀，立足于自身的比较优势，适时准确迅速地嫁接到满足市场需求和符合产业调整规律的领域，有所为有所不为。20 世纪 80 年代广州轻工、家电行业之所以走向衰退，是因为这种劳动密集型的产业更容易在当时低成本的珠三角地区和省外其他地区发展起来，而广州工业重型化之所以最终成功，也是因为广州原本就具备较为完整的工业基础、区域金融中心的融资便利，以及所需的配套基础设施等有利条件。此外，这种有意识的错位发展使广州得到避开与珠江三角洲其他地区因产业结构雷同而导致的直接竞争。与此同时，产业结构的梯度差异反而为各地留出发展余地和合作的空间，更加有利于广州发挥中心城市的带动和辐射功能，吸引其他地区及企业自觉加入到广州的产业链条中，通过分工协作在合作中求得共赢。

改革开放已近40年，经过40年的经济建设，广州经济取得了显著的成绩，至2016年底，广州地区生产总值已连续28年位居国内城市第三位，仅次于北京和上海。地区生产总值从1978年的43.09亿元增长至2016年的19547.44亿元，年平均增长速度达13.3%，经济实力呈持续走强趋势，无论是在省内还是在国内，经济地位基本都是高于整体平均水平。在地区经济的发展过程中，产业结构也在不断地进行调整和优化，第一产业比重持续下降，第二产业比重总体上呈下降趋势，第三产业比重持续上升，日益发挥主导作用。随着经济实力的增强、产业结构的升级，地区经济不断向好向上发展，拥有更多的资金进行城市建设，改善地区的投资环境、城市交通、通信和住宅等条件。不断对海港、空港、高铁、地铁、高快速公路等基础设施进行建设以及改善，广州成为华南地区最大的国际港口和最大的航空港，同时还是华南地区最大的铁路枢纽和高速公路网络的核心；随着城市信息基础设施建设的推进，广州成为国内三大通信枢纽、互联网交换中心和互联网三大国际出入口之一。基础设施的改善推动本地经济的发展，经济的发展反过来又推动基础设施的进一步完善，两者不断地互相促进，良性循环的发展，促进广州中心城市地位凸显并得到不断强化，辐射力和综合服务能力也不断增强，并带动周边城市迅速崛起。

第 四 章

珠三角的专业化和经济发展

珠江三角洲（见图4—1），位于中国广东省中南部、珠江入海口处。珠江三角洲既是地理区域，也是经济区域，但范围略不同。狭义上的珠三角经济区包括广州、深圳、佛山、东莞、惠州、中山、珠海、江门、肇庆，大珠三角包含除以上各市外还包括香港特别行政区、澳门特别行政区。本书的珠三角是指小珠三角。

图4—1 珠江三角洲城市地图

珠三角面积为 55368.7 平方公里，占全省面积的 31.2%；2017 年其 GDP 总值达 75809.74 亿元，占全省 8.99 万亿元生产总值的 84.33%，占全国 GDP 的 9.2%。如今的珠江三角洲是有全球影响力的先进制造业基地和现代服务业基地，我国参与经济全球化的主体区域，全国科技创新与技术研发基地，全国经济发展的重要引擎，南方对外开放的门户，辐射带动华南、华中和西南发展的龙头，是我国人口集聚最多、创新能力最强、综合实力最强的三大城市群之一，有"南海明珠"之称。

第一节　珠三角的历史印记

有"中国的南大门"之称的珠三角由珠江在广东中部入海处冲积形成，是包括西江、北江和东江冲积成的三个三角洲的总称。其面积约 1.13 万平方公里，旧称粤江平原。

1985 年 1 月，国务院把长江、珠江、闽南三角洲开辟为沿海开放区，并提出先"小三角"，后"大三角"，分步骤、有计划地加以引导发展的规划。根据这一精神，1994 年 10 月 8 日，广东省委在七届三次全会上提出建设珠江三角洲经济区，这也是"珠三角"概念首次正式提出。"珠三角"最初由广州、深圳、佛山、珠海、东莞、中山 6 个城市及惠州市区、惠东县、博罗县、肇庆市区、高要市、四会市组成（《珠江三角洲城镇群协调发展规划（2004—2020）》）。随后，"珠三角"范围调整扩大为珠江沿岸广州、深圳、佛山、珠海、东莞、中山、惠州、江门、肇庆 9 个城市组成的区域，这也是通常所指的"珠三角"或"小珠三角"。2009 年，在《大珠三角城镇群协调发展规划研究》中，广东省住房和城乡建设厅、香港发展局和澳门运输工务司三方，首次合作开展策略性区域规划，首次提出"大珠三角"的概念。"大珠三角"包括原珠三角 9 市加上香港特别行政区、澳门特别行政区以及深汕特别合作区。

在历史上，珠江三角洲即是对外贸易的活跃地区，巨大的海外社会关系网络以及南方经商传统是这个地区重要的人文特点，也构成了珠江三角洲各地方政府积极进行改革的基础。在秦汉时期，珠江三角洲与南洋的贸易在中国经济体中占有重要地位，广州作为中国历史上第一个海关官署和开放港口，对珠江三角洲的发展具有持续的促进作用。

汉武帝之后，西汉商人频繁的出海贸易开辟了海上交通要道——海上丝绸之路，主要贸易港口就有番禺（今广州）和徐闻（今湛江），西汉中晚期和东汉时期海上丝绸之路真正形成并开始发展。东汉时期记载了中国与罗马帝国第一次的来往：中国商人由海路到达广州进行贸易，运送丝绸、瓷器由马六甲海峡经苏门答腊来到印度，并且采购香料、染料运回中国，印度商人再把丝绸、瓷器经过红海运往埃及的开罗港或经波斯湾进入两河流域到达安条克，再由希腊、罗马商人从埃及的亚历山大、加沙等港口经地中海海运运往希腊、罗马等国的大小城邦。这标志着横贯亚、非、欧三大洲的、真正意义的海上丝绸之路的形成，从中国广东番禺、徐闻、广西合浦等港口启航西行，与从地中海、波斯湾、印度洋沿海港口出发往东航行的海上航线，就在印度洋上相遇并实现了对接，广东成为海上丝绸之路的始发地。

到宋元时期，海上交通日益发展。在北宋所设的广州、杭州以及明州（宁波）市舶司中，"三方唯广最盛"。宋末由于政治地理因素的变化，广州作为中国外贸主要港口的地位曾一度为泉州所替代，但这同时促使其与珠江三角洲的经济发生关联，其发展辐射至整个三角洲地区，各地村镇大量出现，尤其是南海、顺德、番禺一带，田园阡陌、祠庙林立，成为三角洲最为富庶的地区。

明中后期，珠江三角洲的商品经济发展势头良好，但明清之际遭到天灾人祸的摧残。明初朱元璋为防沿海军阀余党与海盗滋扰，下令实施海禁政策；清初顺治为防范沿海民众通过海上活动接济反清抗清势力，于1656年颁发禁海令，下令沿海省份"无许片帆入海，违者立置重典"。海禁政策给海上贸易带来了沉重打击，珠三角在东南亚市场的势力萎缩。

康熙年间，广东巡抚李士桢的开海贸易策略受到了康熙的大力支持，禁海令被取消，并设粤海关负责管理海外贸易事宜。次年，设金丝行和洋货行（即"广州十三行"），分别掌管国内商业贸易和进出口贸易，广州复成为全国最大港市，商品经济迅速恢复并一跃成为全国最大的贸易中心。

清中后期，珠三角形成了自身的水运体系：广州为体系的中枢，佛山为其内港，澳门为其外港与国内外相沟通，其他诸如江门、小榄、石龙等，皆为一方要港，这为商品经济的发展提供了优越条件。1757年，乾隆皇帝颁布上谕：仅留粤海关一口对外通商，清朝对外贸易锁定在了广州十三行。广州汇集了通往欧洲、拉美、南亚、东洋和大洋洲的环球贸易航线，是清政府闭关政策下唯一幸存的海上丝绸之路，直接推动了珠江三角洲以出口为导向的商品经济的形成。

鸦片战争后，虎门条约签订，英商贸易被限制在广州、福州、厦门、宁波、上海等港口进行。由于受到香港市场的冲击，珠江三角洲经济向半殖民化转变，农业和手工业都受到沉重打击，此时广州外贸屈居上海之后，成为全国第二的通商口岸。新中国成立之初，珠三角与世界贸易联系被暂时割断。集中的指令性计划经济重生产、轻贸易，珠三角的对外开放优势被抑制。

1979 年，中央在深圳、珠海、汕头和厦门设立经济特区，为具有开放传统的珠江三角洲地区的经济发展起到了一个示范作用。珠三角各市地方政府自下而上开始了建立适合地方经济发展制度的探索，并成为推动珠三角地区发展的中坚力量。

第二节　珠三角的经济奇迹

改革开放 40 年来，珠江三角洲创造了经济奇迹。1980 年，珠三角各市的国内生产总值为 116.32 亿元，占全省总量的 47%。到 2017 年，珠三角地区 GDP 总值达 75809.74 亿元，占全省 8.99 万亿元生产总值的 84.33%，占全国 GDP 的 9.2%，成为省区经济的绝对主体；

2017 年总人口 5963.67 万人，占全省的 53.35%。换言之，珠三角与非珠三角地区，在面积上占比约为 3∶7，在人口上占比约为 1∶1，而在经济上占比约是 8∶2。在产业结构上，服务业支撑力提升，工业生产发展势头不减，2017 年广深莞第三产业比重均超过 50%，而作为区域经济发展主动力的制造业强劲发展，广东省制造业采购经理指数（重点企业 PMI）保持在较高水平。2017 年珠三角地区人均 GDP 达 12.48 万元，按年平均汇率折算，为 18484 美元，接近 2014 年非经合组织高收入国家（见表 4—1）。

表 4—1　　　　　　珠江三角洲地区 2017 年主要经济指标

	GDP（亿元）	进出口总额（亿元）	人口（万人）	人均可支配收入（元）
珠三角	75809.74	64635.9	5963.67	—
广州	21500	9600	1350.11	50941
深圳	22000	28000	1190.84	52938
珠海	2565	2990	167.53	43969
东莞	7580	12000	825.41	—
中山	3500	2576	320.96	—
江门	2690	1385	451.95	26600
佛山	9500	4357.4	743.06	45000
惠州	3830	3416	475.55	31000
肇庆	2190	311.5	405.96	22500

数据来源：各市统计年鉴。

改革开放 40 年来，珠江三角洲地区的经济发展取得了令世人瞩目的成绩，各项经济指标在全国均具有举足轻重的地位。其中广州和深圳与珠三角其他 7 个地级市有着巨大的差异。深圳作为改革开放特区，广州作为广东省省会城市，两市经济发达、人才济济、技术雄厚，经济竞争力优势非常明显。胡春华同志任广东省委书记后首站调研深圳，要求深圳要将全国经济中心城市定位具体化，当好区域发展龙头，充分发挥辐射、带动作用。

佛山和东莞作为广东省的副中心城市，不论从经济总量还是从经济增长速度与其他城市相比较而言，都具有明显的优势。这两个城市近几年经济发展突飞猛进，进入 20 世纪 90 年代后，佛山家电名扬中国，佛山的中国名牌数量数一数二，比深圳还多几倍。而东莞制造世界闻名，"东莞的公路堵车，全球的电脑厂家就停产"这句话毫不夸张。东莞依靠大量的土地出租厂房，本地人民建房屋出租外来人员收租金，而佛山在土地收入中还有很多的本地民营企业家，特别是顺德和南海两个广东小虎并入佛山。这两个城市只要经济发展势头继续保持，前途一片光明。惠州、江门、中山、珠海、肇庆，这 5 个城市经济建设情况大体相差不大，但各有优势。早在 20 世纪初，惠州已进入中国大中城市"投资硬环境 40 优""综合实力 50 强"的行列，良好的投资环境为广大投资者所认同。惠州坚持"工业立市"的发展战略，坚定不移地走发展外向型经济的道路，培育出 TCL、德赛、花样集团等一批国有企业集团及侨兴、富绅、中优网络等一批民营企业集团。

第三节 创新制造：东莞

东莞市位于广东省中南部，地处广州之东，又因境内生产莞草而得名。其前临香港，后接广州，是最具有区位优势的城市。1985 年，东莞被列为经济开放区，同年经批准撤县设市。1988 年，国务院批复将东莞市升格为地级市，直属广东省管辖。2017 年，东莞市已从改革开放前的贫困县成长为广东省经济强市，国民生产总值达到 7580 亿元，占珠江三角洲总 GDP 的 10%，人均 GDP 达 91778 元[①]，约为全国平均水平的 1.54 倍。

---

① 《广东统计年鉴》。

一　改革开放初期：从农业经济走向工业化

1978 年，东莞还是一个较为贫穷的农业县，工业原始积累水平较低，除了一些传统的制糖工业外，几乎没有现代工业的基础。全县生产总值 5536.11 亿元，人均生产总值 553 元，而农民的人均年收入仅为 149 元。"内地劳动一个月，不如香港干一天"的说法是莞城人最大的无奈。

与广东其他县市相似，"大逃港"运动在东莞大面积悄无声息地展开，农民、干部、职工偷渡外逃，甚至十几岁的中小学生也结伴偷渡。为了从根本上解决这个问题，习仲勋 1979 年 4 月在北京召开的中共中央工作会议上，向邓小平等国家领导汇报了广东经济工作的设想：他计划用工业化的方式把内地建设好，让广东人不再"逃港"。红头文件的陆续下达为东莞带来了轰轰烈烈的加工贸易，一个典型的农业经济体走上工业化道路。1978 年 7 月，全国第一家来料加工企业——太平手袋厂在东莞成立，拉开了全国加工贸易的序幕。太平手袋厂的成功带来了箱包、旅游鞋、玩具、电器等加工制作火山爆发式的发展，东莞成为亿万件级商品的生产、出口基地，被誉为"全球加工贸易第一城"。美国《纽约时报》曾经这样报道过东莞："这个中国城市你可能从未听说过，但正是这个一千万农民工人口的城市在填充着你的衣柜，别的不提，在美国销售的运动鞋 40% 来自东莞这个城市。"

紧邻香港的区位优势推动了这次经济跨越。"逃港"的农民化身为开办工厂、大量吸收来自香港订单的企业家，东莞人民生活水平得到了极大提升，东莞产业得以飞速成型、发展。以东莞虎门服装业发展为例，起初，虎门并没有生产服装的基础，但其紧邻的香港的服装业无论是从产量还是质量上来看，都是世界领先的。香港同胞会将新潮的服装带回虎门送给亲戚朋友，由于服装质量好、受人喜欢，后来发展为有专人从香港将服装带入虎门销售，形成了则徐路"洋货一条街"。按照当时的经济体制，这种行为其实属于"投机倒把"，但虎门地方领导认为这是发展经济的机会所在，非但没有阻止，反而主动牵线，把各种小摊点集中到一起形成商业街，鼓励并规范服装交易。当时国内物资匮乏，这些来自香港的服装物美价廉又时尚，吸引了来自全国各地的客户，大量订单涌入虎门。大量香港服装厂商因此来虎门设立工厂，形成服装"三来一补"（指来料加工、来样加工、来件装配和补偿贸易）的集聚，奠定了现在虎门"南派服装重镇"的基础（见图4—2）。

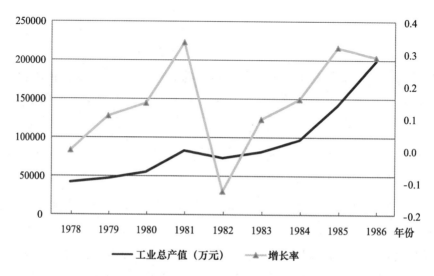

图4—2　东莞市1978—1986年工业产值

数据来源：《东莞统计年鉴（1978—1990）》。

"三来一补"企业是东莞初期发展的重要力量。这些企业的生产原料和销售市场在国际市场，正好规避了当时国内流通领域十分封闭的状态；同时东莞又具有劳动力和土地要素丰富的特征，供给与需求共同推进了东莞作为"世界工厂"的发展。另外，当时的东莞县委充分认识到"三来一补"企业对于东莞的重要性，出台了"三来一补"企业的十条优惠措施。1979年至1986年，东莞共成立了"三来一补"企业1979家，企业总人数8万多人，引进资金约5000万美元、设备8万多台。东莞通过"三来一补"方式完成了原始积累，同时积极吸取国外的技术以及销售管理经验，大力发展商品农业，同时以"三来一补"为切入点发展外向型经济，为工业发展打下基础。以 1980 年不变价计算，1979 年东莞工业总产值仅有 47059 万元，到 1986 年，产值已经达到 198839 万元。

二 经济转型的阵痛：从要素驱动转向创新驱动

港资"三来一补"企业为东莞带来了经济的腾飞，然而接下来全球经济危机和低迷的国际市场将东莞从经济巅峰拉回。在 2008 年之前，拉动中国经济发展的"三驾马车"中对外贸易独树一帜，而在全球经济萎靡的趋势下，中国进出口贸易受到重创，增速明显下降。2008 年上半年，广东省外贸出口增长 13%，增幅较 2007 年同期回落 13.5 个百分点。而东莞"两头在外、大出大进"的资源驱动型外向型经济对外依存度大，更是难以避免受到影响。2008 年之后，东莞的 GDP 增速整体呈下降趋势，特别是 2009 年，增速跌至历史最低点，仅有 5.3%。外向型经济积聚多年的矛盾一次性爆发，转型需求日渐紧迫。严峻的形势教育了各级干部，低技术含量、低附加值的加工贸易转型计划迅速被提上日程。这一次，东莞交出的答卷是"创新"。"腾笼换鸟""自主创新""高品质的大进大出"成为全市上下一致的行动，东莞开始痛苦的二次创业，由要素驱动转向创新驱动。

"腾笼换鸟"是东莞加快结构调整、培育和引进新兴企业，在腾挪空间中转型升级、实现展翅高飞的第一步。2008 年 5 月 29 日，中共广东省委、广东省人民政府在广州白云国际会议中心召开了推进产业转移和劳动力转移工作会议，会议提出了推进产业转移和劳动力转移的"双转移"战略，出台了《关于推进产业转移和劳动力转移的决定》（下文简称《决定》）和 8 个配套文件等一系列政策措施。广东省委、省政府在《决定》中指出在未来 5 年投入 500 亿元人民币，调整结构、升级产业、优化劳动力素质、提高人均 GDP。《决定》还指出，珠三角各市要"依照国家产业政策，实行行业准入差别对待政策，提高劳动密集型产业准入门槛，积极转移部分低附加值劳动密集型产业"。政策的下达、贯彻促使东莞加快行业转型，着力打造以创新为主要引领、支撑的经济体系和发展模式。东莞市政府加快广深科技创新走廊建设，全面提升东莞创新能级；突出重大科学基础设施群建设，推动原始创新。另外，东莞市政府还大力推动规模以上工业企业设立研发机构、实施高新技术企业"树标提质"行动计划，切实发挥企业创新主体作用。

以东莞南城高盛科技园为例，在 2010 年还是劳动密集型企业的旧厂区，一年之后这里建成了集现代化办公与科研于一身的科技园，引进了 60 多家科技型企业，并且成为东莞市科技企业的孵化器和加速器。通过实施"厂区升级，产业置换"，同样的土地上产生了更好的经济、社会效益和产业集聚效应。在改造前，厂区内企业总产值每年只有 3000 万元，企业员工以廉价普工为主；而改造后，园区企业总产值提升到每年 10 亿元，企业员工素质也大幅提升，学历结构转变为以本科、大专为主。[①] 被称作"世界工厂"的东莞，在 2015 年，关停的外资企业虽有 267 家，涉及合同金额 3.6 亿美元，但同期东莞引入外资涉及的合同金额则高达 38.5 亿美元。

2016 年东莞全市实现 6828 亿元 GDP，比上年增长 8.1%，总量排全国第 20 位。全市规模以上工业增加值 2878.23 亿元，比上年增长 7%，其中先进制造业和高技术制造业比重分别达到 49.9% 和 38.2%。进出口总额 1.1 万亿元，比上年增长 9.8%，总量达到全国第五，增幅全珠三角城市第一。2016 年东莞高新企业 2021 家，创新团队 31 个，为广东省第一；新型研发团队 32 个，科技孵化器 48 个，博士后科研平台 68 个，全市科技进步贡献率高达 59.6%。"腾笼换鸟"带来了东莞经济质的飞跃，这也是对"改革为中国经济强筋骨"的有力说明。

三　供给侧改革：提升制造业中心优势

下一步，东莞则从供给侧改革入手，全面提升和发挥其制造业中心优势。2016 年 10 月 12 日，中共东莞市委十三届八次全会召开。会

---

① 《东莞市以"腾笼换鸟"促企业就地转型》，人民网，2011 年 5 月 16 日。

议动员全市上下以供给侧结构性改革为统领，全力推动东莞在更高起点上实现更高水平发展，推动东莞经济结构、发展动力、城市环境、体制机制、人民生活水平的整体跃升，实现东莞经济社会发展的动能转换。

在提升制造业中心优势的过程中，东莞将先进制造业和高技术制造业作为主导产业发展，谋取与深圳的合作，共建"中国硅谷"。东莞有着独特的行政区划优势——以镇为单位，灵活调整行政区划如镇域产业园区，能够规避较为普遍的行政区经济问题。另外，立足于市场化优势，东莞可以谋求与惠州的合作，共同承接深圳的产业转移，同惠州形成产业分工协作关系。东莞处于广深两大一线城市之间，有着承接优质资源和产业外溢的天然区位优势，打破区域性壁垒、加速资源流动和对接才能让更多高质量要素进一步聚集，提升制造业中心优势。

当前，智能制造已成为新一轮世界制造业发展的主要趋势。作为国际制造业名城，东莞开始大力实施"东莞制造2025"和创新驱动发展战略，对接国际需求。2014年东莞市政府提出大力实施"机器换人"，2015年一号文发力"东莞制造2025"，2016年一号文聚焦"机器人智能装备产业"……东莞以智能制造为主攻方向，不断加码出台转型升级版政策，供给侧改革的红利也渐渐释放。

高质量人才是实现高质量发展的关键因素。2017年发布的《珠三角人才需求与流动趋势研究报告》显示，东莞是珠三角地级市中人才需求最为强劲的城市。从总体行业需求看，东莞总体在线职位数为330084个，是地级市中排名第二的佛山岗位需求数1.5倍以上。从重点行业人才需求总量方面来看，东莞均排名地级市的首位。对此，东莞市政府提出要重点打造"技能人才之都"，市人力资源局推出系列配套政策，开展"工匠精英"引领计划大力引入人才；制定技能人才的"东莞标准"，完善创新技能人才培养评价制度。除了政策引领发展，营造良好的人才发展环境、打造优质发展平台也是吸引优质人力资源的关键。除了改善落实现有的人才落户政策，东莞市政府进一步提高城市公共服务标准和城市精细化、智能化管理水平，以吸引高质量人才，缓解人才竞争压力。

另外，东莞进一步强化创新驱动，把握珠三角国家自主创新示范区建设机遇，推动制造业等优势产业的发展。政府围绕东莞创新中轴线，统筹松山湖（生态园）核心园区，散裂中子源、大学创新城以及寮步、大岭山、大朗、横沥、东坑、企石、石排、茶山、石龙等9个镇，规划建设东莞自主创新示范区。同时加快完善自创区配套政策，承接自贸区溢出效应和制度红利，形成政策叠加效应。在构建科技创新融资新模式方面，市财政将投入10亿元设立产业投资基金，撬动社会资本超过40亿元。东莞还全面加强与香港科技企业的合作，充分发挥港资企业以及香港科研机构、团队、大学的国际优势，推动美国硅谷、德国医疗器械落户，加快松山湖国际机器人产业的发展。引进全球特别是香港的外资金融机构在东莞设立银行和保险机构，在现有20多家金融机构的基础上吸引更多外资金融机构来东莞办公。东莞政府推动知识产权保护，进一步营造国际化、法治化、自由化的营商环境。

总的来说，东莞经济发展凭借着其资源优势和与香港密切的地缘人缘关系，首先由港资"三来一补"的初级加工生产方式启动，在其特定的制度背景下，通过政策鼓励，形成了较为成熟的产业链；而且政府不止步于此，积极进行创新改革，大量引入人才和高新技术，走上产业升级的轨道。在供给侧改革的大背景下，东莞更应进一步优化投资环境与资源配置，凸显并发扬制造业中心的优势、走向城市转型的轨道。

第四节　专业镇：中山

和东莞一样，中山在改革开放之前也是以农业经济为主。1979年，中山5亿元的国内生产总值中，以农业为主的第一产业总值就占了55%，第二产业总值仅占38%，全市工业产业结构中，也以支农型产业为主，蔗糖工业是最大的工业行业。

改革开放之后，中山同样从"三来一补"企业起步，但其地方政府采取了"集中生产"的方式，将产业发展的主要方向放在日用消费品这一国内几乎空白的行业，形成了行业发展的集中地。这种弃广取深的发展方式实现了行业的异军突起，带动着中山整个工业的发展。到 1986 年，中山市新开发产品已达 600 多个，其中有 14 个填补国家空白，21 个填补省内空白。其中较有代表性的产品，如威力洗衣机、仙鱼牌彩色釉面砖等①优质产品，突破了工业化前期的壁垒，成为行业的龙头。专业镇就是中山产业集群发展的一个具体表现。

所谓专业镇，指建立在一种或两三种产品的专业化生产优势基础上的建制镇，它是在市场经济环境下通过竞争使各地区生产和资源逐步向本地具有经济优势的产品和生产环节强化和集中形成的②。专业镇是一个产业与城乡综合协调发展的镇级行政区域，有别于企业集聚和产业集聚等产业生产发展的组织形式。它是众多民营企业，遵循企业主导产业群体发展规律而建设发展起来的。中山市充分贯彻了比较优势的原则，形成了以高科技技术产业为龙头、名优产品为拳头的"一镇一品"区域特色经济。

以海洲为例，1983 年以裕华灯饰实业公司为首的多家灯饰生产厂如雨后春笋迅速涌现。1984 年海洲陆续办起涵盖电器、灯饰、印刷、塑料、木箱等 230 家工业企业、110 家商业企业，平均每 10 户人就有一家私营企业。这些企业一般 5—7 人，小型灵活且完全独立经营，呈现出遍地开花的情景，其中灯饰行业最集中，占私营企业近 40%，以致人称"中山小温州"。海洲的灯饰产品以造价低、质量好、造型美观而闻名，但其远销全国各地的辉煌离不开古镇人"提灯走天涯"的辛劳。灯饰最早的市场在我国西部，古镇人就带着他们自己生产的产品到成都、兰州去卖；1983 年初，古镇成立商业公司、信托联营公司等 25 个商业公司，派出驻外供销人员联系业务到达除台湾和西藏以外

---

① 中国海洋信息网。

② 刘明：《中山市专业镇经济发展中的政府作用分析》，《广东行政学院学报》2007 年第 6 期。

的全国各地，古镇的灯饰走向全国的步伐大大加快；1984年以后，古镇政府实施了一系列金融和服务政策，开始有意识精心培育灯饰产业群。古镇人瞄准市场变化、把握市场需求，从分散到集中、由简单仿制到产品研发，短期内迅速稳固了生产链、供应链、价值链，逐渐形成了今日研、产、供、销"一条龙"灯饰业专业镇经济模式。截止到2013年，全镇共有灯饰厂企12500多家、商铺2600多家，从业人员16万多人，产品占全国民用灯具60%的市场份额，出口至100多个国家和地区。

1988年，中山GDP为37.7亿元，到2016年达3202.8亿元。全市超过2/3的镇区形成了具备一定生产规模和水平的产业集群。其中规模较大、水平较高、产业配套较完善的包括古镇灯饰、小榄五金、东凤家电、大涌红木、港口游戏游艺设备等，这些镇区产品在国内均占过半份额。目前，中山已建成37个国家级产业基地、18个省级专业镇、516个省级以上名牌名标，龙头产业形成了从原材料生产供应到终端产品的完整产业链（见图4—3）。

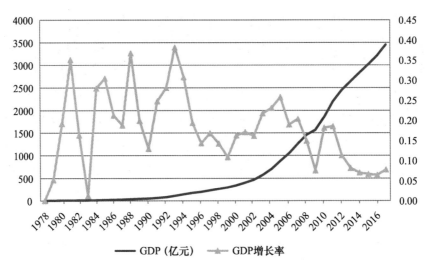

图4—3　1978年至2016年中山市地方生产总值及增速

数据来源：《中山统计年鉴》。

但是经过 30 多年的发展，中山有相当一部分产业还停留在较低的发展层次，专业镇竞争力下降，传统产业增速放缓；以土地扩张为主的发展模式难以为继，土地使用粗放、低效开发比较突出；以镇区为主导的发展模式来落实创新驱动发展难以为继，对高端要素的吸引力和承载力不足；以现有城镇空间布局建设宜居城市难以为继，城镇建设"摊小饼"、资源利用碎片化有待克服。[①] 2016 年，中山传统产业增长疲软，集中体现为出口增速放缓。鞋类、灯具照明及类似品、传统轻纺产品等行业出口分别下降 17.7%、10.1% 和 6.4%，直接拖累全市出口下降 1.2%。比较优势不再，集群魅力丧失，曾经闻名全国的中山专业镇经济，在经历过最辉煌的时代后，面对一轮接一轮的产业转型升级浪潮，优势却逐渐失去，发展不断遭遇"天花板"，四个"难以为继"的发展现状让中山的改革刻不容缓。

中山在 20 世纪 80 年代末因制造业声名鹊起，在新的发展中依旧发挥比较优势，以制造业立市。在省"十三五"规划中，对中山的首个定位即打造"世界级现代装备制造业"。中山北接广州，东有深圳，同时还在港珠澳大桥的辐射范围内。优越的地理位置正在助力"中山制造"向"中山智造"转变。深圳星河控股集团有限公司计划在胜隆片区投资 300 亿元，打造星河科创小镇项目；深圳坎德拉集团则计划将总部从深圳迁至中山。"北融东拓"在中山如火如荼地进行，在创新链、资金链、人才链上，中山以开放的姿态积极拥抱大湾区，承接科技创新高地的要素溢出。

创新是产业转型、结构优化的基础，中山市委、市政府开始深入贯彻落实创新驱动发展战略，为全市加快新旧动能转换、提高生产效率提供了重要支撑。2011 年至今，中山市全社会 R&D 经费支出不断上升。2016 年全市 R&D 经费支出 75.97 亿元，全省排名第五，占 GDP 比重 2.37%。科技研发投入持续增长，在研发投入的引领下，科

---

① 《四个'难以为继'如何破题》，南方网，http：//epaper.southcn.com/nfdaily/html/2016 - 12/23/content_ 7607772.htm。

技研发创新活动空前活跃。2016 年，全市有 R&D 活动的规模以上企业达 812 家，比上年增长 23.6%；设立研发机构的规模以上工业企业 767 家，同比增长 65.3%，覆盖率达 24.8%。科技研发经费的大量投入和产学研体制机制的完善，使科技研发创新成为经济增长的新动力。全市实现新产品产值 875.39 亿元，占规模以上工业产值 13.6%，先进制造业和高技术制造业增加值占工业增加值分别为 40.5% 和 19.1%，同比提高 1.5 个和 1.4 个百分点（见图 4—4）。

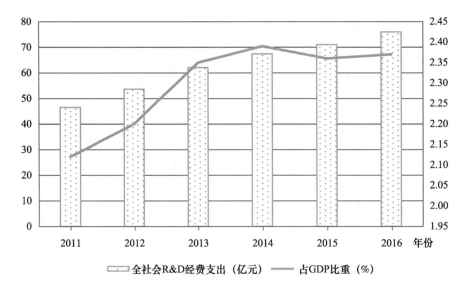

图4—4　中山市全社会 R&D 经费支出及占 GDP 比重

数据来源：《中山统计年鉴》。

经过几十年积累，中山很多专业镇利用传统产业已形成的专业镇集群化发展趋势，采用冠以地域名称、注册集体商标等形式创立了一批专业镇集群品牌，取得了一定的成效。但是，面对一轮接一轮的产业转型升级浪潮，其优势却逐渐失去，增速不断放缓，传统产业的发展如果只是换汤不换药势必遭遇困境。如今，面对发展的节点，政府就要顺势而为，帮助企业把品牌做大做强。一方面，在粤港澳大湾区上升为国家战略之时，地处中国改革开放前沿地带的中山要借助优越的地理位置，加速城市群之间产生的化学反应，承接科技创新高地的要素溢出；另一方面，中山市政府加快了科技创新平台建设，完善区域科技创新体系，出台财政扶持政策，促进专利发明与产业发展融合；与此同时，政府还要帮助企业进一步拓展专业镇集群营销的方式方法，让中山专业镇成为世界专业镇。比如，鼓励各专业镇推进全产业链电商体系建设，发展产业集群电子商务平台，搭建融研发、设计、线下体验线上销售、旅游购物为一体的 O2O 电商平台，推动专业镇从分工松散走向分工紧密，从单打独斗走向联合发展，或者构建基于大数据的新型制造模式，支持企业利用工业大数据，发展机遇大数据的按需制造。

第五节　品牌建设：顺德

顺德位于珠三角中部，在改革开放前，是广东省经济作物生产基地之一，独特的"桑基鱼塘"农业生态模式是农产品商业经济的典范，带来顺德近代缫丝行业的发展，并为改革开放之后的工业化奠定了基础。以大规模制造同时强化品牌为主的"顺德模式"是珠江三角洲地区中较有代表性的一种区域发展路子，其坚持"工业立市"；以大规模工业制造为核心，强调规模化生产和品牌建设；同时关注产权改革，市场主导型体制赋予了企业更大自主性与积极性，实现了顺德经济社会的协调发展。[①]

一　改革开放初期："工业立市"

1978 年至 1992 年，顺德实现了初级工业化，在以"工业立市"和"三个为主"的发展战略下，成为国内外闻名的"广东四小虎"之一，完成了第一次飞跃。1987 年，顺德以骨干企业为龙头，组建了十个"半政半企"性质的企业集团，如万家乐、华宝等。1992 年，顺德政府建立

---

① 丁焕峰：《顺德区域创新与发展的理论思考》，《华南理工大学学报》（社会科学版）2007 年第 5 期。

了"以公有制经济为主、以工业为主、以骨干企业为主"的发展战略。1991年，顺德工业与农业总产值比例为9∶1。对于如雨后春笋般出现的工业企业，顺德市政府及时提出优化行业结构，重点发展技术水平和附加价值高的新兴工业，强调工业企业规模、工业拳头产品。几年间，一批如"科龙""美的""华宝""万家乐"等大型工业集团应运而生，产品在国内的占有率大幅提高。1991年，全县销售收入1000万元以上的企业达262家，大多数企业都以各种形式走向集团化发展的道路，共组建了以49个拳头产品为龙头、以重点企业为核心、以企业化分工为形式的竞争能力强的集团。1978年至1992年，顺德GDP年平均增长率达19.29%，其高速经济增长主要是由于在"工业立市"战略指导下工业经济高速增长所拉动的：工业部门GDP占GDP总量一直保持在50%以上，工业发展对顺德经济增长的贡献一直占有主导地位。

二　1992年至1999年：制度创新改革

20世纪90年代初期，以政府为主导的经济渐渐出现问题。企业负债高、转制兼并资金包袱重，顺德乡镇企业每年以28%—30%的速度增长，但是利润却逐年下降：镇办工业的销售利润率由1985年的6.65%下降为1992年的3.32%，体制创新迫在眉睫。1992年至今，顺德初步建立了社会主义市场经济体制，实现了经济社会发展的第二次飞跃。这个阶段的前半期，顺德进行了以行政改革为先导、以产权制度改革为突破口、以农村体制改革为基础、以社会保障体制改革为保障的一系列制度创新改革。在后半期，顺德以提高经济增长质量为主要目标，强调以技术创新作为经济持续发展的增长源，推动经济、社会发展。

从1993年下半年起，按照"产权明晰、责任明确、贴身经营、利益共享、风险共担"的目标，顺德全方位实行改革，在全国率先推行企业转制。首先，改革政府机构，撤销企业行政主管部门、市镇两级政府的公有资产管理机构，并相应制定关于资产评估、产权界定、财务处理、社会保障、监督保证和社会服务等一系列改革规则。对于企业转制，主要形式有：对政府独资的企业进行公司化改造，建立规范化的政府全资企业或公共控股的混合型企业。组建规范化的股份有限公司。建立中外合资合作有限责任公司。将一部分股权转让给企业员工，另一部分租赁给员工经营。全部资产作价转让给员工，转为新的股份合作制企业。实行民有民营，通过拍卖，收回原有投资。企业将初步确定的改革实施方案张榜公布、广泛听取意见，实行公平竞争，选定竞争优胜者作为企业新的经营者，签订合同制定章程。与企业体制改革相适应，地方政府还实施了配套改革，进行人事劳动用工制度、社会保障和福利制度改革①。1994 年以来，在镇以上企业全面推行养老保险和统筹住院医疗保险，到 1997 年 6 月底，全市镇以上企业参加养老保险的就有近 2000 家，参保员工近 14.4 万人。通过这些措施，有效地维护和保障了广大职工的养老和医疗福利，从而稳定了职工情绪和社会安定。

三　21 世纪：创新发展

20 世纪 90 年代后期以来，国内和国际的产业环境发生了巨大的变化。顺德企业成本低、规模大等优势正随着跨国公司的逐步本土化而弱化，广东制造企业的比较劣势，如缺乏核心技术、管理水平低、产权不优化导致的企业机制僵化等却日益显现，新一轮改革势在必行。2000 年之后，顺德产业结构已从劳动密集型转向技术密集型和资本密集型，并向高新技术及知识密集型和第三产业倾斜，经济中由要素投入推动的增长部门明显减少，而单位投入的生产率上升所推动的部分明显加大。政府主导的组织推动和政策支持是顺德市技术创新的重要因素，成立区、镇、企业三级技术创新机制，以重点企业和区域试点带动，加强以企业为主体的技术创新工作，积极建立人才引进机制，并于 2001 年成立中国工程院（顺德）院士咨询活动中心，研究探索工程科技与地区经济紧密结合的机制和模式。

在开放与创新的路上，顺德继往开来，不断探索。2015 年，顺德

---

① 《一个县域经济奇迹的诞生：顺德当年》，中国网，http://xinwen.eastday.com/a/180228085709775 - 3. html。

领导班子换任，提出"北部先行"、打造人才高地、设产业保护区的发展战略。6月政府提出了"北部一体化"的概念，决心推动顺德北部几个镇街的融合发展，通过创新机制体制去参与更高一级的区域竞争。从2015年至2017年，北部推出九大基础工程，广州地铁七号线西延段动工，对标国际的会展中心开门办展，高端教育医疗配套不断注入。顺德的北部片区还成为广州大学城卫星城的启动区，继续引领顺德的开放发展。这一系列举措也迅速显出了成效：2016年，第二届顺德国际投资年会上，1300多亿元资金、130多个项目宣布在顺德投资，一举创造了顺德招商的历史最高纪录。2016年上半年，顺德固定资产投资以14.8%的增长幅度，位列佛山五区之首。

美的、碧桂园、伊之密、新宝、嘉腾、日美广电等一大批企业已将顺德制造美名传播到世界各地。近年来，美的、伊之密等企业还以收购方式扩大产业版图、延伸产业链，形成新一轮企业创新发展浪潮。美国《财富》杂志在2018年7月公布2017年世界500强排行榜，美的集团、碧桂园上榜，其中，美的集团排名全球第450位，是进入榜单的唯一的中国家电企业。2017年首登世界500强的碧桂园集团名列第467位。

第六节 粤港澳大湾区

粤港澳大湾区是指由广州、佛山、肇庆、深圳、东莞、惠州、珠海、中山、江门9市（小珠三角）和香港、澳门两个特别行政区形成的城市群，与美国纽约湾区、旧金山湾区和日本东京湾区并肩的世界四大湾区之一，国家建设世界级城市群和参与全球竞争的重要空间载体。2017年，粤港澳湾区人口数量、土地面积和港口集装箱吞吐量均在四大湾区之首，GDP总量达到1.38万亿美元，超越旧金山湾区且仅次于纽约湾区。但粤港澳湾区第三产业占比仍处于较低水平，仅占62%，纽约湾区占比高达89.5%。随着国家对粤港澳湾区发展规划政策落地，进一步加强了粤、港、澳三地区经济、金融、贸易融合，充分发挥了三地对外开放平台优势，粤港澳湾区有望成为世界级经济区和世界级经济增长引擎。目前，粤港澳湾区在第三产业占比上仍需加大，粤港澳三地在科技创新和金融服务产业上需进一步加强合作（见表4—2）。

表4—2　　　　　　　　　　2017年四大湾区经济数量对比

	粤港澳湾区	东京湾区	纽约湾区	旧金山湾区
常住人口（万人）	6765	4347	2340	715
土地面积（万平方公里）	5.65	3.67	2.14	1.8
GDP总量（万亿美元）	1.38	1.86	1.45	0.82
第三产业占比（%）	62	80	89.5	82
港口集装箱吞吐量（万TEU）	6520	766	465	227

数据来源：艾媒咨询。

2017年3月5日召开的十二届全国人大五次会议上，国务院总理李克强在政府工作报告中提出，要推动内地与港澳深化合作，研究制定粤港澳大湾区城市群发展规划，发挥港澳独特优势。同年4月7日，国家发改委制定印发了《2017年国家级新区体制机制创新工作要点》。其中，广州南沙新区的工作要点为深化粤港澳深度合作探索，推动建设粤港澳专业服务集聚区、港澳科技成果产业化平台和人才合作示范区，引领区域开放合作模式创新与发展动能转换。粤港澳大湾区的建设，能够支持香港、澳门进一步融入国家发展的大局中，通过将港澳纳入珠三角城市群中，带动珠江三角洲地区的发展，提高区域经济竞争能力和公共服务水平。

对于中央来说，粤港澳大湾区，着眼点在港澳。国家希望香港一直保持稳定，而香港能与珠三角很好融合才有发展前景，经济发展好了才更稳定。香港近年来面对的国际竞争压力加大，需要联合珠三角城市来发展，因而提出这个发展战略是适时的。为了促进向外发展、加强对内融合，国家在澳门建立了葡语国家交流平台中心，大力发展旅游休闲服务业；对于香港，则投入大量资源以期将其发展为国际金融中心、对外开放渠道、贸易中心和航运中心。

在"一个国家、两种制度、三个关税区、四个核心城市"的格局下，如何统筹发展是一个关键的问题。由于粤港澳三地属于不同关税区域，经济制度、法律体系和行政体系都存在着较大差异，一体化建设需要以全局、系统的眼光，站在粤港澳三地的角度统一规划。重大跨境基础设施的构建是第一步，从海、陆、空三个层次全方位规划交通布局才能更密切地连接湾区城市群之间的经济、物资交流。国家规划在 2017 年至 2024 年陆续建成开通港珠澳大桥、深中通道、虎门二桥、赣深高铁、广汕高铁等，大湾区内部有望实现环珠三角 1 小时经济带的愿景，极大提高人们通勤效率，促进东西两岸经济交流和资源整合。为了提升粤港澳大湾区的综合竞争力，国家采用强化创新驱动的发展路线。以香港、深圳、广州为节点，构筑粤港澳大湾区科技创新走廊和科技产业带。打造深港科技走廊、广佛科技走廊和珠澳科技走廊三大科技走廊。构建粤东、粤西沿海科技创新产业、辐射云贵的西南产业带及辐射湘赣的中部产业带，打造层次更立体、覆盖链条更全面的科技湾区形态。另外，以港澳为科技创新国际商务平台，以深圳和广州为科技创新、科技产业的研发平台和产业孵化平台，以东莞、佛山、珠海、惠州等为产业转化平台，推动在河套地区高标准建设"港深创新及科技园"，构建粤港澳大湾区多维度、宽领域和复合型的科技创新区域合作平台，对接国际，辐射国内，构建辐射"一带一路"科技创新网络的神经中枢和云平台。以此推动珠江口两岸世界级城市群建设，打造中国湾区经济标杆。

第七节　珠三角经济发展的启示

改革开放 40 年，珠江三角洲创造了"经济增长的奇迹"。这个奇迹产生的过程，是一个自下而上的制度变迁过程，是由中央扶持的，地方政府在实践与试错中不断创新、因地制宜的诱致性变迁。具体而言，中央政府在改革开放初期，为珠江三角洲的经济体制改革提供了政策支持，并通过层层放权，促使各级政府成为所管理区域经济发展的主体。在这种情况下，各级政府的积极性得到极大提升，建立了与地方特色相适应的、与时俱进的经济发展模式和制度，最大限度地实现了地区的经济发展与福利水平提升。

珠三角不同发展模式的产生与这些城市的初始禀赋条件以及地方政府的选择密切相关，都是地方政府通过不断学习与试错、结合本地的发展条件形成的不同制度变迁过程。这个变迁过程也是创新的过程，珠江三角洲各级政府面对发展的压力和机遇，总是在不断突破原有的经济制度体系，而没有盲目照抄香港等的发展模式，一旦这些创新被实践检验是正确的，就会被上级政府固定下来，并被广泛地运用到全国各地的发展中，为全中国各城市的发展起到一个典范作用。概括说来，珠三角的经济发展经验主要有以下几点：

政策优惠。改革开放以来，珠三角经济区和特别经济区被赋予较其他地方更大的政治及经济自治权，拥有高度自治权的地区，可自行管理金融及财政事务、对外贸易及投资、商务、分销、材料及资源分配、劳工及价值等问题。中央政府的项目投资和资金投入向其倾斜，并制定政策扶持非公有制经济的发展，为私人资本投资和外国资本进入创造了良好的投资环境，吸引大量资本进入，为其发展外向型出口企业创造了条件，进而推动该区域制造业发展壮大。

劳动力素质较高。珠三角经济区大专及以上文化程度的人口占总人口的比重比广东省高出 1.6 个百分点，比全国高出 2.4 个百分点；高中和初中文化程度的人口比重比广东省高出 6.1 个百分点，比全国高出 7.6 个百分点。显而易见，珠三角经济区人口受教育程度普遍高于广东省和全国平均水平，整体素质相对较高。高素质劳动力为产业升级奠定了基础，有利于中高端服务制造业和高新技术产业的发展，并对整个经济区产业发展起着很大的推动作用。

合理的产业发展规划。珠三角经济区根据已经形成的优势，率先发展现代服务业，加快发展先进制造业。大力发展高新技术产业，进行自主创新和产业集聚，培育壮大新兴产业。改造提升优势传统产业，积极发展现代农业，按照优质、高效、安全的要求，加快转变农业发展方式，优化农业产业结构。建设以现代服务业和先进制造业双轮驱动的主体产业群，形成产业结构高级化、产业发展集聚化、产业竞争力高端化的现代产业体系。

第三篇

经济发展的基本路径：
要素优化配置

生产的过程，就是将技术、资本、劳动等要素组合配置的过程。经济的增长不仅仅需要增加要素投入，更需要提高要素的配置效率。中国的市场化改革，就是要采用市场机制代替计划调配，使得要素资源配置在最有效率的企业。广东经济的快速增长，得益于要素投入的迅速聚集和高效配置。

第 五 章

资本市场化配置和经济发展

1978 年广东省 GDP 仅为 194.14 亿元，到 2017 年 GDP 已达 8.99 万亿元，以每年 12.5% 的速度高速增长。与之相对应的，改革开放 40 年间广东的资产形成总额由 54.79 亿元上升至 34647.09 亿元。在广东经济发展过程中，投资起着至关重要的作用，GDP 高增长的背后是高投资的支撑。

第一节　招商引资：初始资本积累

改革开放 40 年，广东经济迅速崛起，通过招商引资形成的原始资本积累是广东"增长奇迹"的基石。在改革开放初期，正值新兴工业化国家和地区的低端制造产业开始大规模向外转移。广东在外资供给相对充裕，国内土地和劳动力资源丰富的条件下，利用其地缘优势和政策优势，通过"三来一补""三资"企业的带动、外商的持续投资完成了资本的原始积累。从 1979 年到 2016 年，广东省实际利用外商直接投资额由 3074 万美元迅速增长到 233.49 亿美元，年均增长 19.63%，广东独特的外源型经济模式逐渐形成。

20 世纪 60 年代广东面临着"储蓄缺口"和"外汇缺口"双缺口的现实，"三来一补"这种外资进入模式充分发挥了广东的优势：只需提供"一块地皮两只手"和部分基础设施而不需要流动资金和原、辅材料，有比较优势的土地、劳动力要素得到充分使用；同时当时的香港，有先进的技术和设备，却缺乏足够的场地和人手进行生产，广东的改革开放吸引了一大批加工企业。这种上游的设备、设计和原材料，以及下游的销售"两头在外"的方式既可以在广东快速建立起低端制造业体系，又不必担心产品销售和债务风险，这种模式将港澳资本带给了资本极度稀缺、土地劳动力丰富、工业基础薄弱、技术和管理水平低下的广东。据统计，1979—1985 年，广东对外签订"三来一补"合同达 60363 宗，合同规定利用外资 120337 万美元，实际利用外资 70403 万美元[①]。"三来一补"为广东吸引外资提供了突破口，为广东经济起飞注入了活力。但是作为一种处于低端产业初级加工环节的企业类型，技术、市场在外而自身参与程度低实际上不利于培养经营管理、技术人才，客观上也不利于积累自身发展的产业资本（见图5—1）。

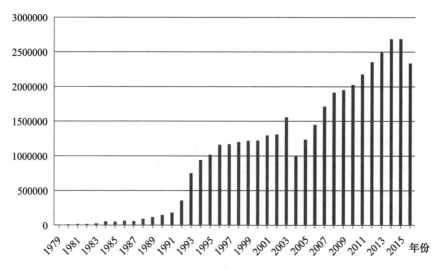

图5—1　改革开放以来广东省实际利用外商投资额（万美元）
数据来源：国家统计局。

"前店后厂"的模式中，产品开放、销售和经营管理完全控制在

---

① 李军晓：《先行一步——广东改革开放初期历史研究》，博士论文，中共中央党校研究生院，2007 年。

外商手中，不可能成为广东省经济可持续发展的主体。1984年6月9日，谷牧在广州听取广州、湛江两市负责人的工作汇报，研究两个城市在列入全国14个沿海开放城市后的起步问题。他说："我觉得广州有工业基础，有科技力量，在深圳、珠海以及整个珠江三角洲动起来以后，广州就不能再搞一般的'三来一补'之类的大路货了"，"我的意见，广州、湛江两市目前的重点要放在体制改革和引进外资搞老厂的技术改造上。"① 这一时期，广东作为第一个"吃螃蟹"的省份，大力发展三资企业。其中，中外合作经营是广东省企业首先运用的经营模式，即由外商出资，中方出土地或厂房及设备，由外商经营，到期无偿收回。1984年广东省迎来了利用外商直接投资的第一次高潮。当年签订三资企业合同1105宗，协议利用外资11.7亿美元，实际利用外资5.4亿美元。与"三来一补"企业相比，三资企业可以在外商直接参与经营、共担风险的基础上，实现外来资金、技术以及管理经验的整体引入，产生了巨大的经济和社会效益。

1992年邓小平南方讲话后，广东掀起新一轮改革开放的热潮，对外开放热情空前高涨，形成了广东特有的外向带动的经济发展模式。广东抓住毗邻港澳、华侨众多的区位优势，提高广东对外开放的整体素质；发挥经济特区的窗口作用，加强与国际经济合作；体制深化改革逐步放宽了外资进入的行业与标准；加入WTO后，广东积极参与国际分工合作，蓄力承接新一轮世界和国际资本转移，营造开放型、低成本、高效率的投资环境，外资企业逐步由加工制造向研发设计转变，促进了广东的技术进步。

亚洲金融危机的发生，使得广东的直接投资速度放缓，但外商直接投资仍在缓慢增长。1998—2003年广东的外商直接投资处于盘整阶段，2003年以后我国的扩大内需政策逐渐发挥作用。2003年，广东新签利用外资直接项目7306个，实际利用外商直接投资155.78亿美元，

---

① 《谷牧同志听取广州、湛江两市负责同志汇报工作时的讲话》（1984年6月9日），中共广东省委办公厅《中央对广东工作指示汇编》（1983—1985年），第164页。

高出 2002 年 20 多亿美元。之后中国实际利用外资统计口径发生变化，2004 年到 2016 年，广东实际使用外资从 100.1 亿美元上升至 233.5 亿美元，年均增长 7.3%。外商直接投资是广东使用外资的主要模式，广东省从以往只注重外资的数量变为更注重外资的质量，而外商直接投资的产业结构也在不断优化，进入高新技术行业的外资有较大幅度上升。如表 5—1 所示，近年来广东省高新技术产品进口金额逐年上升，占全国高新技术产品进口总额的 1/3 以上。

表5—1 　　　　　　　　　广东省高新技术产品进口情况

年份	高新技术产品进口金额（亿美元）	占全国比重（%）
2010	1489.50	36.10
2011	1657.08	35.79
2012	1878.23	37.06
2013	2203.66	39.48

数据来源：商务部。

纵观广东省引入外资、发展外源型经济的历程，其区位优势和政策优势有力地支持了广东成为改革开放的窗口和聚集外资的主要场所。

一　区位优势

香港和澳门本是广东省行政区划的一部分。改革开放初期的上海已经是国际金融、贸易、交通运输、旅游的中心，广东为港澳劳动密集型产业转移提供了天然经济腹地，而港澳也成为广东面向世界的窗口和跳板，"前店后厂"的格局逐步形成。劳动力、土地、资本三要素中，其他两要素价格低、供给充裕，唯独资本要素极度稀缺，因此资本要素的边际收益很高，这不仅有利于吸引资本，更形成了日后资本在参与分配时的特殊地位。

地缘相近带来的另一优势即人缘优势。粤港澳语言、风俗人情相似，三地同胞一直保持着密切的交流。即使在"文革"相对封闭的时期，三地每天往来的人数仍然成千上万。在港澳的总人口中，原籍广东的约占 80%①。对目标区域的熟悉程度是决定产业转移与资本投向一个很重要的因素，广东与港澳这种一衣带水的亲缘优势使其成为承接港澳产业转移的最理想区域。

二　制度环境

中央 1979 年的 50 号文件指出，"对两省（福建、广东）的对外经济活动实行特殊政策和灵活措施，给地方以更多的主动权"，并在两省试行"中央统一领导下实行大包干的办法"，具体包括：财政和外汇收入实行定额包干；物资、商业在国家计划指导下适当利用市场的调节；在计划物价、劳动工资、企业管理和对外经济活动等方面扩大地方权限；试办特区，积极吸收侨资、外资、引入国外现金技术和经验。这些特殊政策为广东引进外资提供了极大的自主权和便利。

得到了中央政策赋予的充分发展经济和地方建设的自主权，广东省内的基础设施建设所需资金通过各种渠道迅速筹集起来。来自香港、澳门以及世界其他发达地区的外部资源源源不断流入广东，同时，国内丰富廉价的劳动力以及其他资源也纷纷汇集到广东，逐渐形成了广东现在对外部要素、资源高度依赖，对外部市场高度重视的外缘型经济。

第二节　资本去向：投资活动

改革开放初期，广东省处于百废待兴阶段，基础设施有待完善，工农商业的发展需要投入大量资金建设相配套的设施，无论是全国还是各个省市地区而言，都面临资金不足的问题。初期阶段，国内经济发展处于试点试验阶段，为寻求经济快速发展而设立的四大经济特区

---

① 温铁军等：《解读珠三角：广东发展模式和经济结构调整战略研究》，中国农业科学技术出版社 2010 年版。

中有三个在广东省，分别是深圳经济特区、珠海经济特区以及汕头经济特区。得益于经济特区的设立、相关政策的扶持，广东省经济取得迅速发展，地区生产总值由 1978 年的 185.85 亿元增长至 2016 年的 79512.05 亿元，相应地，全社会固定资产投资由 1978 年的 27.23 亿元增长至 2016 年的 33008.86 亿元。分时期从总量上来看，起步阶段广东省固定资产投资额较少，增长绝对额较少，增长幅度较大，而后期固定资产投资总量增长绝对额加大，增长幅度略有减弱，具体可见图 5—2。"六五"时期广东省固定资产投资额为 548.8 亿元，"七五"时期为 1549.91 亿元，较"六五"时期增长近两倍，"八五"时期为 7498.19 亿元，较"七五"时期增长近 3 倍。"九五"时期之后，广东省固定资产投资增长绝对额开始大幅提升，"十五"时期较"九五"时期增长 12172.14 亿元，"十二五"时期较"十一五"时期增长 56578.58 亿元。

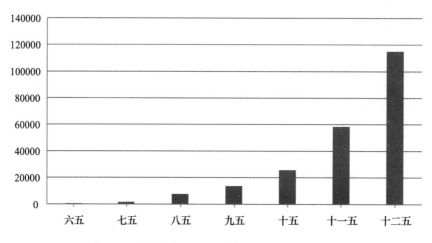

图5—2　广东省各时期固定资产投资情况（亿元）

数据来源：《广东统计年鉴》（2017 年）。

一　重点投资第二、第三产业，不断积累优势产业

随着经济的发展，广东省越发注重经济可持续性发展，重点发展第二、第三产业，增加第二、第三产业的固定资产投资，特别是代表

转型升级的先进制造业、高技术产业、传统优势产业等，产业结构不断优化。各个产业固定资产投资情况从总量上看呈逐年递增趋势，其中第一产业固定资产投资额总量增量较小，由 1978 年的 5.52 亿元增加至 2016 年的 445.11 亿元；第二、第三产业固定资产投资额总量增量较大，第二产业固定资产投资总额由 1978 年的 9.71 亿元增加至 2016 年的 11088.49 亿元，第三产业固定资产投资总额由 1978 年的 12 亿元增加至 2016 年的 21475.25 亿元。整体看，第二、第三产业的固定资产投资增量远高于第一产业的固定资产投资增量，图 5—3 可以更明显地看出这一现象。

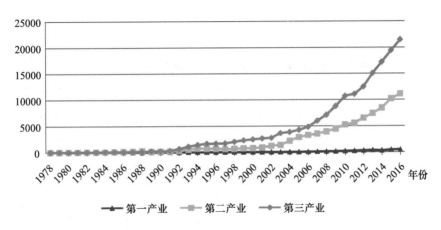

图 5—3　分产业固定资产投资总额情况（亿元）

数据来源：《广东统计年鉴》（2017 年）。

从各个产业固定资产投资额的相对额来看（具体可见图 5—4），改革初期投资于第一产业的固定资产占比略高，如 1978 年投资总额为 5.52 亿元，占全省固定资产投资总额的 20.27%，随后投资于第一产业的固定资产投资相对额呈逐年递减趋势，截至 2016 年占比下降至仅为 1.35%。在经济建设初期第二产业和第三产业占比呈波动趋势，1989 年后，第三产业占比开始远高于第二产业，之后一直保持这个趋势，这与我国优化产业结构，大力发展以服务业为主的第三产业的政策相容。

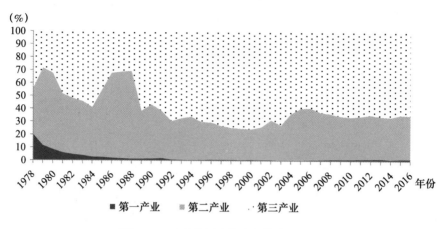

图5—4 分产业固定资产投资占比情况

数据来源：《广东统计年鉴》（2017年）。

二 加强基础设施建设，增强经济发展后劲

自1991年开始，在固定资产投资方面广东省注重调整和改善投资结构，重心加强基础产业和基础设施领域，投资向基础产业和基础设施倾斜（详见图5—5）。通过以自筹、银行贷款、利用外资为主的方式多渠道筹集资金，5年时间累计完成全社会固定资产投资590.97亿元，期间因倾向投资基础产业和基础设施，相对以往，"八五"时期成为广东省基础产业和基础设施投入最多、发展最快、效益最显著的时期，基础产业和基础设施投入的增加，加快了基础性项目的建成投产速度，期间全省共建成投产大中型建设项目220个；共新增发电装机容量1436万千瓦；新建公路2.5万公里，其中高速公路390公里；新增铁路营运里程613公里；港口吞吐能力4096万吨；市内电话交换机容量820万门。

增加基础产业和基础设施固定资产投资额，加快了重点工程建设步伐，如水利电力、交通通信、城乡电网、生态环境等基础设施建设，这些基础设施和基础工业的迅猛发展优化了支撑经济发展的硬件设施，基本解除了对经济社会发展的瓶颈制约，有助于经济的长远发展。从图5—6基础设施完成投资情况可以看出，明显加强了能源、交通、水

利等基础产业和基础设施建设。交通运输和邮政业由 1990 年的 46.77
亿元上升至 2016 年的 2883.31 亿元。基础产业和基础设施建设的加强
对广东省的发展带来了显著的效果，如加快了电力工业的发展，扭转
了广东省长期以来严重缺电的状况，1999 年底全省发电装机容量达到
3033.4 万千瓦，比 1995 年增长 33.5%。

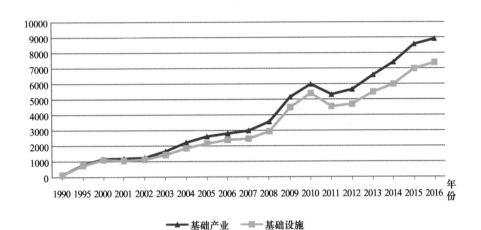

图5—5　基础产业和基础设施完成投资额情况（亿元）

数据来源:《广东统计年鉴》（2017 年）。

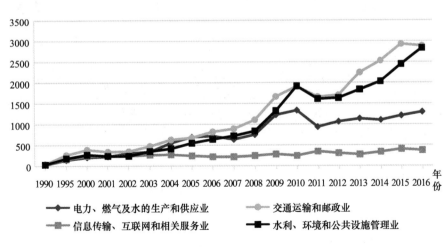

图5—6　基础设施完成投资情况（亿元）

数据来源:《广东统计年鉴》（2017 年）。

三　房地产开发投资迅猛增长，拉动经济增长

分产业来看广东省固定资产投资情况，图5—7描绘了广东省2016年各个行业固定资产投资情况，从图中可以看出，近年来广东省在房地产业和制造业中的投资远高于其他产业的投资，其中2016年房地产业固定资产投资额达11759.76亿元，制造业固定资产投资额为9594.01亿元。在制造业方面，近几年广东省大力推进智能制造，贯彻落实《中国制造2025》，致力于建设珠江西岸先进装备制造产业带。在房地产业方面，从图5—8可以看出2000年以后广东省房地产开发固定资产投资一直维持在高水平，成为拉动广东经济发展的支柱产业，房地产开发投资拉动了整体投资的有效增长，特别是在2008年全球爆发金融危机时，得益于对房地产开发投资的增加（2008年广东省房地产开发固定资产投资额占固定资产投资总额的26.25%），广东省地区生产总值仍然保持增长趋势。

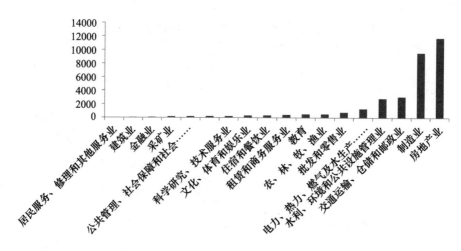

图5—7　分行业固定资产投资情况（亿元）

数据来源：《广东统计年鉴》（2017年）。

图5—8　房地产开发固定资产投资情况（亿元）

数据来源：《广东统计年鉴》（2017年）。

四　珠三角地区投资远高于其他区域，区域发展不协调

从经济区域的角度来看，广东省固定资产投资主要集中在珠三角地区，珠三角地区投资规模大、比重高，粤东西北地区投资规模小、比重低，固定资产投资存在区域发展不协调问题。下图5—9描绘了近几年广东省珠三角、东翼、西翼和山区经济区域的固定资产投资情况，从图中可以看出珠三角地区投资远高于粤东西北地区，2010年珠三角9市投资占全省投资的70.48%，粤东西北12市占全省投资的29.52%，2011年珠三角9市投资占比上升至73.42%。面对省内固定资产投资区域发展很不平衡的现状，广东省致力于区域协调发展，落实区域协调发展具体措施，在这些措施的强力拉动下，珠三角地区投资占比开始下降，从2011年的73.42%下降至2016年的67.62%。虽然目前粤东西北投资有较高增长，但区域不协调问题仍然突出，珠三角地区固定资产投资占全省投资的比例仍然很高。此外即使是珠三角地区内部也存在发展不协调问题，图5—10描绘了2016年珠三角9市的固定资产投资情况，从图可知，广深佛三市固定资产投资总额占珠三角地区投资的60%，而其他6市固定资产投资额占比仅40%，其中广州市固定资产投资占比最高，为26%，而最低的中山市仅为5%，

可见广东省固定资产投资有待进一步加强区域的协调发展。

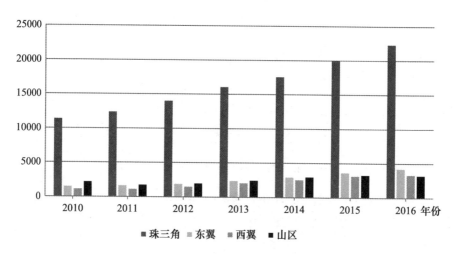

图5—9　分经济区域固定资产投资情况（亿元）

数据来源：《广东统计年鉴》（2017年）。

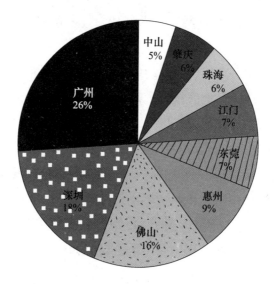

图5—10　珠三角经济区域各市固定资产投资情况

数据来源：《广东统计年鉴》（2017年）。

五　民间投资快速增长，成为投资主体

在广东省40年投资历程中，民间投资部分尤为耀眼。民间投资是

固定资产投资保持较快增长、经济保持平稳运行的重要支撑力量，对稳增长、促改革、调结构、惠民生、防风险起到了重要作用。广东作为改革开放的先行者，拥有规模体量庞大的民间资本。如图5—11所示。1995年，广东省的民间投资占比仅为17%，到了2016年达到66%。

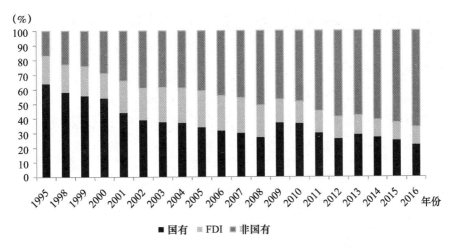

图5—11　1995—2016年广东省固定资产投资结构

数据来源：《广东统计年鉴》（2017年）。

作为改革开放的前沿，广东省委、省政府非常重视民间投资的作用，通过制定出台《关于进一步鼓励和引导民间投资的若干意见》《鼓励和引导民间投资健康发展实施细则》《广东省企业投资项目实行清单管理的意见（试行）》等一系列配套政策措施，有效拓宽了民间投资的范围和领域，带动民间投资保持较高的增长速度。民间投资已成为推动广东经济增长、劳动就业增加和居民生活水平提高的重要支撑力量。

民间投资整体环境较好。广东是我国最早进行市场化改革的地区，在简政放权、尊重市场规则等方面一直走在全国前列。改革开放以来，广东不断推进商事制度改革，为民间资本提供了更多的投资机会、更规范的投资环境。广东于2015年在全国率先实施企业投资项目负面清单管理试点，拓宽了民间资本投资范围，推动全省备案项目占全部企业投资项目的比例从 2011 年的 60% 提高到目前的 90% 左右。2016 年广东推动 7 方面 35 项政策措施落地，帮助企业减负超过 2000 亿元。其中，进一步清理规范涉企行政事业性收费，实现现行省定涉企行政事业性收费"零收费"，全年为企业减免费用约 129.5 亿元。

较好的民间投资意愿。改革开放以来，广东各级政府普遍把民营企业当作经济转型发展的核心力量，千方百计促进企业发展。在政府利好政策的刺激与带动下，广东民间资本保持着较高的投资意愿和热情。据统计，在 2016 年广东省民间投资项目推介会上，69 个投资项目共吸引民间资本 1328 亿元，涵盖了交通市政、环保水利、社会事业、商贸流通、综合开发等多个重点领域。

第三节 资本积累和效率

新古典经济增长理论的研究表明，经济增长的动力主要来源于两方面：一是资本积累；二是技术进步。根据永续盘存法：$K_{t+1} = I_t + (1-\delta) K_t$，以 2011 年的价格水平为基准价格，折旧率选取为 0.9，计算 1978—2016 年广东与各省份的资本存量，其结果如图 5—12、图 5—13 所示。

广东省的资本存量从 1978 年的 651 亿元，上升到 2016 年的 166411 亿元，年均增速达 16%，如图 5—12 所示。伴随着资本存量的上升，地区实际生产总值也迅速提高。从 1978 年的 831 亿元，上升到 2016 年的 78162 亿元。伴随着经济发展，广东省的资本深化程度也在不断提高。与广东经济发展水平相近的江苏省与浙江省相比，广东的资本存量水平并不是最高的，江苏的资本存量水平高于广东与浙江。但近年来广东资本存量的增速超过了江苏，差距逐步呈收敛趋势。

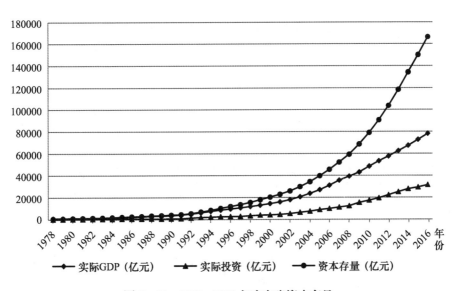

图5—12 1978—2016年广东省资本存量

数据来源:《广东统计年鉴》,选取2011年不变价。

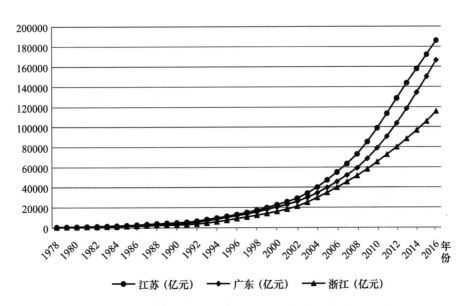

图5—13 1978—2016年广东与其他省份资本存量比较

数据来源:《广东统计年鉴》,选取2011年不变价。

在资本效率方面,近年来广东省明显好于江苏、北京、上海等体量相似的省或直辖市：每单位资本带来的产出相对较高（见图5—14、图5—15）。这说明随着资本要素投入市场，尽管产出—资本比在不断

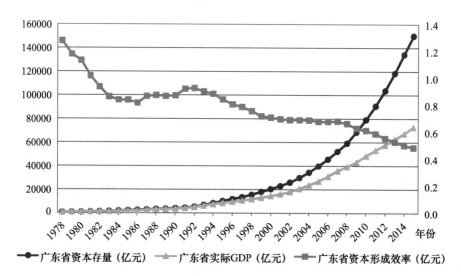

图5—14 广东省历年来资本形成及产出效率

数据来源：《广东统计年鉴》，选取2011年不变价。

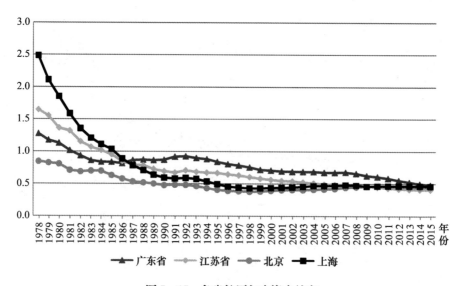

图5—15 各省份历年来资本效率

数据来源：国家统计局。

下降，广东省的资本运作效率是处于我国前列的。2015年，广东省单位资本能带来0.48单位的实际产出，而在北京市，单位资本仅能产出0.45单位实际GDP；在江苏，这个数值更低，产出—资本比仅为0.41。

改革开放过程中，广东省是如何实现如此高的资本增速和资本深化程度的？多层次资本市场的建设是广东省实现资本深化发展模式的重要因素。目前我国多层次资本市场的结构主要分为四个层次：一板市场（主板市场、中小板市场）、二板市场（创业板市场）、三板市场（新三板市场）和区域性股权交易市场。主板市场中的深圳证券交易所（简称深交所）坐落在广东，深交所同时拥有中小板、创业板两大板块，是广东多层次资本市场的重要组成部分。广东还拥有三个区域性股权交易中心，分别是前海股权交易中心、广州股权交易中心和广东省金融高新区股权交易中心，主要服务于广东省内处于成长初期的小微企业。

在前三个层次资本市场中，广东省无论上市挂牌企业数量或是融资金额均排名全国第一。广东省上市企业在前三个层次资本市场中的融资金额占全国总融资额的17.99%，企业数量占总额的16.61%，两者均位列全国首位，表明前三板市场对广东经济具有较大的支撑作用，广东省满足前三板上市条件的企业能够充分利用多层次资本市场的优势，进行上市挂牌融资并获得较好发展。反观四板市场的表现，广东省在挂牌企业数量上排名全国第三，低于浙江省和甘肃省，为第一名浙江省的1/3，浙江省作为"草根金融"的成功典范，其成功的经验值得借鉴。企业在区域性股权交易中心对比前三板表现欠佳，这是广东省在多层次资本市场的一个"短板"所在，广东省的区域性股权交易中心在满足小微企业的资金需求功能上应当发挥更大的作用。

从广东省多层次市场的现状我们可以了解到，以一、二板市场为核心的场内市场是广东的优势所在。广东发展多层次资本市场，首先要立足在此优势点上，带动其他层次资本市场的发展。创业板应该在不违背企业质量为优先原则的前提下放宽上市门槛，上市标准与一板市场形成明显的梯度，简化上市流程，降低企业上市成本，让中小企业能够通过创业板进行融资，进一步深化多层次的场内交易市场满足不同企业的融资需求。

第四节 投资和产业结构变迁

从历史来看，广东产业结构变迁是与改革开放紧密联系在一起的。1978 年到 2016 年，三次产业结构由 29.8∶46.6∶23.6 演化为 4.57∶43.42∶52。在不同的历史时期，不同产业占据了主导地位，资本的形成路径和形成效率差异也较大。纵观其发展历程，改革开放以来广东省产业结构变动大致经历了三个不同阶段（见图 5—16）。

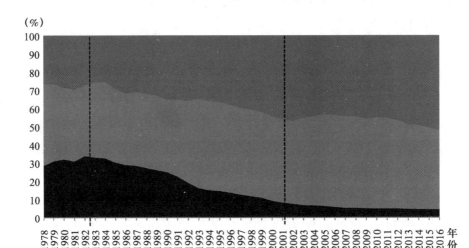

图5—16 1978 年以来广东省产业占比

数据来源：国家统计局。

一 改革开放初期：承接国际产业转移

20 世纪 60 年代，亚太地区崛起了一批新兴工业化国家和地区。10 年后，由于区域内要素重新定价导致价格上涨，原有的劳动密集型产品在国际市场上不再具有竞争优势，产业升级迫在眉睫。以当时的香港、澳门地区为例，劳动力短缺、工资上涨、土地价格上涨等问题层出不穷。20世纪80年代，香港理工科大学毕业生月工资可达5000港币以上，一般工人3000港币左右，为大陆工人月平均工资的10倍有余。劳动密集型的各种制造业在港澳地区已经没有过多的生存余地，大批厂商手中又握有大量订单，正寻求把部分产业或产品的加工装配工序转移出去。这为广东吸引外部资本以完成原始积累创造了难得的机遇。

这时候的广东，与国内其他省份类似，处于经济建设资金极度匮乏的阶段。人们正在探索一条如何走出经济困境和社会困境的道路。1978年，广东省内GDP为194.14亿元，排在全国各省区市第7位；其中第一产业产值55.74亿元，占比29.8%；第二产业产值86.62亿元，占比46.6%；第三产业产值52.21亿元，占全省生产总值的23.6%。从1978年到1984年，农村改革全面展开，极大地解放了农村生产力，第一产业占比升高至32.56%。匮乏的资本和充裕的劳动力、土地带来了资本极高的边际收益，吸引了以当时港澳企业为代表的新兴工业化低端制造企业的资本投入，"三来一补""三资"企业带来的外资形成了广东的原始资本积累。

二　稳步发展阶段：推进工业化

1984年到2002年是稳步发展阶段。随着社会主义市场经济体制改革的有效推进，广东的社会资源配置逐步向第二、第三产业转移，特别是第三产业发展迅猛。从产值比重来看，第一产业逐步下降，对GDP的贡献率从32.6%下降到7.5%；第二、第三产业占比则分别从42.0%和25.4%上升至45.5%和47.0%，第三产业一跃超过第二产业贡献率，达到历史最高点。就业比重也保持了大致的变化趋势。随着社会主义市场经济体制改革的逐步深入，特别是邓小平南方讲话后社会主义市场经济体制改革目标最终确立，广东省工业化步伐加快，第二、第三产业对经济增长的贡献明显。

得益于邓小平南方讲话的政策影响，高质量的外资引入是广东省这段时期资本形成的主要资金来源。不再依靠"三来一补""三资"企业，广东对外开放的整体素质提高。世界 500 强在广东兴办了近 500 家企业和上百家研发中心，如广东北电研发中心、广东西门子竞争力中心等，广东外资企业逐步由加工制造向研发设计转变，促进了广东的技术进步。

三 成熟时期：后工业化阶段

2002 年至今，广东省产业结构基本处于稳定的状态，但各产业内部实现了逐步优化，经济效益逐步提升。工业结构的优化升级有力推动了广东省从工业化后期进入后工业化阶段。在 2002 年，广东省重工业产值首次超过轻工业产值。21 世纪以来，广东省紧紧抓住了从 20 世纪末开始的全球重工业复苏的重大机遇，坚持走新型工业化道路，确立了产业高级化、适度重型化的方针，使得广东工业重型化特征更加明显。2017 年，广东省规模以上轻工业完成增加值 11673.59 亿元，同比增长 6.1%，增幅比上年提高 2.8 个百分点；重工业完成增加值 21398.40 亿元，同比增长 7.8%，增幅比上年回落 0.9 个百分点。轻工业增幅比重工业低 1.7 个百分点，比上年缩小 3.7 个百分点。轻工业对全省规模以上工业增加值增长的贡献率为 30.5%，比上年提高 12.0 个百分点，拉动全省规模以上工业增加值增长 2.2 个百分点，比上年提高 1.0 个百分点。从轻重工业构成来看，资产、产值和从业人员等指标的轻重工业比重显示广东的工业化逐步向重工业倾斜；从反映工业化进程的霍夫曼比例来看，工业化进程达到第三阶段的后期，接近第二阶段（见图 5—17 至图 5—19）。

国际金融危机爆发后，政府的 4 万亿元计划大规模促进了投资，在宽松的货币政策的配合下，出现了国进民退和国有资本与民营资本争利的局面，国有资本大规模进入竞争性领域，挤出了社会投资。国有资本增长在这个时段初期增长强劲。

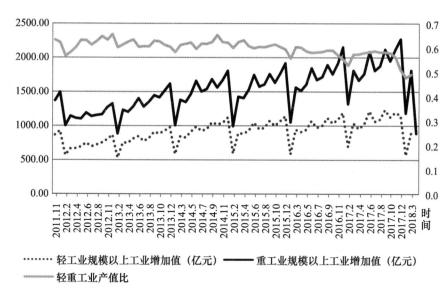

.... 轻工业规模以上工业增加值（亿元） ——— 重工业规模以上工业增加值（亿元）
———— 轻重工业产值比

图5—17 广东省2012年至今轻重工业产值比

数据来源：广东省统计局。

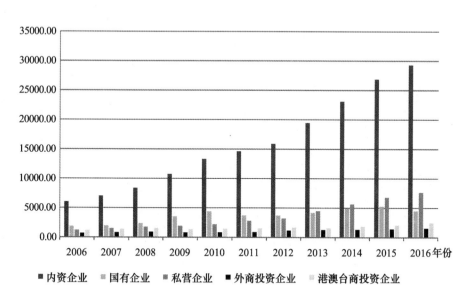

■ 内资企业 ■ 国有企业 ■ 私营企业 ■ 外商投资企业 ■ 港澳台商投资企业

图5—18 广东省2006年至今全社会固定资产投资完成额（亿元）

数据来源：国家统计局。

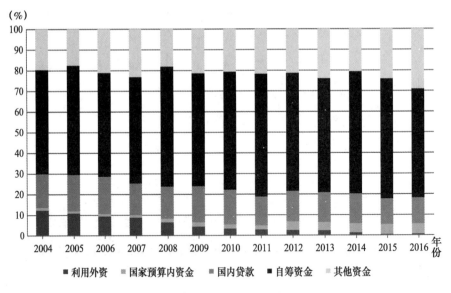

图5—19 2004年至今广东省全社会固定资产资金来源

数据来源：国家统计局。

政府的一揽子投资计划浪潮过后，广东投资呈现国有投资增长乏力、民间投资大幅增长的格局。2010年民间投资总量突破1万亿元大关，2016年突破2万亿元大关，取代国有投资成为推动全省投资增长和经济转型升级发展的新引擎。据广东省社会科学院与南方报业传媒集团共同发布的《广东宏观经济分析与展望（2016—2017年）》报告显示，广东民间投资中装备制造、电子及通信设备制造、医疗设备及仪器仪表制造等领域增幅均大幅高于整体投资增幅。与工业升级相对应，2016年广东工业技术改造投资增长快、对工业投资增长的贡献率高。投资效率维持较高水平，继续领先其他发达省份。

同期，在国际金融危机、欧债危机交替来袭的外围因素影响下，广东外源性经济投资持续低迷，外资资本占全省全部固定资本存量比重持续下滑，2010年广东引进外资总额已不及民间投资的1/3。2012年以后，随着全球经济回暖，外源型经济投资再超内源型经济投资，呈现出发力回暖的运行态势。

第五节　资本市场化配置的启示

随着劳动力成本的上升，资本要素在经济增长中的贡献和影响越来越大，因此资本要素市场化至关重要。产业升级转型、政策手段的灵活应用以及创新驱动发展助力广东省资本更加高效配置，"让钱去最应该去的地方"。

转型发力，引导企业投资。广东是港澳台资本和外资最早进入的地区，同时民间资本也最活跃，因此是资本积累最雄厚的地区。畅通渠道，引导民间资金源源不断流入实体经济，是广东民间投资持续增长的"定海神针"。由于广东转型升级先行一步，大规模技术改造涌现，自动化、智能化提升带来了强劲的投资热情。企业并购热情高涨，拓展、延伸产业链带来巨大的投资空间。另外，瞄准新兴领域的跨界投资正在成为新蓝海。来自广东省发改委的数据显示，广东在先进制造业、高技术产业、信息产业等相关行业投资增长较快。2017 年，广东省软件和信息技术服务业投资增长 69.9%，科学研究和技术发展增长 48.2%。

优化环境，拓宽领域，多层次政策对接需求。广东的经验显示，优化投资环境、拓宽投资领域等多层次政策，为企业解决"钱从哪里来""投到哪里去"的核心问题，是启动投资的关键点。目前，广东已在各地市分别建立 1—2 家政府主导的中小微企业政策性担保机构，省财政安排超过 30 亿元专项资金支持市县设立中小微企业信贷风险补偿资金，对提供中小微企业融资服务的银行、担保、保险等机构给予贷款风险补偿。此外，民营企业正在成为各地政府招商的重点，各级政府积极为民间投资参与保驾护航。在 2016 年广东省民间投资项目推介会上，69 个投资项目共吸引民间资本 1328 亿元，涵盖交通市政、环保水利、社会事业、商贸流通、综合开发等重点领域。

创新转型引领投资方向。广东省发改委相关负责人表示，只有坚持创新驱动战略，以新的技术增长点带动企业投资，才能引导"沉睡"的资本进入创新领域。从增长机制看，广东投资已由过去的倒逼转型向主动调整、引领转型转变，在新技术、新产品、新业态、新商业模式上的投资力度不断加大，成为广东加快转型升级的有力支撑。

第 六 章

人力资本积累和经济发展

　　经济社会的快速发展，需要激发社会各界人士的积极性和创造力。改革开放推动了广东的用人用工制度改革，大量的外来务工人员和创业者来到这里，成就了广东的发展奇迹（见图6—1）。

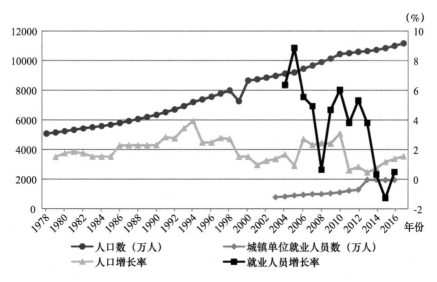

图6—1　1978—2016年广东省总人口数和就业人员数

数据来源：《广东统计年鉴》（2017年）。

　　改革开放以来，广东省总人口规模年均增速达2%，1978年广东的总人口规模为5064.15万人，2017年广东的总人口规模为11169万人，是改革开放之初的两倍。总体来看，总人口增长率保持在2%左

右，但是不同时期的人口增长率却不相同。改革开放之初到 20 世纪
90 年代初期，人口增长率在不断增长，而 20 世纪 90 年代初期至今，
人口增长率虽然保持正增长，但其增速在不断衰减，这可能与经济发
展水平和生育政策息息相关。与总人口规模平稳增长相反的是城镇单
位就业人员，由于城镇单位就业人员受经济波动的影响较大，所以其
增长率出现了较大幅度的波动。

第一节　劳动者

　　作为广东省新型劳动者阶层重要代表的农民工、职业经理人等，是
改革开放的产物，也是社会主义市场经济发展的阶段产物。没有改革开
放的伟大尝试，就没有这些"新生事物"的产生，更没有当前生机勃勃
的劳动力市场。而作为改革突破点和"排头兵"的广东地区，见证了农
民工、职业经理人的产生，更是劳动力市场改革的发源地和试验场。

　　改革开放之前，城市劳动力市场的封闭、分配制度的僵化和工作的
低效率成为计划经济的通病。"国家分配""统包统配"使得劳动力无法
自由流动，行政待遇上的"一刀切"使得工资取决于工龄，待遇取决于
单位性质。因此有"工人比农民好，全民所有制企业比集体企业好，重
工业企业比轻工业企业好，军工企业比民用企业好的"说法。而在农村
地区，为了转移人口与就业之间日益尖锐的矛盾，加上一些政治性考虑
因素，农村实际上成为容纳剩余劳动力的蓄水池。1978 年政治经济体制
改革之后，这种状况逐步发生了转变，而改革的突破点几乎都在广东。

　　通过就业体制改革，大力发展私营、个体经济，吸引"三资"企
业，广东在 20 世纪 80 年代不仅转换了大量农民的身份，而且吸引了
上百万名外来农民工，农村的广大剩余劳动力实现了转移；在广东的
"三资"企业里，中国的职业经理人开始出现；国有企业工资体制的
改革、"双向选择"的出现使得劳动者更有动力为自己的明天而奋斗。
新兴的劳动者阶层、广东的劳动力市场是在变革中产生的，同时也在
不断地变革中追寻自己的最佳位置。

一 农民工：广东经济繁荣的基础

在计划经济时期的城乡二元体制里，农民只能在农村工作，金融系统的农村信用社、供销系统的农村供销社等都是完全独立于城市的。承包制的实行，释放了农民劳动力，大量的劳动力开始走出农村走进城市，寻找新的就业机会。"从历史角度观察，中国市场化改革得以推动，中国经济'奇迹'得以出现，很大程度上得益于农村改革的率先突破及其引出的后续发展。农村突破并非政策的预设，家庭承包制的普及、乡镇企业的勃兴都在决策者预料之外。由'民工潮'引出的有史以来规模最大的人口流动，也是出于农民自己解放自己的自发行动。这几个大事件对经济增长、制度创新乃至社会变迁都发生了或将发生深远的影响。可以说，农民的选择成就了中国改革。"[①]

由于历史的原因，相对于中原地区，广东的开发较晚，人口分布稀疏，劳动力资源有限。改革开放以前，广东省吸纳农村剩余劳动力的非农产业主要在城市地区。农业部门的剩余，通过价格剪刀差和计划经济的方式，绝大部分转化为城市的工业资本积累。同时，农村中所谓的"工业企业"主要是社队企业，其规模很小，吸纳不了多少剩余劳动力。以 1978 年为例，当年广东乡镇劳动力共有 1774.5 万人，而从事第一、第二、第三产业的劳动力分别为 1662.5 万人、71.0 万人、41.0 万人，只有 6.3% 的农村劳动力从事非农产业。[②] 大量剩余劳动力以人民公社的劳动方式被"固定"在农业生产上，实质上造成了大量的隐形失业。

1978 年改革开放后，伴随着农村地区经济体制改革的深入，特别是家庭联产承包制的实施，极大地激发了农民的生产积极性，在农业劳动生产率获得很大提高的同时，农村隐形失业日益公开化，人口与就业的矛盾日益尖锐。在农业再也无法吸纳如此多的剩余劳动力的情况下，广大的农业剩余劳动力就需要寻找新的就业机会。然而，由于当时

---

① 萧冬连：《农民的选择成就了中国改革——从历史视角看农村改革的全局意义》，《中共党史研究》2008 年第 6 期。

② 《广东省统计年鉴》（1992 年）。

生产和生活资源的配置往往都是以刚性的国家计划形式进行的，全国大部分的城市或者工业地区都无法拥有相应的生产和生活资源去满足大规模流动的农村剩余劳动力的需求。因此，农村剩余劳动力大规模的转移在当时看来，似乎是一件不可能实现的事情。但是，广东一系列改革开放政策所形成的独特的工业化发展道路，恰恰是将"不可能"变成了"现实"，为中国农村剩余劳动力的转移开辟了一条崭新的途径。

特别是进入 20 世纪 80 年代，在国家政策的鼓励下，加上外资的快速流入，广东的工业资本积累开始加速。而"落户"于广东的乡镇企业和外资企业往往具有劳动密集型产业性质，这就决定了其经济增量必须建立在大量劳动力投入的基础上。当本地劳动力供给不足，外地劳动力的流入便成为可能。

我们可以从改革开放至今广东省户籍人口迁移变动情况（见图6—2）[①] 看出，1978 年到 2007 年，外省净迁入广东的人口整体上呈现

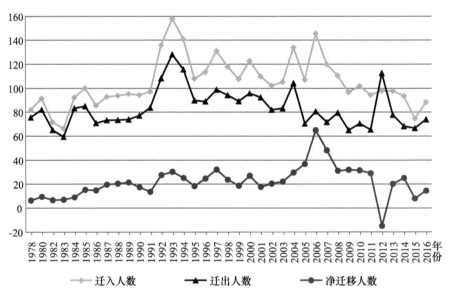

图6—2　1978—2016 年广东省户籍人口迁移变动情况（万人）

---

① 《广东统计年鉴》（2017 年）。

上涨趋势；而在金融危机之后，迁入数量开始回落，迁入人口逐年递减，净迁入人口开始大幅减少。

（一）1978—2007 年：民工潮

在 20 世纪 80 年代，和珠三角乃至广东活跃的工业经济不同的是，在广东一些相对落后的地区以及内陆经济发展较落后的省份，人多地少，大量农村劳动力富余，而当地经济很不活跃，乡镇企业难以发展，就业机会较少。农村的剩余劳动力难以就地转移消化，促使了劳动力外流。同时，由于地区之间经济发展差距拉大，收入、就业供求态势不同，劳动力的跨地区流动自然增加。我们可以用 1988 年的农民收入对比和涌入广东的外来工情况来验证这一现象。在 1988 年，广东农村农民人均收入为 808 元，珠三角的中山和顺德的农民人均收入甚至达到了 1872 元和 1677 元，而在一些内陆省份，湖南仅有 515 元，江西 488 元，四川 449 元，广西 424 元。[①] 因此，1988 年底，广东省外来劳动力达到了 320.31 万人，其中省内外来劳动力有 257.15 万人，占 80.3%，省外的有 63.16 万人，占 19.7%。

因此，改革开放所带来广东地区的工业化发展，吸引了大量的农村剩余劳动力。从组成结构上来看，这些剩余劳动力主要由本地农民、省内欠发达地区的农村剩余劳动力和外省"打工仔"组成。在 20 世纪 80 年代，广东工业发展吸纳更多的是省内劳动力，20 世纪 90 年代初开始，省外劳动力的比例才逐步占据上风。这就是后来的"民工潮"现象的由来。

专栏 6—1

改革开放民工潮：东西南北中，发财到广东

凤凰卫视 2009 年 6 月 21 日《南粤纪事》节目播出"改革开放民

[①]　《中国统计年鉴》、《广东统计年鉴》（1989 年）。

工潮起落"，以下为文字实录节选：

解说：20世纪80年代，家庭承包经营责任制在中国农村普遍推行，农民获得土地经营自主权，农村剩余劳动力逐年增加。对于收入增长缓慢的农民来说，外出务工能够得到更多的收入，于是一部分农民自发地进入城市，寻求收入更高的工作机会。

蒲军伍（农民工）：老家基本上就没有什么工作可以干，像20岁左右的那些小伙子都在放牛，根本就没有机会出来挣钱。

解说：当时有"东西南北中，发财到广东"的说法，广东最早引进外资，也最早允许外省农民流入，外资企业、私营企业风生水起，劳动密集型企业快速扩张，需要大量外来劳动力从事生产。

蒲军伍：我记得刚来那几年，厂里面找人根本找不到，本地人肯定不会去做的，他就到火车站去抢人，去拉人，"你到我厂里来干"，就这样的，用车子去接，一下火车就去接，接工人，接农民工，那时候找人很困难嘛。

解说：计划经济时期政府只鼓励由单位决策的人口流动，也就是调动。出于个人意愿进行的人口迁徙，被认为是无组织无计划的盲目流动。1980年，中央要求压缩清退，来自农村的计划外用工，严格控制农村劳动力流入城镇。

解说：20世纪80年代中后期，沿海地区的乡镇企业迅猛发展，深圳、珠海特区建设启动，国家鼓励向特区输送劳动力。在自理口粮的基础上，允许农民进城工作，城乡隔绝体制终于有所松动，乡民们一家看着一家，走出家门，走进城市。

杨舒（主持人）：到1989年，全国外出农民工，已经达到3000多万人，春节刚过，从河南、四川、湖北等人口大省，出发的数百万被称为盲流的农民工，就把铁路、车站挤得水泄不通，铁路客运也出现前所未有的拥挤状况。有人称之为盲流事件，也有人说，这是当代中国历史上第一波民工潮，是又一次农村包围城市。美国的《时代周刊》也惊呼，这是有史以来最大的人口流动。日益汹涌的民工潮，带来了交通运输、社会治安、计划生育等各个方面的负面效应，也成为牵动中国高层的独特经济现象。

解说：突如其来的民工潮，让各级政府难以招架。广东省向国务院告急，国务院发出紧急通知，要求严格控制民工盲目外出和大量集中外出。1991 年 2 月，国务院办公厅专门发出通知，要求各地劝阻民工盲目去广东。但是经济改革的大潮却难以阻挡，1992 年邓小平发表南方谈话，珠三角迎来了突飞猛进的时代，成为世界上最繁忙的建筑工地，每天有数以万计的外省劳工，涌向广东，车站、码头、路边人山人海。

蒲军伍：那好多人啊！我是从武昌转车过来，从成都走武昌转车过来，一到武昌上车，转车的时候，座位都没有，连站的位置都没有，衣服都打湿几次，换了几次都不行，人太多了，站都站不下，路都走不动，你说那有多少人来这打工。

解说：2005 年，民工潮再次兴起，一直延续到 2008 年下半年，接着金融危机到来，出口导向的中小型企业纷纷停产和破产，农民工的就业形势受到了很大影响。

蒲军伍：金融危机一来，工地开的很少，很多老板的工地就是进厂都不开工，工人都要生存，都要去挣钱，跑到其他省份去搞，影响相当大的。

解说：2009 年春节前，广东返乡的农民工人数达到了历史最高的1025 万人。

杨舒：农民工作为廉价劳动力，是广东和其他东部沿海地区经济增长的动力之一，但是多年来很多地方对农民工的认识，还只是停留在农民工是城市的劳动力后备军，需要时招之即来，不需要时挥之即去，一批又一批的农民工为城市带来了繁荣，而失业后只能返回农村，唯一可以慰藉的或许只有那日复一日辛苦劳作换来的微薄收入。但我想他们的结局不应该只有辛酸，政府和社会都需要为他们设计一个稳定长远、可以预期的未来。

　　从 1989 年开始，每年涌入广东的农村劳动力络绎不绝。春节期间，他们从一趟趟南下的火车、汽车里走出，像雨水般"渗透"到广东大大小小的城市里。建筑工地、工厂作坊、酒店饭馆等都能看到他们的身影，甚至站在路边等待着职业介绍所的招工。

随着 1992 年中共十四大的召开以及社会主义市场经济体制改革方向的确立，劳动力市场改革的步伐开始加快，农村劳动力加速向城市流动，但同时，户籍制度等制约因素仍然存在，这迫使农民在城乡之间做钟摆式的运动，以至于每年春节后都会出现蔚为壮观的"民工潮"现象。

农民工的流动在传统体制之外开辟了一条工农之间、城乡之间生产要素流动的新渠道，不仅为广东省发达地区工业和第三产业的发展提供了源源不断的低成本劳动力，填补了广东制造业、建筑业、餐饮服务业等劳动密集型产业的岗位空缺，而且促进了中国的劳动用工制度、劳动力市场的改革，促进了通过市场合理配置劳动力资源机制的形成。同时，在解决农民工问题的过程中，广东乃至全国各级政府的职能定位、管理理念、行为方式也由此发生了很大变化，传统的户籍制度、劳动就业制度和社会保障制度也由此产生了重大变革。由于广东在改革开放初期，选择的产业都是劳动密集型产业，需要大量的劳动力来推动经济发展，因此没有农民工的辛勤劳动，就没有繁荣的广东经济。农民工给广东增添了活力和生机，最具有典型性的就是深圳，其总人口中民工占了 50%，当时流传着"没有民工，就没有深圳速度"的说法。在许多广东的城市里，农民工几乎包揽了所有苦累脏险工种，弥补了很多行业招工不足的问题。不仅如此，随着部分较高素质的农民工具备了技工、技师等专业知识，也开始成为工业企业中的技术骨干，其中的优秀人员也成为广东劳动者的优秀代表，在国家、省市政治舞台上发挥着参政议政的作用。

但是，我们也不得不承认，几十万、上百万甚至上千万的外地流动大军在广东经济发达地区徘徊，不仅增加了社会成本，也增加了城市交通、食宿、教育、社会管理等压力。随着 20 世纪 90 年代初期"民工潮"规模增加，以及宏观经济的"软着陆"和国有企业的深化改革，广东面临着农民进城、城镇新增劳动力就业、国有企业下岗失业人员再就业"三峰叠加"严峻形势，广东失业率显著上升。1994年劳动部公布了《农村劳动力跨省流动就业管理暂行规定》，限制农民工的流动，广东也采取相关的"保护措施"，采用"先城市、后农村，先本地、后外地，先本省、后外省"的"三先三后"政策，以保护本地利益。这些措施一定程度上阻碍了农村劳动力的流入。2004年被誉为"农民增收年"，当年农民收入比上年提高12%，其中转移性收入增长19.3%。因此自2004年开始，涌向广东的劳动力开始呈现多极化流动的趋势。

　　尽管如此，从1994—2004年广东吸引省内外劳动力的统计数据（见表6—1）可以看出，农民工的总量一直在迅速增加。从组成结构来看，省外劳动力和省内外来劳动力的比例逐年上升，这说明保证广东工业发展的农民工有相当一部分来自省外。此外，从1996—1998年的数据波动年份来看，由于东南亚金融危机的爆发以及中国经济的低迷，农村的劳动力转移开始遭遇一定的挫折，各地政府为保证城镇劳动力的就业，采取各种限制性措施"腾笼换鸟"，将部分农民工遣散回农村，并将他们过去从事的一些低端工作岗位置换出来给城镇就业困难人员。可以说，城乡二元分割特征出现了一定程度的反弹，这算是退一步。

表6—1　　　　1994—2004年广东吸引的省内外劳动力　　　单位：万人

年份	年末实有外省劳动力	年末实有省内外来劳动力	外省：省内外来
1994	343.64	301.53	1.14
1995	359.79	255.68	1.41
1996	360.31	213.94	1.68
1997	410.13	245.69	1.67
1998	431.69	226.85	1.90
1999	464	225	2.06
2000	534.6	234.1	2.28
2001	592.3	249.4	2.37

续表

年份	年末实有外省劳动力	年末实有省内外来劳动力	外省：省内外来
2002	746.8	265.9	2.81
2003	885.43	294.89	3.00
2004	989.71	306.8	3.23

数据来源：《广东统计年鉴》（1995—2005 年），未收集到 2005 年之后外省劳动力数据。

"民工潮"的势头并没有随之减弱，紧接着在 2005 年广东省改变实施十多年之久的"节后一个月不准招工"的政策，以鼓励企业用工。也由此迎来了"民工潮"的另一波高潮，并一直持续到 2008 年。

（二）2008—2015 年：民工荒

2009 年初，受全球金融危机影响，东部沿海地区经济发展减速，大量农民工失岗返乡。珠三角、长三角等地很多中小企业的订单大量增加，但是却招不到工人。来自广州、深圳、东莞、佛山等珠三角城市劳动力市场的信息显示，这个接纳全国近 1/3 农民工的地区，劳动力市场求人倍率在 1∶1.14 到 1∶1.51 之间，也就是说每个求职的人有 1 个以上岗位虚位以待；在温州，2009 年 8 月该地区职介中心的用工缺口占比 73% 多，相比 2009 年 6 月 52% 上升了 21 个百分点。随着经济逐步回暖，自 2009 年 8 月起，新的"民工荒"卷土重来。曾因 2008 年全球金融危机而淡出的"民工荒"一词又重回公众视野，到 2010 年，新一场"民工荒"正式到来。

数据显示，2010—2015 年，尽管全国农民工总量仍在上涨，但是农民工增速呈现逐年下降趋势（见图 6—3）。相比于前次，这次"民工荒"不只是"技工荒"，还是"普工荒"；不只是"节后荒"，还发展为"全年荒"；不仅是沿海发达地区的"局部荒"，还成为包括劳动力输出地在内的"全国荒"。比对以往用工情况，经济复苏是本轮"民工荒"的本质诱因。如果说过去 20 年，我国主要是通过农村廉价劳动力完成"原始积累"的话，那么"民工荒"则警示我们：要想在知识经济的挑战中保持持续的竞争力，就必须转移经济发展战略，把廉价劳动力变成高价值、高素质的人才资源，才能实现可持续发展。

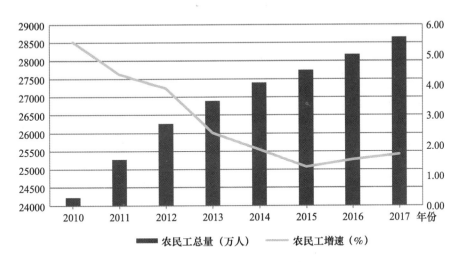

图 6—3　农民工总量及增速

数据来源：《广东统计年鉴》（2017 年）。

此次"民工荒"的典型表现有：

第一，劳动年龄人口的增速迅速下滑，农村劳动力从无限供给真正转向有限剩余。劳动力供给的基础是劳动年龄人口，而劳动年龄人口的增减与生育政策及生育率密切相关。随着计划生育政策的延续，我国早已进入低生育阶段，2000 年以后劳动年龄人口的增长率就已明显趋缓，2012 年 15—59 岁劳动年龄人口则第一次出现绝对下降，比上年减少 345 万人。因此，我国农业剩余劳动力就从无限供给真正转向了有限剩余。随着世界经济企稳和中国经济趋暖，无论是沿海还是内地纷纷出现"招工难"。这种因人口增长和劳动力供给的整体格局发生转变而导致的"民工荒"，与 2004 年在局部地区因供需错位等因素导致的"民工荒"，有较大差别。

第二，东部沿海地区吸引就业的"拉力"与中西部地区对务工人员向外的"推力"，双双减弱。能获得相对较高的收入，是改革开放以来驱动农村劳动力外出务工的主要因素。但随着我国工业化、城镇化进入中后期，沿海地区的土地、资金、原材料、劳动力成本不断上涨，从而日渐使企业的成本上升、利润减少、竞争力下降。这就说明，这一地区产业结构升级和经济增长方式转变已十分紧迫，从而自然会大量减少从事简单劳动的劳动力，而增加能从事复杂劳动的劳动力。同时，随着制造业中心从"珠三角"向"长三角"、环渤海等地区扩展，劳动力的需求由一中心变成为多中心，特别是国家大力支持西部大开发、中部崛起和东北老工业基地振兴等，以及中央在国际金融危机和"新常态"下对内地进行的一系列刺激性投资，都导致传统劳动力输出地区对劳动力的需求也大为增强，甚至出现了中西部从东部"抢人"的现象。如成都、重庆、武汉、西安等中西部城市，近几年出台了各种政策截留返乡农民工，与此同时，东部地区则前往中西部省份开展招聘。

第三，农民工的权益和就业保障意识进一步增强。农民工工作时间长、待遇低，劳动保护和社会保障机制不健全，因此"民工荒"在一定程度上也是"权益荒"和"制度荒"，是农民工对城市"新二元社会结构"的无声反抗。2004 年"民工荒"时，一些原来在"珠三角"就业的农民工流向保障条件相对较好的"长三角"，可以说是农民工在"用脚投票"。虽然此后政府出台了一些保障性的法律法规，但 2008 年国际金融危机爆发后的种种境遇，使更多的农民工变得理性，更加关注安全保障、工作尊严、职业前景等。因此，当 2010 年经济回暖后，即使很多沿海企业开出诱人的工资，但由于相关条件和保障不到位，还是不太容易招到以往那种"忠诚"的农民工了。此外，权益和保障的缺乏，也使不少有了些资本积累的农民工更愿意回乡投资创业。

第四，新生代农民工已成为农民工的主体，"代际差异"决定了廉价劳动力时代已趋结束。由于老一代农民工逐步淡出历史舞台，以"80 后""90 后"为主的新生代农民工遂日渐成为农民工的主体。相比老一代农民工，新生代农民工由于时代背景和成长环境不同，其价值理念等有了诸多显著的变化，如更注重人格尊严、看重社会保障、呼唤合法权益、追求社会地位、渴望自我实现等等。虽然由"扛着编织袋"升级为"拉着拉杆箱"进城打工，是经济发展和社会进步的必然结果，但新生代农民工也或多或少地丧失了老一代农民工吃苦耐劳、忍耐克己的精神。如"富士康 N 连跳"中的当事人，都是 19—26 岁的青年，有着区别于其父辈的价值观念和人生态度。因此，如果企业不在工作环境、管理制度、合法权益、社会保障等方面做出改善，劳资矛盾就会进一步增多并激化。事实上，2010 年的"民工荒"和当前"新常态"下劳动力市场上的诸多问题，在很大程度上就是因新生代农民工对不平等劳动关系抵制而产生的。

从长远来看，近年来广东省乃至全国的"民工荒"的出现是必然的，并不见得是一件坏事。它给地方政府和本地企业上了生动的一课，也为政府和企业提供了进一步深化改革、解放思想的契机。工资水平的上涨意味着广东省劳动力成本的比较优势将会降低，如果不能有效实现经济增长方式的转变，广东省在与其他各省的竞争中将处于劣势地位。广东省应该依靠技术创新和管理创新，推动劳动节约型技术的创新和使用，促进产业结构升级；在政策思想上，应深入思考如何正确对待农民工，如何保障农民工的权益。

二 职业经理人：中国社会发展的缩影

职业经理人是指以企业经营管理为职业，以薪水为主要收入形式，担任一定管理职务，以异质型人力资本形态出现的、受多种契约影响的管理人员。他们包括企业集团总经理、分/子公司总经理、各职能管理部门经理等。在所有劳动力群体中，职业经理阶层是一个特殊的群体。这一群体的出现，自然是与市场经济系统的发育发展直接相关的，但同时也与特定的历史条件相关。大批合格职业经理人的出现是地区乃至一个国家经济社会发展的重要标志之一。

17 世纪末，当世界贸易的大帆船驶入中国大陆南端的广州港的时候，发现在珠江岸边有一片对外开放的商馆区，由总揽外贸的专业组织接待远方商户，统购进口洋货，营销中华物产。这就是在中国外贸史上显赫一时，令中外商贾八方云集的"广州十三行"。这个 1685 年成立的，中国历史上最早的官方外贸专业团体是具有半官方半私人性质的外贸垄断组织。而十三行商人也被认为是近代以前中国最富有的商人群体之一。十三行商人在广州商馆区内，既是外贸经纪人，又是约束外国商人行为活动的责任者。因此，从某种意义上来说，他们也是广东最早的"外贸经理人"。

　　虽然广东早期的十三行商人和改革开放后日益壮大的广东职业经理人群体在产生的原因、面临的环境以及具体构成方面存在很大的差别，但是他们的发端都是中国和国外的经济贸易交流，都是市场经济和商业贸易逐步发展的产物。当代广东的职业经理人阶层产生于广东改革开放的历史背景下，是伴随着外资企业的不断进入、国有企业产权改革和民营企业的不断发展壮大而产生和形成的。他们生存于三个显著不同的企业板块：第一部分是改革开放后出现的广东"三资企业"的管理人员，包括来自海外的和在本土招聘培养的职业经理人；第二部分是原来的国有和集体企业的干部，随着国有企业制度改革的深入进行，原来的企业性质发生了相应改变后，这部分人逐渐从行政干部体系脱离出来，成为新的职业经理人阶层；第三部分来自较大规模的私营企业或高新技术产业领域中的民营企业，随着企业规模的扩大和管理复杂性的增加，一些企业主要聘用职业经理人来为其经营管理企业。而另外一些企业则通过企业股份化、上市等途径使自己从业主型的创业者转变为职业经理人（例如深圳万科的王石等）。

　　由此可见，与西方发达国家相比，我国职业经理人产生的背景是极其复杂的。也正是由于我国目前企业类型的多样性以及历史文化等方面的影响，我国现有的职业经理人不仅来源各异，而且生存环境大不相同，从而其职业素养和管理水平也有较大的差别，尚未完全形成一个具有内在一致性和可比性的职业经理人队伍。尽管如此，对于改革开放后，在市场经济下逐步发展起来的中国企业而言，管理人员（经历）已经越来越职业化、专业化，也发挥了越来越重要的作用。广东作为中国最早改革开放的地区，广东职业经理人的"历史"也最长，产生了如万科王石、美的方洪波、格兰仕俞尧昌、格力电器董明珠等一大批优秀的职业经理人，广东职业经理人的"成长历程"也就是中国职业经理人"成长历程"的一个缩影。

在改革开放初期，广东省的三资企业和"三来一补"加工业成为广东工业发展的重要增长点。外资给广东带来的不仅仅是资金和技术，更重要的是带来了先进的管理思想、管理方法和管理理念，这种管理方法和管理手段和以往计划经济下中国企业的管理方式有很大区别，因此在三资企业开始创办的时候，管理人员和高级职员都是从国外聘请，大多数企业都感觉到了管理人才缺乏的问题。

随着中国改革开放政策的明确和稳定性的增强，外资企业也逐步认识到，要在中国站稳脚跟，需要一批熟悉中国国情，精通中国经济、法律事务的人才为他们服务。同时，招收中国员工将使企业的影响深入人心，加速国人对企业的文化认同。这些都为外资企业培养管理人才提供了外部条件，因此中国最早的职业经理人群体出现了。

到1994年，随着改革开放进程的不断推进和《公司法》的颁布实施，在企业改革大环境下呼唤职业经理人的声音越来越大。很多企业都提出了"高薪聘帅"的广告，因为有了高级管理人才的加盟，企业的成长就有了保障。1994年7月29日的《羊城晚报》所报道的《高薪聘帅内幕》可以作为这一时期的典型代表。1994年7月，地处深圳宝安区的纺织公司以年薪36万元招聘经理，重金激励下，有数百人前来应聘。他们有来自黑龙江和乌鲁木齐的，也有来自从云南、贵州和海南岛的。

1999年以来，国家进一步明确了发展社会主义市场经济的方向，提出了中国企业的发展方向是建立现代企业制度，为我国职业化建设带来了极好的机遇。也正是在这一阶段，大量的民营私有企业规模迅速壮大，原有企业中高层管理人才严重不适应企业的发展，高薪引进管理人才、所有权与经营权分离逐渐成为大势所趋，市场呼唤"金领"和高级白领阶层的诞生，于是"空降兵"满天飞，"高薪制"层出不穷，终于开始形成一个新的社会阶层——职业经理人。

广东作为民营企业集中的地区，职业经理人问题早已成为企业乃至社会非常关心的问题。但是，在 21 世纪初，广东的民营企业围绕职业经理人的任用以及去留问题，上演了一幕幕的悲喜剧：吴士宏在 2002 年离开 TCL 后，突然又在 2007 年选择回归 TCL；陆强华先后脱离创维集团和高路华，最终选择了自己创业；姚吉庆辞去华帝集团总经理职务；黄骁俭空降金蝶不到两年，又重返原来的 SAP；俞尧昌在格兰仕去而又回……从众多的广东民营企业的案例中我们可以看出当前民营企业职业经理人所面临的"尴尬"局面：一方面，他们有着丰富的外企工作经验并受过 MBA 教育；另一方面，他们面对中国企业"家族化"或者"泛家族化"管理模式的时候难以转型。我们相信这只是转型期的阵痛，私营企业经理人的跌宕命运会在风风雨雨之后拨开云雾见青天。

专栏 6—2

美的进入完全职业经理人时代

何享健交出手中权杖，完成了"在 70 岁前退休"的心愿，这标志着美的集团管理层彻底完成了向职业经理人的转型。

8 月 25 日，美的集团在深交所发布公告称，即将年满 70 岁的何享健将卸任美的集团董事长，现任美的电器（000527）董事长方洪波将接任集团董事长一职，并继续担任美的电器董事长和总裁，美的日电集团原总裁黄健担任美的集团总裁，栗建伟担任美的控股公司总裁。不过，因为仍是美的集团控股股东美的控股的董事长，何享健仍扮演着美的集团控股股东的角色，但不再直接参与经营管理。

千亿美的没有"父传子"，而是顺利"传位"职业经理人团队，业内专家就此指出，这或将对整个家电制造企业，以及中国的民营企业都具有借鉴意义。

交棒已谋划 10 余年

"美的坚决不做家族企业。"何享健曾在多个场合公开表示。而为了顺利交棒，他更是已铺垫 10 多年。

美的对职业经理人的培育可追溯至 1997 年的事业部制改革。这一改革让何享健实现了产品多元化与经营专业化的战略布局，并为公司内部经理人的"相马赛马"提供了施展竞技平台。同时在其早期就推行的所有权、经营权与监督权的三权分立理念，及集权有道、分权有序、授权有章、用权有度的授权体系打造，也使他得以在内部培育出紧凑型的职业经理人团队。

从 2001 年开始，美的在制度完善、治理结构设计、授权与激励体系建设、职业经理人团队打造、事业部制有序推进等方面花了很多工夫。有长期关注美的的业内专家认为，何享健从那时起就开始为自己的交接班人选做铺垫。

七大职业经理人挑大梁

如果如何享健在告别会上所说，"以后不再过问公司经营，不再参与公司事务，也不再出席公司会议"，那么，未来的美的将由以方洪波领衔的七大职业经理人挑大梁。

新一届美的集团董事会成员为：方洪波、黄健、蔡其武、袁利群、黄晓明、栗建伟、何剑锋、陈劲松、胡晓玲、李飞德。10 人中除了创始人家族代表何剑锋，以及机构投资者工银国际投资银行部董事总经理陈劲松、鼎晖投资基金管理公司董事总经理胡晓玲之外，其余 7 人都是 20 世纪 90 年代就加入美的的职业经理人。

很多业内人士对何享健的充分放权表示认可。刘步尘指出，在家电行业，美的是第一家彻底解决了交接班问题的企业集团。"这意味着未来 10 年或更长的时间内美的可以在全新的团队领导下搏杀，而海尔、格力等竞争对手可能还会经历人员和架构调整带来的阵痛。"刘步尘说。

今年 5 月，格力集团结束长达 10 年的"朱董配"时代，现年 58 岁的新掌门董明珠还有平台铺垫的任务，她要在自己退休之前寻找到新的接班人，并为下一任班子搭建好平台。而海尔集团的接班人问题一直是个老大难。一方面，董事长张瑞敏因为利益未得到满足而没有交权意向；另一方面，他还要先考虑已经71岁的集团现任总裁杨绵绵的接替人选。据有关消息人士透露，事实上，杨绵绵的总裁任期已到，但因接班人的问题已续期两年。业内人士认为，悬而未决的接班人问题，往往会给公司带来不必要的内耗和动荡。

（整理自 2012 年 10 月 17 日《IT 时代周刊》新闻）

从改革开放之初到现在，我国先后对国有企业实行了扩权让利、承包经营责任制、股份制等方面的改革，使国有企业逐步转变为"产权清晰、权责明确、政企分开、管理科学"的现代企业。但是，国企在快速发展和改革过程中遇到了许多问题，其中较为突出的就是缺乏职业化的职业经理人队伍。市场环境和企业内部环境等多方面制约因素，造成在一些国有企业中没有建立真正意义上的现代企业制度。职业经理人对企业没有自主经营权，同时又由于相应的管理体制不配套，国有企业内职业经理人队伍建设缓慢。尤其是经验丰富的职业经理人在国有企业内更是稀缺。另外，一些国企经营管理者素质不高，不是当今社会最富有经营才能的人才，他们的目标不是追求企业利润的最大化，而是以维护"官本位"的既得利益为标准。职业经理人队伍的素质不高，直接造成企业竞争力低下。

2014 年 2 月 19 日，广东省国资国企改革发展工作会议召开，"全省深化国有企业改革的指导意见"和"省属企业改革实施方案"开始征集意见，拉开了广东省国企改革的序幕。广东省深化国资国企改革的总体目标，其中就包括，到 2020 年要全面推行职业经理人制度，形成市场化的企业人事、劳动、分配制度和工效的激励约束机制等。另外，省属国有企业新增高级管理人员将 100% 市场化选聘。国资委将制定完善"管理人员能上能下、员工能进能出、薪酬能高能低"的改革制度。目前，国企职业经理人市场正发生着巨大变化，中石油、海尔等纷纷高薪聘请职业经理人，中粮集团在对外开疆拓土的同时，也在内部大力培养职业经理人队伍。

专栏 6—3

广东石油启动试点"职业经理人"

2018 年 1 月 11 日，广东惠州石油经理胡志强为沥林良井组职业经理人叶锦辉、杨村沙迳组职业经理人李海波颁发聘书，并与职业经理人签订经营管理目标责任书后，标志着广东石油在惠州两对高速公路自营服务区及加油站职业经理人制度试点正式启动。

有"打工皇帝"之称的职业经理人们有机会进国有企业一展身手，这是广东石油推进职业经理人队伍建设的一次有益尝试。2017 年 4 月，广东石油党委书记何敏君到惠州石油调研提出在惠州石油高速公路自营服务区开展职业经理人试点工作，作为全系统试点单位，要高度重视，积极配合，主动与省公司人力资源处对接相关工作，并做好试点准备工作。领到任务后，公司班子高度重视，迅速召开班子会进行工作安排和部署，由人力资源部先进行政策方向性了解，再"吹风"、摸底，同时要做好试点服务区准备工作。

2017 年 7 月，广东石油相关处室在沙迳服务区现场进行了试点初步对接，明确了大致方向，探讨了实施具体事项和摸底人员的顾虑等，此后分别于 9 月、11 月多次与市公司进行对接，在考核指标项目和标准、员工关系理顺、具体操作步骤等方面进行说明，基本上确定了实际操作要求和文件具体内容。同时于 11 月初对所有中层干部进行了文件出台前的宣讲和动员，取得了较好的效果。

2017 年 12 月中旬，广东石油下发相关宣传信息后，惠州石油积极组织报名，将文件资料发放传达到加油站站长以上所有符合条件的人员，开通热线，进行答疑，并对重点有意向人员进行了单独说明、政策讲解。通过 5 天的准备，员工积极报名，参加职业经理人选拔的共 5 组 16 人，经资格审查和纪检审核，有 2 人不符合条件淘汰。面试按照"先选正职、后组团队"的程序进行，参与正职选拔的 5 名同志按照抽签顺序先进行自我介绍、参与动机、工作设想、团队目标等演讲，由评委进行现场提问和打分。根据综合评分、前期业绩和表现，择优选拔非油品业务部主任叶锦辉作为沥林良井组职业经理人经理候选人、龙门经营管理部经理（副科级）李海波作为杨村沙迳组职业经理人经理候选人，并立即开展了团队成员的提名选拔，12 月 28 日正式完成了 2 个团队组建工作。颁发聘书和签订经营管理目标责任书后，2 位"打工皇帝"正式接替沥林良井组、杨村沙迳组经营管理工作。

（中国石化新闻网，2018 年 1 月 15 日）

第二节　创业者

一　党政创业者：不断解放思想

当大多数人都在争论社会主义是否应该需要私营经济的时候，广东党政创业者们就旗帜鲜明地支持发展私营经济。个体私营经济是广东党政创业者行为的重要组成部分。1980 年，广东省工商局出台了全国第一个鼓励支持个体经济发展的具体措施。任仲夷在 1981 年 1 月召开的全省地、市、县委书记会议上，他用包产到户、包干到户，增产增收、经济发展、市场活跃等大量事实，说明农村形势的主流是好的，党同农民的关系密切了，强调已实行"双包"的地方，都是符合群众意愿的，就不要改过来了。1982 年 5 月，佛山市成立了全国第一家个体劳动者协会。1982 年，任仲夷正式提出"私营经济"的概念。1979—1987 年，广州城乡个体工商户增长了 17 倍。1993 年，中国广州市委、市政府制定了《关于加快个体和私营经济发展的决定》，在全国最先提出：个体私营经济是国民经济的重要组成部分。

市场经济是广东党政创业者的又一重要的创业行为。20 世纪 60年代，广东学者卓炯就明确提出并始终坚持社会主义商品经济的理论。改革开放初期，这一观点得到了广东省委主要领导的认同和支持。在广东省委的支持下，从 1979 年开始，广州率先放开塘鱼价格，进行流通体制的市场化改革。1980年3月，国务院副总理谷牧在广州主持召开广东、福建两省会议，明确提出：广东、福建的"物资、商业在国家计划指导下适当利用市场调节"。1980年10月，广东开始进行物价改革，在全国率先放开农副产品价格，从"放调结合，以调为主"向"放调结合，以放为主，放中有管，分步推进"转变，按照先农副产品后工业产品，先消费品后生产资料的顺序，在全国率先进行物价闯关。农副产品放开了，粮食放开了，工业消费品和生产资料也由小到大、由易到难，逐步放开。同时，制定并实施了《关于疏通商品流通渠道，促进商品生产，搞活市场的十二条措施》。1985年，为了推进以市场为取向的改革，中共广东省委明确提出：要破除把商品经济、个体经济和市场竞争看成是"资本主义"的陈旧观念，把是否有利于发展社会生产力，作为检验改革成败的主要标准，大胆建设有中国特色的社会主义。

新常态下，培育新经济，激发各类市场主体活力成为党政创业者新的阶段性任务。中国经济要实现高质量发展，民营企业被寄予厚望。作为改革开放前沿的广东，如何进一步促进民营经济的优良发展是摆在政策制定者面前的现实问题。2016年以来，广东在支持民营经济发展方面一直给力，2016年出台《广东省促进民营经济发展的若干政策措施》，2017年出台《广东省降低制造业企业成本支持实体经济发展的若干政策措施》。这些政策措施的含金量很高，为新常态下支持民营经济发展，落实保护产权政策，破除歧视性限制和各种隐性障碍，加快构建亲情型政商关系提供了可行的政策实施路径。①

二　企业创业者：在产业集群中创造效益

从地域上来看，广东产业集群主要集中在珠三角地区，主要以专业镇和产业园区为依托。其中，珠江东岸形成了中国最大的电子信息产业集群，以深圳、东莞、惠州、广州为主要集聚地；珠江西岸形成

---

① 《广东民营经济如何突破发展瓶颈?》，《南方都市报》2018年5月18日。

了全国规模最大的电器机械产业集群，以广州、佛山、中山、江门、珠海为主要集聚地。从细分行业上看，广东的产业集群主要覆盖了九个行业：三大新兴行业，即电子信息、电气机械及专用设备、石油化工行业；三大传统行业，即服装纺织、食品饮料、建筑材料行业；三大潜力产业，即森工造纸、医药、汽车及摩托车行业。2009 年，广东省九大行业工业总产值为 47589.15 亿元，占全省规模以上工业总产值 68275.77 亿元的 69.7%；九大产业工业增加值为 12721.12 亿元，占全省规模以上工业增加值 18235.21 亿元的 69.8%。2010 年，九大行业的工业总产值、工业增加值占全省规模以上工业的总产值、增加值的 69.4% 和 69.6%。

众多产业集群往往都是在广东企业创业者的创业过程中逐渐形成的。在集群的起始阶段，往往只有产业内的企业创业者建立的几个核心企业。但随着核心企业的发展以及品牌效应的提升，他们往往会调整发展战略，专注于打造核心竞争力。在市场力量的作用下，一批原来从事其他行业的企业也加入了配套生产行列。这些企业创业者之间经过多年的"磨合"，逐步形成了专业化的分工协作体系，一个由上游供应商、企业、营销渠道、中介机构、客户等构成的区域产业网络就形成了。这些内源型集群的形成往往是以本地企业创业者的创业行为为诱因。正是由于企业创业者的推进，在区域内才逐渐形成了原材料和产品市场，并通过一定的社会网络向外扩散，呈现出区域专业生产的产业组织形态。当然，在集群的形成过程中，地区之间的产业转移、地方政府的支出和引导等都发挥了很大作用。

在产业集群的发展过程中，随着改革开放的不断推进，广东的企业创业者越来越注重提高集群产品的附加值和竞争优势。2009 年，中国百佳产业集群中，广东省上榜 13 个（花都汽车产业集群、深圳通信产品产业集群、东莞电子产品产业集群、中山机电产业集群、中山包装产业集群、古镇灯饰产业集群、沙溪休闲服装产业集群、汕头内衣产业集群、新塘牛仔服产业集群、澄海玩具产业集群、新兴厨具产业集群、云城石材产业集群、惠东女鞋产业集群），排名全国第 3 位。

2011 年，广东省产业集群升级示范区内的企业获得省级以上名牌产品
539 个，驰名商标 580 件，集体商标 28 个，获得原产国标志的产品 35
个，荣获地理标志保护的产品 41 个。

产业集群与中小企业转型升级。广东中小企业转型，最突出表现
在互联网时代下产业集群的转型升级。过去在消费互联网时代，广东
虽然是全国网购最大的市场，但都通过外地的平台，比如阿里巴巴。
现在广东探索出用互联网来推动产业集群的路子，比如依托传统塑料
行业的找塑料网，短短 30 年就做到了 80 亿元。产业集群和基于产业
集群的产业互联网，是广东中小企业转型创新的亮点。在产业集群的
助推下，广东创新型企业的密集程度全国最高：特征是沿着技术路线
走，华为从基站到手机，再到建立 5G 标准。正因为有产业集群的存
在，中小企业的创新更是广东的强项，比如佛山的陶瓷厂，正在做产
业集群甚至转型为国际陶瓷贸易中心，再如东莞大部分纺织业，已经
基本转为机器人生产。[1]

三　个体户创业者：创业的忠实粉丝

改革开放以来，广东的个体户创业者得到了长足发展。从 1980 年
的 10.96 万户增加到了 2016 年的 756.92 万户。即使在 1999 年至 2004
年全国个体经济低迷的大背景下，广东的个体户数量仍然增加了近 36
万户。虽然受到 2008 年金融危机的影响，广东省的个体户出现了下
滑，但是近几年又恢复到危机前的水平（见图 6—4）。

个体户创业者的存在和发展是最基本的经济活动。首先，个体劳
动方式的存在是个体经济发展的基本原因。个体劳动方式，指由生产
力的技术构成决定，基本上以单个人或家庭成员为限的相互结合方式
和使用劳动资料的方式。在中国，一方面，社会化生产还没有发展到
社会经济生活的一切领域；另一方面，即使在完全以机械化、自动化

---

①　邓江年：《330 个产业集群连成珠三角，这是广东创新优势》，《时代周报》2017 年 5 月
23 日。

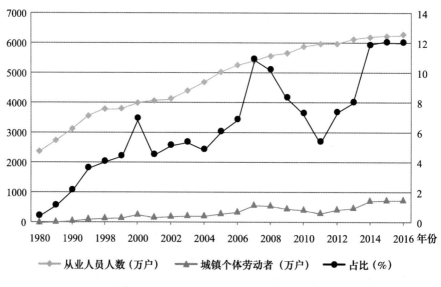

图6—4 1980—2016年广东省个体户数量

生产工具生产的部门和行业中，也还没能完全改变个体劳动方式。因此，只要还存在着个体劳动方式，个体创业就不可避免地要存在下去。其次，劳动力的私有性也是个体创业能够存在的原因。经济学家周其仁指出人力资本存在针对产权残缺的反制机制，因此人力资本必须是私有的，而这一私有性可以通过观念上的相通滋生占有物质生产条件的萌芽、通过与非公有生产条件的结合、通过改变劳动力的投向、通过改变物质生产条件的公有形式，从而与个体创业发生联系。

相对于其他地区，广东个体户创业者却呈现长盛不衰之势。背后机理在于：广东的创业环境较为优越。广东私有经济起步较早，体制建设较为完善。其中党政创业者发挥了巨大作用，比如为了专门促进各种类型的民营经济的发展，广东省专门出台了《关于加快民营经济发展的决定》，在经营领域、市场准入、土地使用、人才吸纳、资金扶持和税收优惠等方面进行了细化。此外，广东的各级决策层，能够清晰地秉承法治的精神，即"法律不禁止的，老百姓就可以做"。再加上与港澳的联系密切，自然也开拓了不少个体户创业者的视野，因而更能灵活地适应市场，求得主动。

第三节　技术人才

广东省作为我国改革开放的前沿阵地和试验田，对外开放的措施体现在经济发展的方方面面。人才引进作为丰富地区人力资源，增强地区经济发展动力的有力手段，也乘上了高度开放的改革东风。

一　改革开放前期：广泛引进，形式多样

早在改革开放初期，广东省就已经颁布了一系列人才引进政策，以优厚待遇和宽松政策引进、安置、留用国内外科学技术、工业工程、文法艺体等多方面的专家人才和创新人才。1983 年，广东省在全国率先成立引进国外人才领导小组办公室和外国专家局，一系列人才引进政策颁布，按照"政府引导、创造环境、成果示范"的原则，根据不同时期广东省经济社会发展的需求和重点开展人才引进工作。"内联外引""三来一补"的开放政策落实到人才引进上，体现为引进国（境）外专家并派遣技术和管理人员赴外学习、受训，政府引智部门与引智企业共同创造出"技术承包""技术入股""联合攻关，成果共享"等灵活多样的引智形式，将外国专家的切身利益与企业发展紧密关联，提高引智效益，并通过"南粤友谊奖"等奖励措施营造吸引海外人才的政策环境和舆论氛围；此外，国内其他地区的各方人才也积极响应改革开放号召，1984—1988 年间有约 10 万名青年知识人才来到珠三角地区投身于经济建设。各大专院校分配的毕业生，合资企业管理人员和专业技术人员，内联企业或机构的管理与技术人员，高等院校、科研单位等配置到乡镇企业兼职的"星期日工程师"等构成了当时知识人才的主要部分。[①]

20 世纪 90 年代后，广东省逐渐面对经济发展转型的问题，对高新技术产业的关注日渐加强。90 年代后期，广东省政府颁布了依靠科

---

① 张泽全：《对广东青年知识人才社会流动的思考》，《青年研究》1996 年第 3 期。

技进步发展经济的一系列相关政策，确立了企业作为科技开发的主体地位，相应地，对高新领域技术和创新型人才的引进也成为人才引进工作的重点。为此，广深等地陆续建立了一系列软件园、高新科技园区、高校实验园区等人才集中区域，优惠政策纷纷出台以配合对高新人才的引进。

二 21 世纪以来：人才引进结构升级

21 世纪以后，广东省更加注重在高新领域的技术发展和人才引进。2008 年广东省政府出台《中共广东省委广东省人民政府关于加快吸引培养高层次人才的意见》，提出要实施留学人员来粤创业服务计划，并进一步办好广州留交会、深圳高交会和国际人才交流大会以及各类留学人员创业园，拓宽引才引智渠道。此外，还修订了广东省《关于鼓励出国留学高级人才来粤创业若干规定》，以更加优惠的政策、更加开放的态度、更加优越的工作条件和更加宽松的人文环境，吸引高层次留学人员来粤创业。

广州市出台了新的《关于鼓励海外高层次人才来穗工作和创业的若干意见》，并设立 2 亿元高层次人才专项资金，主要从资金扶持、科技创业投融资体系构建、留学人员社会保障和子女入学等方面吸引高层次海外留学人才。广州市还在电子信息、生物科技、先进制造、环保能源、现代服务业和国际政治经济等六大领域，聘请 30 位留学人员专家顾问，组成"广州市政府留学人员专家顾问团"，为广州发展出谋划策。深圳市着力打造创新型城市，出台了《中共深圳市委深圳市人民政府关于实施自主创新战略建设国家创新型城市的决定》《中共深圳市委深圳市人民政府关于加快建设国家创新型城市的若干意见》《中共深圳市委深圳市人民政府关于加强高层次专业人才队伍建设的意见》等一系列政策文件。到 2004 年底，广东省已经拥有专业技术人员 270 万人，在粤工作的中科院和工程院院士 53 人，在全国排名第六，广东省科技综合实力排名全国第三；到 2009 年，仅在广州创业和工作的留学人员就达 2 万余人，有许多留学人员成为学科带头人，不少科技成果填补了国内相关领域的研究空白，归国留学人员创办企业超 800 家，有不少成为各自领域的知名企业。[①]

三　改革开放 40 年之际：新问题，新策略

改革开放近 40 年来，虽然广东省在培养、引进人才方面取得了显著的成绩，经济发展迅速，但仍然存在一些不足。以广州市为例，相对于北京、上海来说，广州对留学归国人员的吸引力度还是有一定的差距，这种差距既有先天的基础差距，也有后天政策上的不足。世界 500 强企业有 491 家在上海投资，而在广州截至 2008 年仅有 160 家。广州虽然近年来对海归人才的引进力度加大，但是优秀人才的标准制定得还是比较高。

当前，国家、地区经济发展的核心动力已经由原始的自然资源、地理位置转变为科技能力、创新能力、文化实力，尤其在当下中国面临经济增长放缓，经济增长方式转型任务空前紧迫，承载经济增长新动力的人才大军成为各地区关注的核心领域。为了加快构筑粤人才高地，为集聚一大批优秀拔尖青年人才，为实现广东"三个定位、两个率先"和"四个坚持、三个支撑、两个走在前列"的目标提供强有力的人才支撑，广东省各地先后制订出台了各种引进人才的政策、制度。

在省级层面，广东省针对博士和博士后人才培养大力推出新政，开展特支计划"科技创新青年拔尖人才"，每年资助博士和博士后 200 名，每人给予 50 万元生活补贴。省科技发展专项资金基础与应用基础研究方向项目加大对博士和博士后的支持；每年资助 100 名优秀在站博士后科研人员、申请进博士后流动站的应届博士毕业生到国外（境外）高校、科研机构、企业的优势学科领域，合作开展博士后研究工作，每人资助 40 万元；每年选派 200 名优秀博士、博士后赴国（境）外开展短期培训和学术交流活动；每年选派 100 名优秀博士、博士后

---

① 彭靖、邓智平：《海归人才与广东自主创新能力的提升》，《科技管理研究》2009 年第 9 期。

作为访问学者赴国（境）外访问进修、合作研究，派出时间一般为6—12个月；全省在站博士后资助标准提高到每人每年15万元生活补贴，资助期限一般为2年。入选扬帆计划博士后扶持项目的，可同时享受上述生活补贴；博士毕业生和在站博士后可直接申报副高以上职称，在粤东西北地区工作成绩突出的博士和博士后，不受工作年限资历限制，可直接申报正高职称，出站博士后在教学、科研等专业技术岗位工作满1年，经用人单位考核成绩优秀的，可直接认定为副高或正高职称；优化珠江人才计划海外青年人才引进博士后资助项目，采取"核实认定、不限名额"的方式，面向业内公认全球排名前200的高校引进国（境）外博士毕业生来粤从事博士后工作，广东省财政给予进站博士后每人每年30万元生活补贴，资助期限为2年，出站后留在广东省工作的，省财政给予每人40万元住房补贴；对引进或毕业（出站）后留在珠三角地区工作的35岁以下博士、40岁以下博士后，由各市财政分别给予每人不少于10万元、20万元的生活补贴（中央驻粤单位和部属、省属单位由用人单位负担），对引进或毕业（出站）后留在粤东西北地区及惠州、江门、肇庆市享受省财政转移支付县（市）工作的40岁以下博士、45岁以下博士后，由省财政分别给予每人20万元、30万元生活补贴，对国（境）外引进博士和博士后另给10万元生活补贴。对引进博士和博士后创新创业团队最高给予2000万元资助；并大力支持企业引进博士和博士后等一系列举措。①

　　各地市层面上，具有不同地区特色的人才引进政策和计划也如雨后春笋般纷纷上线。如广州市对高层次人才、高学历人才、高技能人才等"三高人才"，在直接奖励补助、住房保障和落户管理、子女入学、配偶就业、医疗保障及其他社会福利方面提供了相当大的政策便利和支持；珠海市推出"蓝色珠海高层次人才计划"，在补助时限、补助力度、创新创业场地和税收等方面提供了额外的引进优惠；东莞市在保持制造业技术人才引进的同时，加强了对高科技领域"三高人

---

① 《广东各地人才政策汇编（2018）》。

才"的引进力度，在医疗保障、社会保险等方面提供了即时反馈的政策支持。

可以看到，在改革开放 40 年之时，广东省无论从省级层面还是地市层面，均对人才引进进行了加强和改善，引进领域更加广泛，引进水平更加提高，引进力度空前加大，同时考虑到了地区发展均衡问题，在地区人才引进上体现出政策导向趋势，推动实现地区经济的协调发展，这将有利于改善地区发展不平衡问题，促进广东省整体人才环境改善，从而推动广东省经济整体更好发展。

第四节　启示

影响和改变经济增长和发展的主要因素是技术与制度。若把技术进步称之为经济发展之"术"，那么制度变迁则可称之为经济发展之"道"。尽管经济增长，特别是经济发展，是由多种因素共同决定的。但是，决定性的基本变量或者因素必定是制度。熊彼特认为经济发展的根本动力来自创新，那么制度创新便是最高层次的创新。每段历史都有其独特性，但改革开放这 40 年的历史却是最难以被重复的，因为这 40 年爆发的强劲的增长效应正是来源于制度变迁。40 年改革见证了由传统的计划体制向市场经济体制的摸索与转型。

广东省作为中国最早进行改革开放的地区之一，是全国改革开放的先锋队。而广东的创业者在其中又背负着最大风险，冲锋在广东改革开放的最前列，他们无疑就是改革开放的先锋队长。经过 40 年改革开放，广东经济已经取得了丰硕的成就，在经济总量上已经相继超过了新加坡、中国香港和中国台湾。

广东创业者的成就原因可以归结为：天时、地利、人和。天时和地利可以归于特定时期的优惠政策和毗邻香港的地理位置。人和则归于岭南文化影响下的"解放思想"。广东创业者的"解放思想"在三个层次上得以体现：其一，在观念上，广东创业者敢于思考一切，拥有"敢饮头啖汤"和"杀出一条血路来"的气魄；其二，在制度上，广东创业者能用有利的政策，敢于尝试探索和建立新的制度；其三，在行为举措上，广东创业者"筚路蓝缕，以启山林"，"讷于言而敏于行"，"闷头发大财"。在改革开放持续到 20 世纪 90 年代初期，当内地很多人还在为市场经济姓"资"姓"社"争论不休时，广东的这些创业者已经越过了这些意识形态障碍。

　　然而值此改革开放 40 年之际，在取得丰硕成果的同时，我们还要展望创业者的未来。其中有几个问题值得期待：其一，营造良好的人才环境，确保能够吸引人才、留住人才，并发挥人才的作用。加强产学研合作机制以及提高相关的制度环境，确保科研成果能够转化为现实的生产力；其二，重视人力资本积累和人力资本结构的调整。通过教育和培训等方式提高人力资本质量，增强人力资本对产业结构优化升级的影响力。促进人力资本在各产业间和产业内部合理分布，提高人力资本对产业结构升级的贡献，避免人力资本配置不当导致人力资本利用效率低下；其三，提高对职业教育的投入与重视，注意根据产业结构的优化升级调整高等教育的专业结构。中等职业教育与高等职业教育是培养技术人才的重要途径，职业教育的发展能够提高人力资本的存量。高等教育根据产业结构的变化调整专业结构，能够培养出适合产业结构优化升级的人才，进而促进人力资本结构的优化，最终体现在产业结构优化升级中，人力资本得到优化配置。

第 七 章

土地流转和经济发展

广东能够成为中国改革开放的窗口，成为聚集外资的主要场所之一，与其得天独厚的条件是分不开的，而土地在改革开放初期扮演着连接外来资本和廉价劳动力的角色，对广东的产业发展和经济繁荣具有重要的作用。

第一节　土地制度改革上的领先者

20世纪70年代末80年代初，亚太地区数十年前崛起的一批新兴工业化国家和地区，由于区域内的要素价格不断上涨，原有的劳动密集型产品在国际市场上不再具有竞争优势，面临着产业升级的压力，因而开始寻找国内产业向外转移的合适地区，而广东部分沿海地区成为承接这次产业转移的对象。广东毗邻香港、澳门，具有独特的地缘优势。当时的香港已经是国际金融、贸易、交通运输的中心，两地隔江相望，却过着迥然不同的生活，因此中央进行了政策调整，对广东的对外经济活动实行特殊政策，使地方拥有更多的经济自主权。由此，与港澳一衣带水的地缘和同文同种的亲缘优势，再具有加上国家的优惠政策倾斜，广东成为承接港澳产业转移的理想区域。然而，当时广东与全国其他大部分地区一样，经济建设资金极度稀缺，较低的财政收入使得政府难以承担大规模的政府机构设置成本，农村各级政府在土地的使用上采取了"简政放权"的措施，为土地资源资本化市场化提供了宽松的条件。20 世纪 90 年代初，在邓小平南方讲话之后，内地大量的劳动力南下，为广东的经济发展输入了丰富而廉价的劳动力要素。由此，资本原始积累匮乏的广东依靠廉价的土地和劳动力资源，以地缘、人缘和政治优势吸引了外来资本，带动了经济的繁荣发展（见表 7—1）。

表 7—1　　　　　　　　　　　　广东省土地利用现状

土地利用类型		面积（万公顷）	占土地总面积比例
农用地	小计	1497.29	83.32%
	耕地	261.58	14.56%
	园地	127.13	7.07%
	林地	1003.43	55.84%
	草地	0.31	0.02%
	其他农用地	104.84	5.83%
建设用地	小计	200.46	11.15%
	城镇村及工矿用地	163.13	9.08%
	交通运输用地	17.94	0.99%
	水库及水工建筑	19.39	1.08%
未利用地	小计	99.41	5.53%
	其他用地	55.49	3.09%
	未利用地	43.92	2.44%
合计		1797.16	100%

数据来源：2016 年卷《广东国土资源年鉴》。

改革开放 40 年来，广东在农村土地制度改革过程中取得了重要成就和宝贵经验。在全国农村土地制度改革大潮下，广东省的积极响应和领先改革主要体现在以下几个方面：

第一，较早实行农村土地家庭承包经营。农民获得自主生产经营权，重塑了农村微观经济主体。1982 年中共中央下发一号文件《全国农村工作会议纪要》，明确肯定了家庭联产承包责任制。在此之前的 1979 年，在中央还没有完全肯定大包干和包产到户的情况下，广东省已经开始推广这一举措。到 1980 年，广东已有 10% 的地方实施了包产到户或分田单干。1981 年初，广东水稻等大田实行包产到户的生产队已经达到 40%，远远超出了中央文件规定的范围。至 1983 年，农村家庭承包制以其强大的生命力，从山区、边远地区迅速普及到全省 98% 的乡村。农村包产到户或包干到户普及率达 98%。农村土地家庭承包经营体制的确立。使农民获得了自主的生产经营权，重塑了农村微观经济主体，明确了国家、集体和个人的利益分配关系，提高了农民的生产积极性，极大地促进了农业和农村经济发展，农民的收入迅速提高。

第二，率先实施国有土地使用权有偿转让，促进土地市场化改革，加快了工业化和城市化进程。1987 年 11 月 26 日，深圳市政府首次公开招标有偿出让土地使用权。深华工程开发公司经过竞拍取得一块 46355 平方米住宅用地为期 50 年的使用权。这次土地使用权的有偿转让奠定了中国土地使用制度改革的基石，拉开了改革开放以来中国土地使用制度改革的帷幕。正是这一次尝试性的土地使用权转让，促进了 1988 年宪法修正案对土地使用权转让的肯定。1988 年，全国人大一次会议通过宪法修正案，规定土地使用权在法律规定范围内可以转让。通过土地的有偿使用，为工业化和城市建设筹集了资金，加快了工业化和城市化的发展。

第三，率先开展农村土地股份合作制改革，弥补家庭小规模分散经营的弊端，促进了农业生产的规模化和专业化。1992 年南海在全国率先开展了以土地为中心的农村股份合作制改革，把农民的土地承包权从实物形态转变为价值形态，将农村土地集中统一规划使用，降低了农村土地流转的交易成本，弥补了农村土地家庭经营小规模分散化的弊端，促进了农业生产的规模化和专业化，既提高了土地利用效率和产出效益，又保障了农民土地承包的收益权。农村土地股份合作制是农村以家庭承包经营为基础、统分结合的双层经营体制的有效实现形式，促进了农民共同富裕和农村公共事业发展。

第四，率先推行农村集体建设用地流转，实现集体土地与国有土地"同地、同权、同价"，保障农民的土地财产权。2005 年 6 月，广东省人民政府正式颁布《广东省集体建设用地使用权流转管理办法》（简称《办法》），在全国率先推行全省集体建设用地使用权可流转。《办法》的颁布实施对我国土地制度特别是土地市场化改革具有重要意义，改变了集体建设用地必须通过征为国有土地才能流转的历史，使集体土地与国有土地取得了同等地位，规范了农村集体建设用地流转，保护了用地双方的合法权益，有利于农民以土地权利参与工业化和城市化进程，分享土地增值的成果，为建立城乡统一的建设用地市场奠定了基础。

第五，率先探索创造 30 项试点改革经验复制推广，其中佛山南海区集体资产股份确权到户、"政经分开"改革，清远市承包地先自愿互换并地再确权登记颁证，清远市党建和村民自治重心下移等改革成果被总结上升为中央政策文件内容。广东农村综合改革的特色之一就是尤其注重基础性制度建设，其中产权制度建设是重要的一条，产权制度建设是农村综合改革的基础，而正在全省铺开的土地确权则是基础的基础。2014 年广东省启动农村土地承包经营权确权工作，在全省 18 个县和 6 个镇开展试点。2015 年在试点基础上全面铺开。2016 年，广东全省被纳入土地确权"整省推进"试点。

第二节　农村土地改革与珠三角专业镇

说起珠三角的桑基鱼塘，老一辈人也许会记忆犹新，水光潋滟、粮丰鱼肥，让人领略到田园牧歌的美景。而如今，珠三角到处是高楼大厦，过去的一个个农业镇，现在成了专门生产某一种产品的专业镇，环节紧凑、配套成龙。随着一个个专业镇的崛起，人们从农业社会走了出来，从手工作坊中走了出来，走向工业文明，走向网络时代。珠三角专业镇正以自己的魅力，推动和见证着社会的进步。

一镇生产一种或数种工业产品，产供销一条龙。这种专业镇在珠三角地区星罗棋布，大量出现。南海市有以铝型材为支柱产业的大沥镇、以小五金业为主业的金沙镇、以制鞋业为主业的平洲镇、以玩具业为主业的官窑镇、以皮革业为主业的罗村镇等。中山市有古镇灯饰、小榄五金、沙溪服装等。顺德市有木工机械、乐从家具等。东莞市的专业镇更是英姿勃发，虎门的服装、厚街的家具、大朗的毛织，以及石龙、石碣、清溪的电子制造业，樟木头、常平的房地产业等，都成为带动当地经济发展的龙头。珠三角专业镇经过多年来的创业和发展，涌现出一大批龙头企业和名牌产品，在省内外市场占有重要地位。

一 1978—1989 年：从"计划"迈向"市场"

为了解决计划经济体制与社会实际发展需求之间的各种矛盾与冲突，自 1978 年中共中央召开的十一届三中全会后，中国进入了整体制度环境的改革与创新阶段。中国经济体制从"计划经济"逐步转变为"有计划的商品经济"。此外，工业化进程中异军突起的乡镇企业，更让村、镇的经济发展以超乎想象的速度增长，在一定程度上推动了这些地区的城镇化，并形成中国特有的城镇化模式。这一时期土地政策的重要改变包括家庭联产承包责任制、土地使用制度变革等，此外还有城乡户籍制度改革，这一系列的变化都影响了珠三角地区小城镇的发展。

一方面，家庭承包制的建立解放了大量的劳动力，农民可以自主地支配劳动力，使得原来被土地束缚的劳动力大量释放，释放的剩余劳动力流向城镇，构成了城镇人口增长的初级动力，也促使小城镇的逐步扩张。另一方面，剩余劳动力进入城镇只能进入第二、第三产业，也是乡镇企业爆发式增长的主要原因。家庭联产制度的改革与创新又逐步自农村延伸到城市。计划经济时期的土地无偿使用制度的不可持续性，促进土地有偿使用制度的建立。这一制度使得城镇的土地价值凸显。1982 年，深圳作为土地有偿制度的试点，开始对土地的使用者进行收费。1987 年，深圳再次率先实行了城市国有土地使用权有偿出让和转让。对于珠三角小城镇而言，土地有偿制度建立对城镇化的速度和水平并没有极大的促进作用，因为此时城镇的吸引力不足，城镇人口有限，同时农村人口的移居意愿不强烈等原因，无法支撑起小城镇的房地产开发利用。但乡镇企业对生产用地需求的不断增长，却成为这一时期城镇土地出让的主要对象。土地资本化的过程为专业镇建设资金的筹集开辟了多元化的渠道，也为小城镇的城镇化提供了原始的资本积累。

珠三角乡镇企业也在这一时期开始起步，主要依靠乡镇企业的聚集与发展来进行城镇化。1979 年后，国家工业化策略开始由城市重工业转为积极扶持和发展小型的社队企业。20 世纪 80 年代中期，乡镇企业进入高速发展期，成为中国经济的重要支柱之一和推动中国工业化进程的主力军。从全国统计年鉴获取的相关统计数据表明，乡镇企业工业产值占全国工业总产值的比重从 1979 年仅有的 9%，增长到了 1990 年的 15.3%。由于地缘优势加上此时户籍制度的限制，乡镇企业还成为吸纳农村剩余劳动力的主要场所，就业人数占全国非农产业就业人数的比重由 1979 年的 23.5%，上升为 1989 年的 42.4%。珠江三角洲通过利用外资及地缘优势发展外向型现代加工工业的"珠江模式"闻名全国。

二　90 年代初—21 世纪初：从"缓慢"迈向"高速"

从 1992 年邓小平的南方讲话后，我国的体制改革开始从"计划经济"转向市场经济，同时进行了市场经济制度的设计以及对外开放框架的调整，包括对于国企改革，现代产权制度的建设，金融制度改革，财政税收改革等等。2001 年我国正式加入 WTO，我国对外开放的国策迈向新的发展阶段。在经济制度方面的一系列改革，为外向型为主的珠三角地区发展提供了新的动力。

1994 年，分税制开始实行，建立起了中央地方两套税务系统。分税制的实行改变了各级政府发展思路的调整。分税制之前，企业上缴的大部分的税费是归地方财政。企业对于地方政府而言是税收的中流砥柱，所以地方政府大力支持民办企业，甚至会参与到企业中去。分税制实行后，企业税费的收缴权利上交中央政府，同时削弱了地方政府办厂办企业的动力，导致乡镇企业迅速走向衰落。在分税制中，为了满足地方政府的基本开销，将土地出让金收缴的权力下放至地方，形成了饱受诟病的"土地财政"，同时也是小城镇镇区内出现大量商品房的直接原因。

这一时期的政策导向引导镇级政府开始自己掌握自由发展的权利，如产业格局的确定、城镇未来发展方向、资源配置和产品规模控制等。只要城镇的发展手段措施符合国家的法律法规，都可以自行定位，也促进了小城镇与邻近大城市之间的经济联系。资本、原材料、劳动力和技术这些生产要素，根据市场规律的作用在大城市与小城镇之间自由流动。经济往来的日趋密切使得区域经济结构开始重整，甚至使大城市与小城镇之间的区划界线也开始变得模糊。

20世纪90年代初到21世纪初的这10年的发展，珠三角的城镇化水平有了质的飞跃。到2001年末，广深珠三个中心城市的城镇化率已经高达76%、82.4%、71%，同时期的珠三角平均城镇化水平达到72.7%。在建制镇数量方面，建制镇总量增加到386个，几乎遍地都是小城镇，同时期的城镇密度高达98个/万平方千米。这一时期珠三角城镇结构和布局发生了根本变化，基本构成了以广州、深圳这两个超大城市为核心的城市群，初步形成"一脊三带五轴"的珠三角发展轴带体系。通过珠三角城市群的整体优势来带动大西南、江西、广西以及海南岛等地的作用。

三　21世纪初至现在：迈向"高质量专业镇"

随着经济全球化的程度不断深入，全球范围内的制造业不断向发展中国家转移。珠三角在承担了香港的制造业后也在不断承接世界范围内的制造业。中国目前的工业体系依然是通过高投资的方式推动发展，利用低廉的劳动力为全世界生产和加工产品，成为名副其实的"世界工厂"。珠三角作为中国制造业发展的前沿，同时也是劳动密集产业最为集中的地区之一，形成了一大批专业镇，如东莞长安（电子）、南海西樵（纺织印染）、盐步（内衣）、虎门（服装生产和贸易）、石湾环城（童装）、中山沙溪（休闲装）、南海南庄（陶瓷）、张槎（针织）等。

这一时期土地制度的改革最为剧烈，但同时期耕地的大量流失的问题也最为让人关注。土地政策的变更主要是围绕集体土地与城镇土地之间的流转问题，集体土地的征收程序和利益分配的问题以及工业园区的建设问题展开讨论。珠三角地区各个市根据自身发展的情况对土地制度的实施进行了一系列的规定和管理。如顺德对农村宅基地的流转方式进行了尝试，在 2001 年对人均宅基地进行管制，规定人均不超过 80 平方米。集体不再增加宅基地用地。严格控制单家独户的村民住宅，同时打通城乡住宅用地之间的流转机制，农民可以将自家的宅基地置换为面积相当的城镇居住用地，鼓励农民进镇、"上楼"居住。2003 年国务院通过的《国务院关于深化改革严格土地管理的决定》表明了国家严格保护耕地，控制建设用的决心。引发了长三角、珠三角进行"三集中"（农业向规模经营集中，工业向开发区和工业集中区集中，农民居住区向城镇和农村新型社区集中）的浪潮，将村办企业进行集中，工业园区所在地的镇政府出地，并且进行园区的规划、基础设施的修建、税收以及物业配套设施方面进行管理。相邻乡镇进行厂房的修建，引进企业以及标准化的经营管理。采用"谁投资谁受益"的利益分配原则，在工业区内进行实现多方合建共同收益的尝试。这一系列的改革措施的基本目的是改变村镇的集体用地和国有土地之间同地不同价不同权的有益尝试，但是在实施中行政壁垒、流转问题、利益问题、产权问题等牵扯的问题过多，所以效果并不如想象中的一般理想。对于各自为政的问题，广东省也从省域层面进行了一些调整，包括通过行政区划的调整来协调政府的经济发展行为。同时，广东省也以试点改革方式，进行产权制度改革，2014 年广东省启动农村土地承包经营权确权工作，在全省 18 个县和 6 个镇开展试点，2016 年，开展土地确权"整省推进"工作。

2015 年末，广东全省专业镇数量达到 399 个，经济总量占全省比重接近四成（38%），科技产出占全省比重同样接近四成（专利申请和授权分别占全省 39.4% 和 39.1%）。在工业组别创新能力第一梯队（11 个专业镇）中，东莞占 54.5%、中山占 27.3%、佛山占 18.2%，是全省创新型专业镇集聚的高地；而从产业分布看，创新型专业镇更多集中于电子信息、家电制造等创新活跃的产业领域。在农业组别，中山民众镇、茂名博贺镇以显著的产业化能力优势和专业化能力优势位居第一梯队，是全省农业专业镇的创新标杆。农业专业镇创新能力 50 强中，粤北（占比 32%）、珠三角（占比 28%）和粤西（占比 28%）是农业创新的主阵地。而从产业分布分析，蔬菜瓜果种植业（占比 34%）和水产产业（占比 18%）相对其他农业产业更易催生创新能力强的专业镇。

珠江三角洲专业镇发展用一句话概括就是，政府引导下的自下而上发展模式。其中这几种模式最基本的区别在于发展时期的资本成分不同，如"东莞模式"是以利用外资为主，通过政府的大力招商引资，政府出劳动力以及土地，外资出技术与资金的外资主导的模式发展起来，近年来发展成为以 OME 为主的装配制造基地。而"顺德模式"则是最早通过市属企业为主，逐渐乡镇企业，以及村办企业发展而来。而"南海模式"则是充分利用国企、村镇企业经济合作社，民营国营联合多种资本的发展模式（见表 7—2）。

表 7—2　　　　　　　　珠三角专业镇发展的模式对比

模式 项目	南海模式	顺德模式	东莞模式
企业制度	土地股份制	集体经济	外贸经济
赢利模式	以小型企业为主	以骨干企业为主	以外资企业为主

第三节　土地确权：南海模式

南海地处珠三角地区，原为广东省计划单列的县级市，2002 年划归佛山市，设立佛山市南海区。南海东临广州市、西接佛山市主城区，面积为 1073.82 平方公里，常住人口 324 万人，其中户籍人口 125 万人。

作为改革开放的前沿阵地，南海农村的工业化与城市化发展进程得到了快速发展，对土地的需求空前火爆。南海的工业化和城市化过程，同时也是土地要素再配置和重组的过程，从 20 世纪 90 年代初开始，南海就已经出现村集体将土地出租给他人创办企业这种早期土地流转形式，再加上毗邻香港、澳门，养殖水产品的收益远远高于农产品的收益，从事非农领域机会多，获得的回报也更大，大多数农民不再依赖土地为生，放弃土地的耕种纷纷转向第二、第三产业。与此同时，南海政府为了推动地方经济的发展，还提出了"六个轮子一起转"①的战略，这对土地的需求提出了更多的要求。为此，南海从 1992 年开始，以土地折价入股的方式，成立了土地股份合作社，由村集体将分包给每家每户的土地收回来，统一发包给承租方，将获取的土地收益再按相应的股份分给农民。这是早期粗放式的土地流转方式。随着经济不断发展，土地资源越来越紧张。据相关数据显示，经过改革开放以来 40 年的发展，南海的土地开发面积已近 50%，存量国有建设用地已不足以支撑南海经济社会发展需求。与此同时，在南海建设用地中，约有 70% 的土地为集体建设用地，在此形势下，破解农村集体土地流转的难题就成为南海经济社会发展的关键。从 20 世纪 90 年代开始，经过近 40 年的不断探索，南海在农村集体土地流转问题上积累了不少的经验，并走出了一条独特的道路，学界称之为"南海模式"。

一 集体土地使用权入股，成立土地股份合作社

1993 年广东省南海市鉴于当地 94% 的农业劳动力转移到第二、第三产业，为了推进土地资源的有效利用，在全市全面推行以实行土地股份制为主要内容的农村股份合作制的改革，将 130 亿元的土地、财产以股份形式配置给 76.6% 的农民。1992 年，罗村镇下柏行政村把股

---

① "六个轮子"指镇、公社、村、生产队、个体、联合体企业。

份合作制引入农村土地经营体制，首先推行农村土地股份合作制的试点。实行股份合作制时，把已经分包到户的土地和集体组织的其他财产统一集中到行政村的农业发展股份有限公司。1993 年开始，南海区全面推广农村股份合作制改革，村民以土地入股，将集体财产及土地折成股份，按股份获得经营收益。这样就将农民的土地承包权改为配置股权。

在这种土地流转模式下，村集体一般将其所属的农业用地转为建设用地，开发成村集体所有的工业园区和建造成工商物业，然后对外招商引资，出租或转让土地或物业使用权，从此取得收益。这样，农村土地不用经过国家征地就可直接转为建设用地。相对于使用国有土地，企业租用集体土地的手续简捷，时间灵活，大受欢迎。根据北大中国经济研究中心一份专题报告的数据，到 2002 年，南海全市工业用地共 15 万亩，其中集体所有的达 7.3 万亩，将近一半。

二 土地确权：农民真正成为土地的主人

到 2014 年，南海全区共有六镇一街，1800 多个经济社，集体经济规模过千亿元，村社两级可支配收入 67.06 亿元，股东人均分红达到 4682 元。但随着经济的发展、人口增减变化，问题也不断出现。"集体"由谁组成？谁才有资格享受分红？分红究竟应该分多少？诸多纠纷由此而起。而越来越分散的土地，也使得规模经营遇到了麻烦，一些大企业要想找到成片成片的土地并不容易。

为了进一步解决各地农村土地遇到的各种问题，2015 年 8 月，广东省在佛山市南海区正式启动农村集体经营性建设用地入市改革试点工作。南海试点为期 3 年，至 2017 年结束，这是国家农村集体经营性建设用地入市改革全国 33 个试点中广东唯一的试点。

土地确权，是中央关心的一件大事，从 2013 年到 2015 年的"一号文件"，都明确提出落实农村土地承包经营权确权登记制度。确权的方式，在全国各地几乎最初都是"确权到人"，但与全国大部分农村是直接对农村土地承包经营权确认颁证不一样，南海的"确权"，主要是对集体经济组织股权登记颁证。

从 20 世纪 90 年代初到现在，南海区经历自然配给、股权固化到人、股权固化到户这三个阶段。最终走出了"确权到户"这条先进的股权管理模式，从制度层面上避免了农村集体土地的诸多矛盾纠纷。要实现农村土地的流转，必须对土地进行确权，将农村承包土地的生产经营权直接交到农民手中，并赋予生产经营权更丰富的内涵，使农民真正成为农村土地的主人。截至 2017 年底，广东省确权实测耕地面积 3487 万亩，实测率达到 95.49%，颁发承包经营权证书 398.5 万本，颁证率 36.4%。全省依托农村土地确权成功化解涉地历史遗留矛盾纠纷 5243 宗。

三　确权到户、户内共享、社内流转、长久不变

外嫁女，是南海过去 20 多年中因土地而引起的令人头疼的一大麻烦，是土地纠纷最为频发之处，也是新一轮确权改革想要解决的一大问题。在南海这些年实行股份制的过程中，全区各个村镇的细节各不相同，有的是"生增死减"的动态调整，新出生的分股份，死亡的股份就没了；有的是"生不增死不减，嫁入不增嫁出不减"；还有的是"固化"之后"三年一调"等等。细节不同的这些模式，实际上都有一个共性，就是股权都是确到个人头上。只要人口一变，股权就得跟着变，带来无尽的折腾。哪一部分人有权获得股份，是最大的难题。在南海，有争议的这部分人群，全区最多时划分了 17 类，后来"砍"到 10 类，包括退伍军人、大学生等。其中最麻烦的变量，就是外嫁女及其子女，即嫁出村而户口仍留在村里的女性。分红多的村子，不仅吸引了更多姑娘嫁入，连出嫁的也往往选择不迁户口，留在村里等分红。

1998 年，南海发布《关于保障我市农村"外嫁女"合法权益问题的通知》，首次以地方法规定义"外嫁女"的成员资格："外嫁女"本人及其子女的户口虽然仍在原村，但居住地不在原村，又没有承担村民义务的，其股权和福利待遇由股东代表大会确定。但实际上，在农

村传统观念影响下，多数人不愿承认"外嫁女"的集体成员资格。因此，越来越多的南海"外嫁女"加入到抗争队伍中，这也成为当地政府最为"头疼"的事情。

2003 年以后，南海区提出"无偿配股、出资购股、优惠出资购股"等方式保障"外嫁女"及其子女的利益。2008 年 5 月，南海成立了"解决农村出嫁女及其子女权益问题工作领导小组办公室"（简称"出嫁办"），通过"行政引导加司法强制"的方式解决"外嫁女"问题。2014 年底南海已经解决 98% 以上的外嫁女股权确权问题，但仍有 1000 多位外嫁女股权问题没有解决，要经济社全体股东表决。正是在此过程中，按户确权，进入当地官员视野。

股权到户将从根本上解决"外嫁女"问题，主要做法是 16 个字——"确权到户、户内共享、社内流转、永久不变"。这意味着，改革之后，股权将按"户"计算。一旦确定，户内股份将不再随人口增减而变化，但股份可以在经济社内进行流转。

四　从"出租"到"出让"——土地出让金

改革开放以来，随着我国社会主义市场经济的建立和工业化、城市化的加速发展，土地价值在经济生活中受到了前所未有的重视，与之相随的是土地使用制度的变革，及土地出让金制度的出现和发展。自 1987 年我国出现国有土地使用权出让金这一新的土地使用收费方式以来，土地出让金制度逐渐确立，盘活了全国的土地资源，给我国的经济社会发展带来了深远的影响。

广东省是我国最早实行国有土地使用权有偿制度的地区，也是最早引入土地出让金制度的地区。全国第一个试点的深圳，于 1987 年 9 月 9 日，首次以协议方式有偿出让土地，将一块面积 5321.8 平方米的住宅用地，以每平方米 200 元，总价 106.4 万元协议出让给中国航空技术进出口公司深圳工贸中心，使用期 50 年。

2015 年 2 月，佛山市南海区被纳入国务院划定的 33 个农村土地改革试点区县。2016 年 6 月 3 日，中国银监会、国土资源部联合发布

《农村集体经营性建设用地使用权抵押贷款管理暂行办法》，在佛山市南海等全国 15 个区县试点农村集体经营性建设用地使用权抵押贷款。过去，由于很难获得银行抵押贷款，农村集体经营性建设用地直接入市，多采用出租方式。南海区村组两级集体经济组织以兴办乡镇企业名义申请用地，办理土地使用权证，然后将土地出租给企业投资建设。基于东南沿海地区经济开发对建设用地的需求，广东省人民政府于 2005 年出台《广东省集体建设用地使用权流转管理办法》，明确在符合规划的前提下，村庄、集镇、建制镇中的农民集体所有建设用地使用权可以依法出让、出租、转让、转租和抵押。2011 年佛山市南海区在此基础上制定的《佛山市南海区集体建设用地使用权出让出租管理办法》、2014 年 9 月出台的《佛山市南海区集体建设用地使用权流转实施办法》，进一步规范农村集体建设用地使用权出让、出租的交易行为。出租和出让的区别在于，租赁集体建设用地，只能使用不能转让和抵押；如果是出让，则可以使用、转让、抵押。现实中，出让需要一次性给付大笔出让金，同时又无法抵押贷款，因此这一时期绝大部分业主选择了租赁的方式。

2015 年 5 月，南海区城建环资工委发布的《关于我区农村集体建设用地开发使用情况的调研报告》显示，2005 年 10 月至 2013 年 12 月 31 日，南海区集体建设用地的一次流转，通过公开交易平台共出让集体建设用地 88 宗，土地面积 2188.05 亩；出租集体建设用地 1464 宗，土地面积 6413.55 亩；流转后办理抵押的集体建设用地 15 宗，土地面积 314 亩。

2015 年 3 月，国土资源部印发了农村土地征收、集体经营性建设用地入市、宅基地制度三项改革试点的实施细则，确定包括佛山南海区在内的 15 个区县，试点农村集体经营性建设用地入市改革。这一改革试点的源头，可追溯至 2013 年 11 月，中共十八届三中全会提出，"允许农村集体经营性建设用地出让、租赁、入股，实行与国有土地同等入市、同权同价"。2016 年 6 月，银监会和国土资源部联合印发了《农村集体经营性建设用地使用权抵押贷款管理暂行办法》，第一次明确在试点地区，对符合规划、用途管制、依法取得的前提下，以出让、租赁、作价出资（入股）方式入市和具备入市条件的农村集体经营性建设用地使用权，可以办理抵押贷款。广东南海大沥镇，一位立志办幼儿园的企业家在试点启动后，退掉了租约，重新通过招拍挂拍得农村集体经营性建设用地 30 年使用权，并顺利拿到了银行抵押贷款。而出让土地的村集体，则算起了与过去出租土地办厂完全不同的经济账。同一块地，同样是 30 年的使用权，在一年里拍了两次。一次是"出租"，另一次是"出让"，一字之差，使他的投资计划从 4000 万元人民币追加为 1.8 亿元。有了这块地的使用权证，投资人更有信心加大投资，做大做强。

广东省作为一个经济大省，固定资产投资额逐年上涨，在一定程度上离不开土地出让金的贡献。土地出让金体现了土地的使用价值，有利于维护国家土地资产收益，有利于建立公平竞争的土地市场环境，有利于合理利用土地资源，有利于保护土地所有者的土地利益。

第四节　土地流转的启示

改革开放初期，资本原始积累匮乏的广东省依靠着土地资源，连接了外来资本和廉价劳动力，为广东经济繁荣发展奠定了基础。在全国农村土地制度改革大潮下，广东省积极响应、领先改革，较早实行农村土地家庭承包经营、实施国有土地使用权有偿转让、开展农村土地股份合作制改革、推行农村集体建设用地流转，探索创造了 30 项试点改革经验复制推广。

珠三角从以前的桑基鱼塘、田园牧歌，到如今高楼大厦的专业镇，离不开农村土地改革的功劳，用一句话概括就是，政府引导下的自下而上的发展模式。其中"南海模式"就是充分利用国企、村镇企业经济合作社，民营国营联合多种资本的发展模式。从 20 世纪 90 年代初到现在，南海区经历自然配给、股权固化到人、股权固化到户这三个阶段。最终建立了"确权到户"这条先进的股权管理模式，从制度层面上避免了农村集体土地的诸多矛盾纠纷。与全国大部分农村"确权到人"不同，南海的"确权"主要是对集体经济组织股权登记颁证。

　　广东省的土地改革也并非一帆风顺，在实施中行政壁垒、流转问题、利益问题、产权问题等牵扯的问题过多，所以效果并不如想象中的一般理想。但广东经验仍然可以给其他地方一些启示。

　　农村土地制度改革的卓有成效离不开两大主体：一是政府，是最重要的发起者和推动者；二是基层的农民、合作经济组织以及农业企业等，是构成制度变迁的原动力。广东省的土地制度改革重在"民生"导向，广东通过以留用地模式为主导的征地制度改革确保了农民的土地使用权和土地发展权的分离，真正使农民享有了农地发展权，保障了农民收益的长效性和稳定性，进而提升了城镇化质量，促进了城乡统筹。农村土地经营方式转变方面，广东省则以"股权固化到户，成员权与股权分离管理"的方式进行农村土地股份制改革。农民收益分配改革方面，除了股权分红以外，农民还享有承包地规模化经营收益和务工收入，并通过农村土地交易市场和集体资产公开交易平台的构建，完成了交易不透明向公开化和公正化方向的转变。从广东改革的经验看出，只有保证农民真正享受改革的实惠，体会到制度变革的好处，改革才能长期持续推进。

第 八 章

技术进步和经济发展

以技术来源主流为标准,广东省技术创新发展过程可划分为三个阶段:技术引进阶段、技术消化吸收改进阶段和自主创新阶段。这是后发国家或地区从技术依附于外部到技术自立,一般要经过的三个发展阶段。

第一节　从技术引进到消化吸收改进

一　技术引进阶段:1978—1989 年

1978 年 3 月召开的全国科学大会,开启了科技创新的新局面。广东对科技体制进行了大胆改革和探索。通过中外合资经营、合作生产、外商独资、来料加工、补偿贸易、外引内联等方式,把国外技术设备引进来,在数量上、规模上、速度上都是史无前例的。但这阶段技术引进还处于以产业转移为主、水平较低的初级阶段,离通过引进消化吸收创新推广到国产化,差距甚远。这一阶段自行研制活动仅局限于优势产业部门,量大面广的企业不是缺少研制部门就是研制水平低,而且缺乏资金、人才的现象很突出。

1981 年至 1990 年,10 年间共引进含有软件技术的项目 208 项,合同金额 10.26 亿美元,其中软件金额 2.16 亿美元。广东的技术引进,坚持以企业技术改造为主,以出口创汇或替代进口型项目为主,以基础行业为主,实践证明这是适合广东经济现状和发展的方针。企业技术改造使得一批老企业技术装备水平和生产能力有很大改观，产品结构由过去的低档、单一化向中高档、系列化外向型转换，这些企业通过有计划有重点地引进国外先进技术和设备，开发新产品 3 万余种，其中 80% 获国家、部、省优质产品称号，有 49 种产品的产量产值居全国首位。广州啤酒厂通过引进国外先进的啤酒酿造技术和设备，使啤酒酿造期比使用传统工艺和设备缩短 2/3 的时间；五羊摩托车引进日本本田技术，成为广州市工业的拳头产品；湛江仪表厂引进美国椭圆齿轮流量计制造技术，淘汰了原有滞销产品。

但是广东省技术引进的结构并不完善，在这 10 年中，广东成套设备进口合同金额 49691 万美元，占总额的 48%，关键设备进口合同金额 7541 万美元，占 7.3%，引进外资方式引进合同金额 40613 万美元，占 40%，技术许可技术服务和顾问咨询合同金额 4838 万美元，占 4.7%，这种结构显示，技术引进资金用于引进成套设备的部分远大于用于进行设计制造工艺管理等技术方面的部分，而后者有利于自主开发能力的提高，具有长远经济效益。[①]

广东省的技术出口成交额仅占全国的 1.5%，发展速度也大大落后于全国平均水平，1989 年为例，该年全国技术出口对外成交额比上年增长 4 倍，广东省却只增长 43%，这与广东的定位和应起作用不相称。究其原因，与该阶段国家发展有很大关系。

一是国际因素。发达国家与发展中国家之间，经济和技术上存在明显的梯度，发达国家采取技术保护制度。例如，新中国成立以来，我国从西方国家引进先进技术及设备物资受到巴黎统筹委员会的阻挠和限制，1972 年上海公报后情况有所改善，但 1982 年后对我国输出技术的报告保密范围又扩大了。发达国家利用技术和经济上的地理梯度，为本国落后和被淘汰的技术设备找出路。当时广东从国外引进的几十条电冰箱、洗衣机生产线都存在这种情况。

二是国内因素。第一，技术方面，引进技术和设备与原有技术和

---

① 数据和案例摘自徐南铁：《广东技术引进面面观》，《开放时代》1992 年第 2 期。

设备以及吸收能力不相适应，导致引进技术不能转化为大规模生产。第二，企业专业化生产和分工协作差，产品标准化、系列化程度低，第三，人才方面，人才严重不足，全省具有大学文化程度的人数（包括在校生）在每10万人口中的比例低于全国平均水平，其中科技人员在每10万人口中只有130人，占总人口不到0.2%。科技人员的结构和素质以及工人队伍的素质也不高。第四，管理方面，对外协调失控，鼓励消化吸收创新推广的政策，未能得到真正的贯彻落实，缺乏各方面的资金，而企业的自负盈亏与国家的宏观引进技术的政策之间存在矛盾。第五，法制不健全，管理跟不上，让不法分子有空子可钻，例如深圳特区的开辟，给硬件提供了优惠的关税，但是法制不健全、不完善，导致限制或不内销的产品，在未增加关税的情况下，通过各种渠道转入省内，甚至转入内地，冲击了国内市场和民族工业的发展。

二 技术消化吸收改进阶段：1990—2018年

在这一阶段，广东省技术创新表现为吸收引进技术的同时具有改进技术的能力。由于通过使用引进技术掌握了国外的技术和方法，故能够根据当地市场需要和企业生产需要改进生产技术、提高产品性能和质量，增加品种、规模和型号等。具有改进技术能力的企业已具有一定的设计能力，只是其水平低于国外先进水平。引进技术仍是提高技术水平的主要方式，所具有的改进能力是在消化吸收国外先进技术的基础上形成的。

一般而言，自主创新包含三种模式：原始性创新、集成创新和引进吸收再创新。尽管原始性创新主要指自主研发，是企业获得持久优势和领先地位的重要途径，但通过引进技术，在消化吸收的基础上易于实现突破，更加有助于形成技术优势并较快实现经济效益，因此，引进吸收再创新是广东省企业自主创新普遍采用的方式。

20世纪90年代经济特区开放到如今，广东省科技创新综合实力显著增强。2017年广东区域创新综合能力排名首次跃居全国第一，研发（R&D）投入总量预计超过2350亿元、占GDP比重提高到2.65%，技术自给率达 72.5%，科技进步贡献率达 58%，有效发明专利量、PCT 国际专利申请量连续多年居全国首位。广东国家高新技术企业存量达 3.3 万家，保持全国第一。高新技术产品产值同比增长 11.4%，先进制造业增加值占规模以上工业比重达 53.2%。各类科技创新主体蓬勃发展，2017 年广东启动建设省实验室 4 家，主营业务收入 5 亿元以上的工业企业基本实现研发机构全覆盖，中国（东莞）散裂中子源建成试运行，累计建成新型研发机构 219 家，进入 ESI 全球前 1% 的学科数量在全国位居第四。全省科技企业孵化器达 777 家，众创空间达 735 家，均位列全国第一。国家级重点实验室、工程技术研究中心数量达 51 个，国家级科技企业孵化器、大学科技园、众创空间数量累计达 387 个。

技术进步离不开政府的支持和引导，尤其是近十几年，广东省政府在技术引进、产业结构引导、配套人力资本和制度方面全力支持广东省从技术引进走向技术消化吸收改进，进一步走向高新技术自主创造。

表 8—1 中的政策梳理主要来自广东省人民政府、广东省人民政府办公厅、广东省发展和改革委员会、广东省教育厅、广东省财政厅、广东省经济和信息化委员会、广东省人力资源和社会保障厅、广东省地方税务局等相关部门和机构近 20000 份文件。

表 8—1 广东省政府 2005—2015 年主要的激励科技创新政策

	时间	目标	内容	出处
科技进步	2015.01	加快科技创新	建立企业研发准备金制度、创新券补助政策试点、创新产品与服务远期约定政府购买制度、科技企业孵化器财政资金补助等 12 项政策	《广东省人民政府关于加快科技创新的若干政策意见》
	2013.08	促进科技和金融结合	培育和发展创业投资，引导发展科技信贷，发展多层次资本市场，完善科技金融服务体系和机制体制	《广东省人民政府办公厅关于促进科技和金融结合的实施意见》

	时间	目标	内容	出处
科技进步	2008.11	支持自主创新和高技术产业项目建设	组织实施"十大创新工程"，2009年安排重点项目投资约100亿元，2008—2012年每年安排2亿元支持企业科技成果转化	《关于进一步加大投资力度扩大内需促进经济平稳较快发展的若干意见》
	2006.11	促进自主创新	加大科技投入，实施激励自主创新的税收优惠，引导金融业加大对自主创新的资金支持，建立促进自主创新的政府采购制度，保护知识产权	《广东省促进自主创新若干政策》
	2006.11	促进家电产业科技创新	构建家电产业研发体系，集中力量重点突破核心技术，给予税收优惠等政策促进企业技术进步	《关于促进我省家电产业加快发展的意见》
	2006.08	加强产学研合作提高自主创新能力	建立科技创新平台、建设创新基地	《关于加强产学研合作提高广东自主创新能力的意见》
	2006.07	推动农业技术创新	扩大"种子工程""畜禽良种工程""农业机械化示范工程""新兴农民科技培训工程"等	《关于进一步提高我省农业综合生产能力的意见》
产业结构调整	2014.5	引导服务业投资方向	重点投资生产性服务业，鼓励投资新兴行业和新兴业态，支持投资传统服务业提质改造	《关于进一步促进服务业投资发展的若干意见》
	2011.7	扶持战略新型产业发展	"十二五"期间，省财政集中投入220亿元支持战略性新兴产业发展，核心技术攻关资金30亿元，政企合作资金50亿元，风头资金10亿元，再担保资金10亿元等	《关于贯彻落实国务院部署加快培育和发展战略性新兴产业的意见》

续表

	时间	目标	内容	出处
产业结构调整	2011.06	加快文化创意产业发展	将重点领域定为出版发行业、广播影视业、动漫业等10个行业，加大财政资金支持力度，建立多元投融资机制	《关于加快珠江三角洲地区文化创意产业发展的指导意见》
	2010.11	进一步推进产业转移	加大园区招商引资，加大财政金融支持力度，计划2010—2013年安排产业转移奖励资金25亿元	《关于进一步推进产业转移工作的若干意见》
	2008.11	推动产业和劳动力双转移	安排省级400亿元财政扶持资金，2009—2012年每年安排10亿元鼓励重点产业发展，5亿元鼓励产业转移	《关于进一步加大投资力度扩大内需促进经济平稳较快发展的若干意见》
	2008.09	促进加工贸易转型升级	2008—2012年从产业转移5亿元奖励资金中安排资金支持加工贸易转型升级，主要扶持落户项目	《关于促进加工贸易转型升级的若干意见》
	2005.09	促进产业转移	产业转移工业园征收的新增建设用地土地有偿使用费属省级分成的20%部分，全部留给产业转移工业园用于耕地开发与土地整理	《关于支持产业转移工业园用地的若干意见（试行）》
	2005.03	推动产业转移	给予产业转移园区用地政策支持、外部基础设施资金支持、确保园区电力供应、转移企业税收优惠	《关于我省山区及东西两翼与珠江三角洲联手推进产业转移的意见》
	2005.02	促进工业产业结构调整	对鼓励发展类、改造提高类、限制淘汰类、共性技术和关键技术等提供税收等针对性的政策	《关于印发广东省工业产业结构调整实施方案（修订版）的通知》
	2005.01	促进服务业发展	通过改革投资补偿机制等各个行业针对性政策促进五大优势服务业壮大、三大生产服务业发展、三大新兴服务业成长、两大生活服务业巩固	《关于加快我省服务业发展和改革的意见》

续表

	时间	目标	内容	出处
人力资本提高	2013.07	加强高校建设	实施"南粤重点学科提升计划""高校重点人才队伍建设计划"等五项计划以加强重点学科、重点人才、重点平台和重大科研项目四个方面建设	《关于加强高校"四重"建设的实施意见》
	2011.12	加大财政教育投入	提高财政教育支出占财政支出的比重，足额征收使用教育费附加和地方教育附加，从土地出让收益中按拆迁补偿等支出余额的10%计提教育资金	《关于进一步加大财政教育投入的实施意见》
	2011.08	发展特殊教育事业	落实义务教育残疾学生免费政策，完善助学政策，从2011年起连续5年安排2000万元特殊教育发展专项经费	《关于进一步加快特殊教育事业发展的实施意见》
	2011.07	完善义务教育制度	提高随迁子女入读公办学校的比例，拨付随迁子女生均公用经费，对不符合当地免费入学的随迁子女不得收取借读费等	《关于做好进城务工人员随迁子女义务教育工作的意见》
	2009.10	促进全民技能提升	完善职业技能培训工作机制、健全职业能力开发政策体系、加强职业培训和创业基础平台建设等	《关于实施全民技能提升储备计划的意见》
	2007.11	落实困难学生资助	设立国家奖学金、国家励志奖学金、国家助学金、国家助学贷款等奖助金，并设立标准	《关于建立健全广东省普通高校和中等职业学校家庭经济困难学生资助政策体系的实施意见》
	2007.02	发展职业技术教育	建立职业技术教育资源共享平台，开展就业与创业培训六项子工程等	《广东省大力发展职业技术教育实施纲要(2006—2020年)》

续表

	时间	目标	内容	出处
人力资本提高	2006.11	培养和引进自主创新人才	实施创新性人才培养和引进计划，完善科研事业单位人事制度，建立激励和考核机制，如设立广东省科学技术突出贡献奖	《广东省促进自主创新若干政策》
	2005.08	促进教育现代化建设	设定各个阶段教育目标，给予民办教育税收等优惠，构建终身教育体系，加快教育信息化	《广东省教育现代化建设纲要实施意见（2004—2010年）》
	2005.01	加强服务业人才的教育培训	高等教育增设服务经济与服务管理学科，职业教育实施现代服务业技能型紧缺人才培养，实行订单式培养新模式	《关于加快我省服务业发展和改革的意见》
制度改革	2015.02	取消和调整一批行政审批项目	取消和下放35项行政审批项目，将1项工商登记前置审批项目调整为后置审批	《广东省人民政府关于取消和调整一批行政审批项目的决定》
	2014.02	取消和下放一批行政审批项目	取消和下放47项行政审批项目，提高政府管理的科学化、规范化水平	《广东省人民政府关于取消和下放一批行政审批项目的决定》
	2012.04	重大行政决策专家咨询论证	确定在重大财政资金安排等10项重大行政决策时采用专家咨询论证的方法，并规定相关程序与要求	《广东省重大行政决策专家咨询论证办法（试行）》
	2010.04	集体林权制度改革	投票决定可将集体林地使用权和林木所有权通过均股、均利等方式，落实到农户，确立经营主体地位	《广东省全面推进集体林权制度改革工作方案》

续表

	时间	目标	内容	出处
制度改革	2009.01	深化行政审批制度改革	继续清理和减少行政审批、扩大地方政府管理权限、规范和发展行业协会等组织、规范行政审批、创新审批方式等	《关于进一步深化行政审批制度改革的意见》
	2006.01	促进供销合作社改革与发展	深化社有企业产权制度改革，发展股份制等形式，连续5年安排3000万元设立供销社改革与发展资金	《关于加快我省供销合作社改革与发展的意见》
	2005.01	促进后勤服务社会化	探索将会议服务、公务交通等通过社会招标等方式实行服务外包	《关于加快我省服务业发展和改革的意见》

　　从科技进步方面看来，广东省政府重视加快科技创新，多次针对提高科技创新提出专门的政策体系，尤其鼓励重点行业的科技创新、科技成果转化和产学研合作，主要激励方式是税收减免和投资等。另外，广东省政府近年来也重视对科技进步政策支持方式的创新，推行企业研发准备金制度、创新券补助等方式，也从政府购买等方面支持科技创新。

　　产业结构的调整是广东省政府近年来的一个重要方向，推出的政策也较多，一方面促进产业在区域内转移以提高产业结构的区域协调性，另一方面促进产业的转型升级以优化产业质量。政策重点主要包括三个方面：第一，推动珠三角企业向省内周边转移；第二，推动传统工业企业转型升级；第三，促进服务业发展。主要的激励手段是土地优惠、税收优惠、投资补偿等。

　　人力资本提高方面，广东省政府的政策指向也主要包括四个方面：第一，义务教育落实；第二，高等教育发展；第三，职业培训加强；第四，创新人才培养与引进。最重要的激励手段是经费保障，其次是建立激励和考核机制、教育信息化等。

　　促进制度改革和提高行政效率是广东省政府近年来在制度方面的

主要优化方向。集体林权制度改革和供销合作社改革主要关系到使用权和所有权的变化，是制度方面的改变。行政审批制度等方面的改革主要是体现在政府管理制度与效率方面的改变。制度改革一方面靠自上而下的新制度推行，另一方面借助于政府专项资金等方式的扶持。其中，行政审批制度上，广东省政府加大"放管服"力度，2016年新取消省级行政审批事项122项。全面实施企业"五证合一、一照一码"登记制度改革，2016年新登记各类市场主体增长16.5%，注册资本（金）增长39.6%。省级公共信用信息管理平台归集3亿条信用数据。实行企业投资项目准入负面清单、行政审批清单和政府监管清单"三单"管理，实行备案管理的项目数量已占90%以上，累计办理网上备案项目超过3万个，项目总投资超过7万亿元。

改革开放以来，广东省制度创新的成果显著，广东营商制度环境整体良好，2016年广东软环境指数①为0.72，在全国各省市中排名第一，广东在营商制度创新方面的工作优于国内其他省市。其中，执行合同指数②为0.86，高于江苏（0.81）、上海（0.62）等，位列全国第一，说明广东省执行合同便利度比较高，在国内处于领先地位。

第二节　迈向自主创新阶段面临的问题和瓶颈

广东省目前处于技术引进吸收创造的成熟期和技术自主创新的门槛阶段。一国进入技术自主创新阶段，该国就逐步达到了技术自立，引进技术已不再是国家技术的主要来源，优势产业的技术依靠自己的研制力量，其技术竞争力或技术优势能否保持或进一步提高，主要取决于研究开发投入强度的高低及保持高强度的持续时间。在迈向自主

---

① 软环境指数数据来源于21世纪经济研究院发布的《2016年中国投资环境指数报告》。软环境涉及开办企业、登记财产、执行合同等，该数据来自世界银行，取直辖市和省会城市作为指标。

② 执行合同指数：司法程序质量指数、时间、索赔额的百分比参见世界银行《Doing Business》。

创新阶段路上，广东省还面临着许多问题。

一 研发投入不足

虽然 2016 年广东 R&D 经费支出达到 2035 亿元，与江苏规模不相上下，但科技研发投入强度依然不足，2016 年广东 R&D 经费支出占GDP 的比重为 2.56%，低于北京（5.96%）、上海（3.82%）和江苏（2.66%）。R&D 经费支出中用于基础和应用研究投入较少（见图 8—1、表 8—2）。

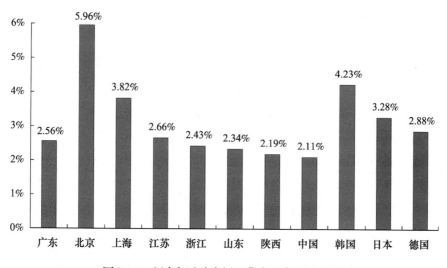

图 8—1 研究与试验发展经费支出占 GDP 比重

表 8—2   2015 年 R&D 经费支出省际比较

指标	广东	江苏	浙江	山东	北京	上海	全国
R&D 经费支出占 GDP 比重（%）	2.47	2.57	2.36	2.27	6.01	3.73	2.07
R&D 经费支出中用于 基础研究的比重（%）	3.0	2.6	2.6	2.1	13.8	8.2	5.1
R&D 经费支出中用于 应用研究的比重（%）	9.2	5.7	4.3	5.4	23.0	13.7	10.8

数据来源：《中国科技统计年鉴》（2016 年）。

二　创新产出量大但质量不高

广东拥有的有效发明专利总量和 PCT 国际专利数量居全国第一位，但数量优势正在逐渐缩小，产出效率偏低，高技术产业产出质量不高。高技术产业将是未来"中国创造"的核心竞争力。近年来，广东高技术产业 R&D 经费投入在快速增长。在 2010—2014 年间，计算机、通信和其他电子设备制造业 R&D 经费投入分别为 355.61 亿元、440.19 亿元、510.98 亿元、586.13 亿元、648.56 亿元，占据全省 R&D 经费的"半壁江山"，每年均为当年 R&D 经费投入量最大的行业。但是，在其他行业的研发投入规模相对较少，增速相对较慢，没有形成互为支撑的良性互动局面（见表8—3、表8—4）。

表8—3　　　　　　　　　　　　**2016 年创新产出省际比较**

指标	广东	江苏	浙江	山东	北京	上海
国内有效发明专利总量（件）	168480	146859	91373	62005	166722	85049
PCT 国际专利受理量（件）	23574	3213	1214	1399	6651	1560
国内发明专利授权量（件）	38626	40952	26576	19404	40602	20086
每百名研发人员拥有国内有效发明专利授权量（件）	9.12	9.06	8.26	8.03	79.39	20.36
每亿元研发经费内部支出产生的发明专利授权数（件）	18.98	20.20	23.51	12.39	27.35	19.14
每十万研发人员平均发表的国内论文数（篇）	5004	7186	5508	5402	19686	13178

数据来源：国家知识产权局专利业务工作及综合管理统计月报，《中国区域创新能力评估报告（2016 年）》。

表8—4　　　　　　　　　　　　**高技术制造业总产值省际比较**

项目 ＼ 省市	广东	江苏	北京	上海
高技术制造业总产值（亿元）	38537.98	67124.65	3563.64	6809.93
高技术制造业总产值占工业总产值比重（%）	28.81	44.80	19.70	20.50

数据来源：各省市统计局。

确实随着经济转型升级的不断深化，广东始终坚持把创新驱动发展为转型升级的核心战略，研发经费支出、有效发明专利量和 PCT 国际专利申请受理量都在不断上升。但与广东巨大的经济体量相比，在短时期内，研发投入数量仍显不足。

三　高层次创新人才短缺

广东人才总量大，专业技术人才总量占全国的 1/10，研发人员总量保持全国第一，但人才结构不合理，高层次人才缺口较大。具有博士学位以上研发人员只占全省研发人员数量的 3.9%，低于全国平均水平（6.5%）（见表 8—5）。

表 8—5　　　　　　**2015 年全国及沿海省份研发人员情况**　　　　单位:%

指标	广东	江苏	浙江	山东	北京	上海	全国
研发人员中博士占比	3.9	4.4	3.6	3.9	20.1	10.8	6.5
研发人员中硕士占比	14.9	11.1	8.2	11.8	24.9	17.5	14.7
研发人员中本科占比	28.3	37.0	30.3	29.5	25.3	23.4	29.3

数据来源：《中国科技统计年鉴》（2016 年）。

人才短缺与高校分布、区域发展密切相关，广东省较早认识到了这个短板，并在 2010 年底由省委、省政府印发了《广东省中长期人才发展规划纲要（2010—2020 年)》，力争在 2020 年全省人才总量达到 2260 万人，主要劳动人口受过高等教育的比例达到 25%，每万名劳动力中研发人员超过 46 人，高技能人才占技能劳动者比例达到 30%，人力资本投资占国内生产总值比例达到 15%，人才贡献率达到 38%。

四　工业企业自主创新能力不强

党的十八届五中全会明确提出全面实施创新驱动发展战略，作为创新研发核心动力的基础研究和应用研究尤其需要鼓励，而从全国绝大部分省份来看，工业企业的原始创新能力依然不足，广东在全国率先发现问题，迎难而上，制定了一系列鼓励企业进行原始创新的政策，全省工业企业基础研究和应用研究比例有所加大，高于全国和其他兄弟省份水平，但依然存在不足，原始创新的比例依然不高。

2015 年，广东工业企业研发投入占销售收入比重为 1.27%，低于浙江（1.34%）、北京（1.29%）、上海（1.38%），高于江苏、山东。规模以上工业企业拥有研发机构数只有 5002 个，仅为江苏的 26.5%、浙江的 55.3%。规模以上工业企业设立研发机构的比例为 11.8%，低于江苏（38.9%）、浙江（21.9%）、北京（18.6%）。作为全社会科研投入的主体，工业企业科研机构数量偏少从一定程度上反映了企业创新研发意愿不强烈，也反映出研发、转化科技成果的动力不足，科技创新能力不够。

以广东汽车产业为例，研发投入严重不足问题突出，全省汽车企业研发投入占销售收入的比重只有 1% 左右，低于全国平均水平（2%），也低于全球水平（5% 左右）（见表 8—6）。

表 8—6　　　　　　　　汽车企业研发投入情况对比

企业或地区	研发全球排名	研发投入（亿欧元）	占营业收入比重（%）
广东平均	—	—	1 左右
我国平均	—	—	约 2
跨国汽车企业平均	—	—	5 左右
大众	1	117.43	6.0
丰田	7	62.7	8.2
戴姆勒	10	53.79	4.6
宝马	13	47.92	6.3
福特	17	46.41	4.4
本田	20	43.67	5.4
日产	30	34.47	4.8
菲亚特	32	33.62	3.9
沃尔沃	50	21.31	6.9

数据来源：欧盟委员会（EU），《2014 年全球企业研发投资排行榜》。

第三节　外来技术引进：以深圳地区为例

广东地区的港澳台企业是港澳台地区向中国内地技术扩散的主要载体。20多年来，港澳台企业成为广东工业化的一支重要力量，也是广东技术引进以及不断进行技术升级的主要力量。而深圳是广东港澳台企业最为集中，也是最早进入的地区，对这个地区的分析必然带有典型性的意义；深圳还是广东乃至全国高科技产业发展最好的地区之一，在这里的港澳台企业科技引进活动的起步最早，引进技术的数量最多（广东港资与台资企业数量排列第一的东莞，技术引进活动相对滞后）。

作为年轻的外向型经济城市，深圳经济特区成立之初，就积极引进外资。至今，深圳共有外资企业18000多家，其中港台企业所占比例超过7成，并且大部分集中于制造业领域，据香港工业总会、深圳台商协会不久前公布的有关数字显示，深圳制造业厂家中港资企业1万多家，台资企业逾4000家。港台企业在深圳投资设厂及技术引进消化创新方面的实践，为深圳工业从无到有，从小到大，从弱到强，直至初步建立起以高新技术产业为主导的现代化工业体系，做出了不可磨灭的贡献。

一　港澳台企业在深圳技术引进的发展历程

据统计，从1980年至2004年，深圳工业已注册登记的引进国外技术的项目共639次，合同金额总计30.28亿美元。技术来源主要为美国、日本、德国、意大利、韩国和法国等近20个国家与地区。引进的技术按行业分类集中在电子、通信、机械、医疗器械、电力、食品、化工、建材等技术领域。可以说，外资企业、港澳台企业从国外引进先进实用的技术、设备，为深圳工业的起步到崛起发挥了积极的作用。

（一）起步阶段（20世纪70年代末至90年代初）

1979年，港商率先从深圳宝安登陆，开展了规模宏大的出口加工业务。1979—1985 年深圳批准的 4696 项外商投资项目中，以"三来一补"项目为主，占了 76%，达 3576 项。1985 年之后，外商直接投资逐步成为主体，到 1991 年底止，深圳的外商直接投资项目数、合同外资金额、外资实际投资分别占各形式利用外资总数的 52.53%、87.14% 和 67.48%。外资进入的行业 80% 以上为制造业，其间深圳市利用外资从"三来一补"为主逐步迈向以"外商直接投资"为主。而港商占了外商总数的 8—9 成，其中又以香港中小厂家为主。

其间技术引进呈现以下特点：一是以设备和成套设备生产线的引进为主，主要是承袭传统工艺和设备，技术含量较低；二是引进进口项目金额小，平均每个项目仅为 49.8 万美元；三是领域由单一的生产领域转向生产与生活领域并举。以港资企业为首的外资制造业，为深圳工业从无到有，初步建立起外向型现代工业体系奠定了基础，深圳制造业企业也开始从劳动密集型为主逐步向劳动与资金"双密集"结构发展。

（二）发展阶段（20 世纪 90 年代初至 21 世纪初）

这一时期，除港资企业外，台资企业、跨国公司也纷纷来深圳投资设厂。深圳市吸收外商直接投资高速发展，仅 1992 年、1993 年两年吸收的项目个数和合同外资金额相当于改革开放后 13 年的总和。这一时期，外商投资项目还以第二产业为主，但其项目数所占比重已从 1996 年的 86.59% 下降到 2001 年的 69.22%，第三产业项目数比重则从 12.41% 上升到 30.58%。港台企业的投资占了外资企业投资总额的约 8 成，依然主要集中在制造业。

主要特点：一是引进规模大幅度提高，平均项目 1631 万美元，最高的技术许可项目，合同金额达 3 亿美元，充分体现了这一时期技术引进，主要是与当时深圳重大工业项目建设提供技术装备保障；二是引进的技术以微电子应用、光机电一体化和电子信息及材料生产线为主，表明了深圳政府支持与鼓励高新技术产业发展的宗旨，政策发挥了重要作用；三是先进技术引进项目共 69 个，占引进项目总数的 82.1%，属于电子、通信、新能源、医疗器械和精细化工等高新技术引进项目多达 50 个，有力地推动了深圳的电子信息为代表的高新技术产业的快速发展；四是大批知名跨国公司、有实力的港台企业来深兴建先进的制造业工厂，也带来了先进的技术，并且开始逐步取代从事"三来一补"业务的香港中小厂家，成为推动深圳工业化进程的主角。

在此阶段，深圳工业的规模经济渐渐显现，支柱产业逐步形成，一批重点骨干项目和企业加快发展，高新技术产业崭露头角。计算机及软件、通信、微电子及基础元器件，新一代视听产品、机电一体化、重点轻工和家电等七大主导产业快速发展，技术密集型和资金密集型的行业和产品逐步提高，深圳初步建立了区域经济特色比较明显的现代化工业体系。

（三）提升阶段（21 世纪初至今）

深圳市紧紧抓住国际产业加速向发展中国家转移的契机，牢牢把握入世的机遇，利用外资步入成熟发展的阶段，总量不断扩大，质量不断提升。吸收外资方面第二产业仍然畅旺，但比例有所下降，第三产业逐步增多；利用外资的形式、渠道呈现多元化，出现了境外发行股票、利用国际风险投资基金发展高科技产业、外资并购国企、民营企业等多种方式。

活跃的民营经济促使深圳成长了一批全国乃至全球知名的科技创新型企业，如腾讯、华为、中兴、比亚迪、大疆科技等。截至 2018 年，深圳已有 5014 家企业达到国家级高新技术企业（以下简称"国高"）认定标准，深圳国高企业数量首次突破 1 万家。深圳也成继北京之后，全国第二个国高破万的城市，提前两年完成"到 2020 年国家级高新技术企业超过 1 万家"的"十三五"目标。目前深圳市创新载体累计 419 个，其中国家级创新载体 41 个，省级 20 个，国家级孵化器 10 个。累计实有商事主体 2956590 户（包含分支机构），每千人拥有商事主体 248 户，每千人拥有企业 142 家，创业密度居全国首位。这其中，深圳科技类企业就达到 19.5 万户，占全市企业的 11.3%，相当于深圳每 63 人就拥有 1 家科技类企业。2016 年，深圳高新技术产业实现产值 19222.06 亿元，同比增长 11.13%，实现增加值 6560.02 亿元，同比增长 12.18%；2017 年 1 月至 9 月，高新技术产业实现产值 14857.43 亿元，同比增长 11.49%，实现增加值 5017.58 亿元，同比增长 12.75%。

科技成果转化是我国创新系统中较为薄弱的一个环节，而在深圳则是创新系统中优势环节。据统计，研发投入占 GDP 的比重从 2012 年的 3.81% 升至 2016 年的 4.1%，研发投入强度全球仅次于以色列；2016 年，深圳 PCT 国际专利年申请量约 2 万件，增长 47.6%，占全国的 46.6%，连续 13 年稳居全国首位。深圳构建起了一个以企业为主体、市场为导向、产学研相结合的技术创新体系，形成了"6 个 90%"的创新特点：90% 以上的创新型企业是本土企业、90% 以上的研发机构设立在企业、90% 以上的研发人员集中在企业、90% 以上的研发资金来源于企业、90% 以上的职务发明专利出自于企业、90% 以上的重大科技项目发明专利来源于龙头企业（见表 8—7）。

表 8—7　　　　　　　　　　　　2016 年北上深专利情况

专利情况	深圳	北京	上海
发明专利申请量（万件）	14	18	12
发明专利授权量（万件）	7.5	10	6.4
PCT 国际专利申请量（件）	19647	6651	1560

数据来源：国家知识产权局。

二　制度改革先行优势为技术创新保驾护航

深圳作为首批经济特区城市之一，先行先试的制度优势逐渐孕育了社会主义市场经济体制，为经济社会发展引入公平竞争的市场环境。1980 年，深圳经济特区设立，随后全国人大批准了《广东省经济特区条例》，明确了经济特区的法律地位、基本政策等。20 世纪 80 年代，深圳不断探索建立社会主义市场经济体制机制，如 1985 年开拓外汇市场、1987 年试点土地使用拍卖、1990 年建立股票交易市场（深圳证券交易所），已基本建立了社会主义市场经济体制雏形，为全国建立社会主义市场经济体制起到先锋探路作用。

行政审批制度改革提升行政效能和市场运作效率。行政审批制度改革已成为各地政府全面深化改革的重要内容。相比北京、上海而言，市场活力最强的深圳，行政审批制度改革力度要大得多。1997 年以来深圳进行了多轮行政审批制度改革，审批事项大幅削减、审批流程不断优化，到 2014 年末深圳行政审批事项已调整至 347 项，相比 1997 年的 1800 余项减少约八成，2016 年再度调整 123 项，而北京目前的行政审批事项数量约为深圳的两倍。另外，各类事项审批时限大为压缩，以及并联审批、三单（权力清单、责任清单、负面清单）编制、审批事项入行政服务大厅等，加速提升企业和群众办事效率，增添市场经济活力，助推深圳创新发展。

深圳是一个年轻的移民城市，注定是创业创新、有活力的城市，良好的软环境已经成为深圳创新发展的优质基因。中国社科院《城市竞争力报告 2016》指出，深圳在全国 294 个城市综合经济竞争力排名第一；粤港澳大湾区研究院发布"2017 中国最佳营商环境城市"评选结果显示，深圳市位居市场环境榜首。深圳优质营商环境表现在市场主导和政府服务紧密结合，充分借助了市场力量推动创新驱动发展，充分发挥了政府前瞻规划、政策引导、环境营造和优质服务等作用，形成市场和政府协同推进创新的格局，有效提高了企业创新效率，由此激活了年轻企业家创新创业的基因。深圳培育形成了敢于冒险、崇尚创新、追求成功、宽容失败的"大众创业、万众创新"的文化和氛围，也加速集聚了柴火空间、创客工场等一批国内外知名创客，从源头上为深圳增添了不容忽视的创新发展力量。

在我国经济进入新常态发展阶段，需要大力发挥创新对可持续经济发展的积极作用。北京以其首都、金融、高校科研创新平台和人才优势；上海以其金融、人才优势，两市拥有较强的创新能力。与北京和上海相比，深圳凭借其地理位置，毗邻港澳，尤其是经济特区带来的制度改革先行先试优势，带来了活跃的市场经济，由此开办了大量的民营企业和吸引了大量的人才和创客。深圳创新之所以能走在全国前列，主要在于初步构建了综合创新生态体系：深圳市不断深化行政审批制度，营造了优质的营商环境；高度发达的资本金融市场和优质的人才发展环境；以及不断进行产业转型升级和构建现代产业体系，培育了大量科技创新型企业和创新载体，促使深圳科技创新成果产生和转化高效化。

第四节　启示

广东省在40多年探索自主创新道路、建设创新型广东的过程中，逐步开创了以战略创新、政策创新和观念创新为先导，以市场为导向、以企业为主体，以全方位发展的教育和人才为基础，以整合全省、全国和海外资源的合作创新为依托，以开放型自主创新为路经，建立适合自身特点的发展模式。这是新时期广东自主创新道路探索和发展过程中总结出的基本经验。

启示一：推进自主创新，最根本的动力是市场机制。从广东探索和发展自主创新的经验来看，广东科技体制每一步改革的最根本动力在于市场，其主体最终必须落实到企业。深圳市在探索自主创新的过程中创造了我国第一个以"以市场为导向、以企业为主体"为特征的"四个90%"的自主创新格局：一是90%以上的研发机构设立在企业，二是90%以上的研究开发人员集中在企业，三是90%以上的研发资金来自企业，四是90%以上的职务发明专利来自企业。

启示二：推进自主创新，必须营造有利于自主创新的文化思想氛围和环境。改革开放之初，广东省企业开创的引进、消化、吸收再到集成创新的模式，与广东人务实、开放、重商的"海洋文化"不无关系。深圳在创新资源先天不足的情况下，高新技术产业总值长期高居全国大中城市第一，得益于深圳作为移民城市所形成的开放性、兼容性、创新性的城市文化。因此，抓自主创新和高新技术产业，必须大力发展先进的创新文化，形成良好的创新环境和氛围。

启示三：推进自主创新，教育和人才是关键因素。广东自主创新的发展模式和实践经验表明，只有全方位发展免费义务教育、高等教育、职业技术教育，才能为创新体系建设提供坚实基础。广东省政府制定多项政策用于扶持高等教育发展、加强职业培训、加强培养与引进创新人才、建立激励和考核机制。推进自主创新战略关键在于依靠科技进步，根本在于提高人力资源素质。

有人认为，广东经济在改革开放中的快速发展，就得益于区位优势。其实并不尽然，区位当然是重要的，但会合理利用优势才是关键。实践证明，广东是做到了拥有优势和利用优势两个方面才有了这么好的发展。

第四篇

改革开放的经济建设成效

改革开放 40 年，广东创造了增长奇迹。截至 2017 年底，广东的经济总量已经连续 29 年位居全国第一，全面超过"亚洲四小龙"中的中国台湾、中国香港和新加坡。随着改革的不断深入，广东的经济发展质量、民生建设、生态文明建设等方面都取得了长足的发展。

第 九 章

经济发展量变到质变：产业结构升级

广东省在发展方式转变、发展质量提高、人民生活改善等方面都取得了辉煌成就。本章将主要从产业结构的角度分析广东省经济发展取得的辉煌成就和当前面临的挑战。

第一节 产业结构持续优化

2017 年广东省产业结构调整取得标志性进展，第一、第二、第三产业比重调整为 4.2%：43%：52.8%，现代服务业增加值占服务业比重达 62.6%，先进制造业增加值占规模以上工业比重达 53.2%，民营经济增加值占生产总值比重达 53.8%。主营业务收入超百亿元、千亿元的企业分别达 260 家、25 家，进入世界 500 强的企业从 4 家增加到 11 家，上市公司总市值达 14 万亿元。[①]

经历 40 年的发展，广东省三大产业结构逐步迈向现代发达经济模式。第一产业的比重在 1978—1982 年期间呈现温和上升趋势，从 1978年的 30% 上升到 1982 年的 35%，随后持续下降，到 2016 年降至 5%。第二产业在 1978 年比重为 47%，1978—1994 年呈现先降后升态势，最低点出现在 1986 年的 38%，1993—2007 年基本维持在 45%—50% 的水平，2007 年之后呈现明显下降趋势。第三产业整体呈现上升趋

---

① 2018 年 1 月 25 日广东省省长马兴瑞在广东省第十三届人民代表大会第一次会议上的政府工作报告。

势，从 1978 年的 24% 上升到 2016 年的 52%（见图 9—1）。

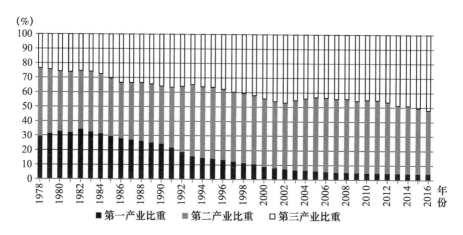

图9—1　1978—2006 年广东省三大产业比重

数据来源：《广东统计年鉴》（2017 年）。

从贡献率来看，第一产业持续下降，1997 年之后第一产业贡献率一直在 5% 以下，近年来对经济基本没有贡献，第二产业和第三产业自 20 世纪 90 年代以来基本保持稳定，两者呈现此消彼长之势（见图 9—2）。

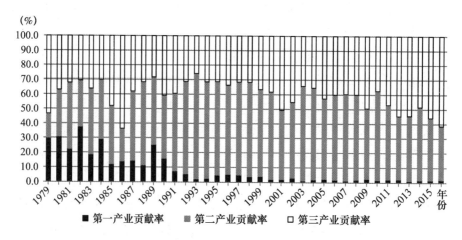

图9—2　广东省三大产业贡献率

数据来源：《广东统计年鉴》（2017 年）。

　　实践表明，在贫困阶段，国民经济的增长主要依靠农业推动；在温饱阶段，主要靠农业和工业推动；在总体小康阶段，主要靠第二、第三产业推动；在全面小康和现代化基本实现阶段，主要靠第三产业推动。经过将近40年的发展，广东经济已经逐步非农化，第二产业和第三产业撑起了广东经济。服务业与制造业一起"双轮驱动"，成为广东省经济增长两个重要支撑。

　　改革开放40年以来，广东省第二产业不断发展，工业化水平不断加深，工业化进程不断加快。2017年6月15日，"2017《工业化蓝皮书》发布暨中国工业化进程研讨会"上正式发布了《工业化蓝皮书：中国工业化进程报告（1995—2015）》。根据蓝皮书综合评价，中国工业经济正走向一个速度趋缓、结构趋优的新常态，并处于动力机制转换的关键时期。蓝皮书将整个工业化进程分为前工业化、工业化初期、工业化中期、工业化后期和后工业化五个阶段，每一个阶段又分为前半阶段和后半阶段。"十二五"末的2015年中国已经进入了工业化后期后半阶段（工业化综合指数为84）。而广东省在2010年就已进入工业化后期后半阶段，2015年工业化综合指数大幅提高，已十分接近后工业化阶段，在省市排名上仅次于北京、上海、天津三个直辖市。

　　第二产业中的工业，其轻重结构也发生了巨大变化，近年来广东省产业结构适度重型化步伐加快。（以规模以上工业总产值计算）1978—1990年，广东省的轻重工业产值之比呈上升趋势，从1978年的1.3上升到1990年的历史最高点1.9，随后持续下降，1999年之后呈现加速下降趋势[①]。特别是进入21世纪以来，广东省紧紧抓住了从20世纪末开始的全球重化工业复苏的重大机遇，坚持走新型工业化道路，确立了产业高级化、适度重型化的方针，使得广东工业重塑化特征更加明显。2000年重工业产值超过轻工业产值，2016年轻重工业产值比降至0.61（见表9—1）。

---

　　① 舒元：《广东发展模式：广东经济发展30年》，广东人民出版社2008年版。

表9—1 广东省轻重工业增加值比重

项　目	2000 年	2010 年	2014 年	2015 年	2016 年
轻工业增加值占比	47.57%	39.53%	38.50%	38.67%	38.03%
重工业增加值占比	52.43%	60.47%	61.50%	61.33%	61.97%
轻重工业增加值之比	0.91	0.65	0.63	0.63	0.61

数据来源：《广东统计年鉴》（2017 年）。

工业化过程轻重工业发展的一般规律是，在工业化初期，轻工业占据主要比例；工业化中期，重工业比重逐渐上升；工业化后期，重工业占据绝对的比重。目前，世界发达国家的轻重工业结构比例大体为30%：70%。广东省成功地沿着工业化发展的一般规律，在改革开放40年间从工业化中期向工业化后期迈进，成绩骄人。广东省作为世界经济大国中的第一经济大省，实现这样的转变必定为广东省成为经济强省、在中国乃至世界市场上持续发挥重要作用奠定坚实基础。从近年来广东省重工业产业拉动经济增长来看，未来广东省重工业的做大做强将进一步提升广东省的竞争力。

1978 年以来，广东省第三产业规模不断扩大，已经成为全省经济增长的两大引擎之一。第三产业也已成为改革开放以来就业增长最快的产业。对外开放领域不断扩大，外商投资第三产业的领域已从改革开放初期的饮食服务业和旅馆业扩展到商贸、文化、体育、娱乐、旅游、卫生、教育、电信、科研、房地产等行业。广东省第三产业比重1978 年仅为24%，2016 年为52%。除了在总量上的巨大发展，第三产业内部结构呈现良好的升级态势。第三产业主要分为交通运输、仓储及邮电通信业、批发和零售业、住宿和餐饮业、金融保险业、房地产业。2016 年交通运输、仓储及邮电通信业占第三产业增加值比重为7.63%，批发和零售业占比为19.93%，住宿和餐饮业占比3.37%，金融、保险业占比14.57%，房地产业占比14.81%，这表明广东省第三产业中生产和生活服务部门已经占据了主导地位，而流通部门已经退居其后，体现了第三产业内部结构升级优化的方向。特别地，从改革开放 40 年以来的分行业平均增长速率来看，金融保险业和房地产业平均增速分别为 20.90% 和 24.70%，其他三个行业均在 20% 以下。尤其是近 10 年，广东省房地产业大幅增长，金融保险业日趋活跃。正是生产、生活服务的金融保险业、房地产业等新兴服务业近年来良好的发展势头，加速了第三产业结构层次的升级（见表 9—2）。

表 9—2　　　　　　广东省第三产业分行业增加值增长速度

行业	1978 年	2016 年	平均增速
第三产业（亿元）	43.92	42050.88	19.80%
交通运输、仓储及邮电通信业（亿元）	10.05	3209.72	16.39%
批发和零售业（亿元）	19.39	8382.48	17.32%
住宿和餐饮业（亿元）	—	1569.37	11.00%
金融、保险业（亿元）	4.53	6127.05	20.90%
房地产业（亿元）	1.42	6229.50	24.70%
其他行业（亿元）	8.54	16352.25	22.00%

数据来源：《广东统计年鉴》（2017 年）。

第二节　民营经济：增长主力军

改革开放以来广东省所有制结构发生了重大变化，逐步由单一的公有制经济转变为多种经济成分共同竞争、相互促进和补充的多元化格局。今天，多种经济成分同台竞技，为广东经济发展注入了无限活力，把广东经济推向一个又一个新高。

在改革开放之前，公有制经济几乎占据了广东省国民经济的所有行业。1978 年，全省国内生产总值 185.85 亿元，公有制经济（国有经济和集体经济的总和）增加值 183.40 亿元，占 98.7%；非公有制经济增加值 2.45 亿元，仅占 1.3%。

1979—1991 年，有计划的商品经济取代了传统的计划经济。这段时期，一方面，个体私营经济作为国民经济的补充力量被认可；另一方面，由于对外开放政策的实行，招商引资力度逐步加大，伴随而来的是包括个体私营和中外合资合作经济在内的其他类型经济迅猛发展。以工业为例，工业总产值中公有制经济比重1980年、1985年、1991年分别为97.3%、93.4%、71.4%，公有制经济占市场份额逐年下降，但仍居于主导地位；而非公有制经济比重则分别为2.7%、6.6%、28.6%，呈节节攀升的势头。在这一阶段，公有制经济和非公有制经济并存发展的所有制格局已成雏形。

1992年我国确立了建立有中国特色市场经济体制的改革目标，非公有制经济被接纳为国民经济的重要组成部分。到1997年，广东省公有制经济占GDP的比重下降至59%，仍占主导地位，非公有制经济占GDP的比重上升到41%。至此，以公有制为主体的多种经济成分并存的所有制格局已经形成。至2000年，公有制经济比重为50.7%，非公有制经济比重上升为49.3%，两者比重相当。可以预见，随着国有经济进一步调整布局，非公有制经济在国民经济总量中所占份额将继续上升。

广东省历来是一个民间经济发达的省份，改革开放以来民间经济经历了以下几个发展阶段。

第一个阶段是1979—1986年，民间经济的萌芽阶段。当时中央提出"劳动者可以从事个体工商业"，广东省则制定了《关于城镇个体工商业若干政策暂行规定》。当时民间经济基本上都是个体工商户，规模受到限制，但发展迅速，其间全省个体工商户达78.3万户。

第二个阶段是1987—1991年，个体工商户自行调整、私营企业起步发展的阶段。党的十三大、宪法修正案确立了私营经济的合法地位。国务院相继发布了《城乡个体工商户管理暂行条例》和《私营企业暂行条例》。全省私营企业达2.6万户，注册资本34.4亿元，平均每户注册资本（金）13.3万元。这一时期，私营企业的发展主要以独资企业、合伙企业为主，企业规模较小。

第三个阶段是1992—1996年。邓小平南方讲话和党的十四大确定了社会主义市场经济改革目标，民间投资积极性高涨，私营经济高速发展，全省私企达10.3万户。乘着"小平南方讲话"的东风，干部"下海"、知识分子"弄潮"，民营科技企业开始创办，一时间热闹非凡。许多个体工商户转办私营企业，促进了私营经济高速发展。这时期，广东出现了第一个私营集团公司——广东乔士集团，乔士衬衫风靡一时。

第四个阶段是 1997 年至今。党的十五大明确了非公有制经济是我国社会主义市场经济的重要组成部分，1999 年广东省人大通过了《广东省个体工商户和私营企业权益保护条例》，中共广东省委、广东省人民政府出台了《关于大力发展个体私营经济的决定》。2003 年 3 月，中共广东省委、广东省人民政府继续颁布了《中共广东省委、广东省人民政府关于加快民营经济发展的决定》，重点扶持发展民营科技企业、外向型民营企业、吸纳下岗人员就业的民营企业和从事农产品加工的民营企业。2016 年省政府办公厅正式印发《广东省促进民营经济大发展的若干政策措施》（粤府办〔2016〕58 号）（简称《政策措施》）。《政策措施》从着力缓解民营企业融资难融资贵、进一步放宽和规范市场准入、完善公共服务体系、扶持民营企业做大做强、强化服务保障等五大方面，提出了 25 条政策措施，并对每一条政策措施、每一项具体任务均分解落实到地市、部门。这一时期，个体私营经济的资本投入和产出越来越大，向现代企业制度转化成为企业发展的主流，一批私营企业走向规模经营，科技型、外向型企业发展越来越多，企业品牌意识不断增强，个体私营经济在国民经济中的地位与作用日益突出。

2016 年广东民营经济增加值突破 4 万亿元，达 42578.76 亿元；民营经济占 GDP 的比重为 53.6%，比上年提高 0.2 个百分点，比 2010 年提高 3.9 个百分点，占比逐步提高；对 GDP 增长贡献率为 55.5%，同比提高 1.3 个百分点，拉动 GDP 增速达 4.2 个百分点。民营经济作用不断提升，是广东经济增长的主力军。

民营单位数量大幅增加，单位规模迅速扩张。2016 年末，全省民营单位 872.54 万个，年均增长 14.8%。民营单位数量快速增长的同时，单位规模迅速扩张，企业集团化运营趋势明显。2016 年，全省私营企业户均注册资本金比 2012 年增长 148.5%，全省注册资本亿元以上私营企业比 2012 年增长 6.4 倍，2013—2016 年私营企业集团年均增加 113 家。

广东民营经济在有效吸纳社会富余劳动力、缓解就业压力、化解社会矛盾、促进社会和谐稳定等方面发挥了重要作用。2016 年末，广东民营经济从业人员 3364.50 万人，比 2012 年末增长 17.8%，占全社会从业人员的比重比 2012 年末提高 5.7 个百分点。随着民营经济总体规模持续扩大，民营税收稳步增长。2016 年，广东民营税收收入 9455.09 亿元，比 2012 年增长 46.2%，占全省税收总额的比重达 48.7%。

"既要星斗满天，也要众星拱月"，"既要蚂蚁雄兵，也要大象跳舞"。一个"大企业顶天立地，中小企业铺天盖地"的企业生态正在广东形成。2017 年上半年，广东民营经济增加值 21434.17 亿元，比上年同期增长 7.9%，增幅高于同期 GDP 增幅 0.1 个百分点；其中民营单位 924.27 万个，比上年同期增长 14.4%；民间投资比上年同期增长 13.4%；民营进出口总额增长 24.3%，增幅比全省进出口整体高 10.2 个百分点；民营税收收入增长 16.2%，增速比上年同期加快 4.9 个百分点。广东民营经济继续保持较快增长，将为宏观经济"稳中有进，稳中向好"发挥重要支撑作用。[1]

第三节　制造业：告别中低端"世界工厂"

在过去的几十年，星罗棋布的加工贸易成就了广东经济的辉煌，也给广东烙印上中低端"世界工厂"的印记，自主创新能力的缺乏成为广东经济再次腾飞的障碍。伴随着研发经费和技术自给率的提高，越来越多的加工贸易企业走上了技术改造的道路，广东省中低端"世界工厂"的烙印正在逐渐淡化，逐步从"制造大省"向"制造强省"转型升级。

近年来，广东省将调结构、促转型放在更加突出的位置，大力实

---

[1]　资料来源：《党的十八大以来广东民营经济蓬勃发展》，广东统计信息网 http://www.gdstats.gov.cn/tjzl/tjkx/201709/t20170929_374130.html。

施创新驱动发展战略，推动先进制造业和现代服务业"双轮驱动"，在保持经济持续较快发展的同时，实现经济结构的优化调整，经济发展的后劲和内生动力明显增强。广东省政府将高技术制造业置于广东工业"龙头"位置，高技术制造业发展态势强劲，活力不断增强。2015 年，全省规模以上高技术制造业企业由 2010 年的 4390 家增加到 6194 家，资产总计 26882.61 亿元，为 2010 年的 1.7 倍（见图9—3）。①

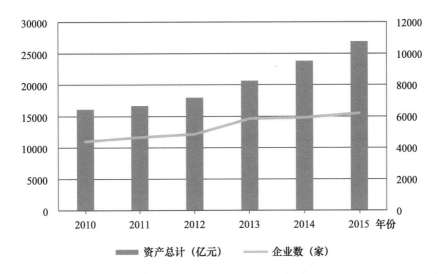

图9—3 2010—2015年广东省高技术制造业规模

广东高技术制造业增加值由 2010 年的 4278.00 亿元增加到 7529.02 亿元，为 2010 年的 1.8 倍（见图9—4）。②

同时，高技术制造业年增速均高于同期全省工业增速 1.0—3.0 个百分点，高技术制造业运行总体态势优于全省工业平均水平。2011—2015 年，高技术制造业增加值年均增速为 11.3%，高于全省工业年均增速 2.3 个百分点（见图9—5）。③

---

① 广东统计信息网《引领企业创新 稳定工业增长——"十二五"时期广东高技术制造业运行情况》。

② 同上。

③ 同上。

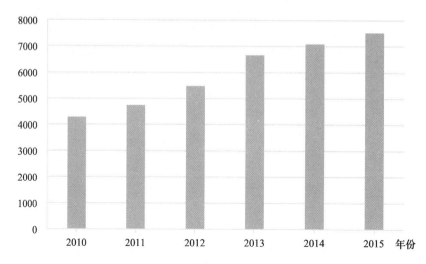

图9—4 2010—2015年高技术制造业增加值（亿元）

数据来源：《引领企业创新 稳定工业增长—"十二五"时期广东高技术制造业运行情况》，广东统计信息网。

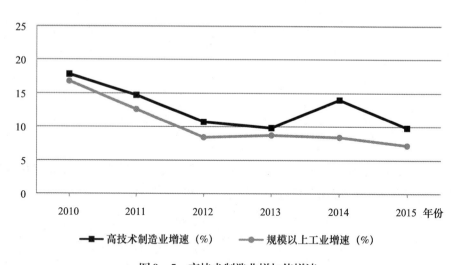

图9—5 高技术制造业增加值增速

数据来源：《引领企业创新 稳定工业增长—"十二五"时期广东高技术制造业运行情况》，广东统计信息网。

　　广东省坚持把创新驱动发展作为核心战略和总抓手，启动并扎实推进国家科技产业创新中心和珠三角国家自主创新示范区建设，

区域创新综合能力排名跃居全国第一。预计全省研发经费支出从
1236 亿元增加到超过 2300 亿元，居全国第一，占地区生产总值比重
从 2.17% 提高到 2.65%。新增 3 个国家级高新区。国家级高新技术
企业从 6652 家增加到 3 万家，跃居全国第一。高新技术产品产值达
6.7 万亿元，年均增长 11.4%。有效发明专利量、PCT 国际专利申
请量及专利综合实力连续多年居全国首位，技术自给率和科技进步
贡献率分别达 72.5% 和 58%。质量强省建设成效显著，国家级质检
中心和联盟标准总量均居全国第一，国家质量工作考核连续 3 年获
最高等级 A 级。[①]

2016 年国务院总理李克强把"工匠精神"写入政府工作报告中，
一时成为社会关注的热点。广东制造业的新一轮崛起，需要转型升级，
也即从"世界工厂"转型升级到"南粤工匠"。

第四节　金融业：摆脱"大而不强"

金融是现代经济运行的核心。随着改革开放的不断深入，金融
市场的稳定，已成为国民经济健康运行的重要基础。在国民经济发
展中，金融业与其他行业的关系，是互为依存和互为发展的。即金
融业兴，百业兴；金融业衰，百业衰。广东省自改革开放以来金融
业取得了一定的发展，但也暴露出一些不足。下面具体分行业进行
回顾和分析。

一　银行业大力支持经济转型升级

党的十一届三中全会以后，广东迅速恢复了"文化大革命"时期
停滞的银行业。1979 年 7 月 9 日，中国人民银行广州分行正式从人民
银行广东省分行中分设出来，并设立国家外汇管理局广东分局，是中
国银行内部一个机构，对外挂两块牌子。1979 年 8 月，农业银行广东

---

① 《广东省第十三届人民代表大会第一次会议政府工作报告》，2018 年 1 月 25 日。

省分行恢复建制。1980 年 6 月，建设银行广东省分行与省财政厅分设，经广东省人民政府批准，在全国建行系统内率先运用存款发放贷款，开展了真正的银行自主经营的信贷业务。1984 年 4 月，分设工商银行广东省分行，人民银行专门行使中央银行职能，原有人民银行办理的工商信贷和城镇储蓄业务由工行办理。到 1984 年底，四大国有银行基本上完成了业务恢复，给广东的经济起飞注入了源源不断的信贷资金。当时占全国 GDP 6% 的广东，集中了全国 10% 的信贷资金。1986 年 11 月，中国人民银行同意广东全省作为金融体制改革的试点省。1986 年下半年开始出现的城市信用社年底增加到 7 家。银行业的迅速恢复，加上先行一步的对外开放政策，促进了广东金融组织的创新。外资银行、股份制银行、城市商业银行相继在广东落户或成立，大大促进了广东的信贷业务。

2016 年广东省银行业资产总额同比增长 13.0%，营业网点和从业人员分别增加 337 个和减少 6134 人。金融组织体系进一步完善，财务公司和村镇银行分别增至 21 家和 54 家（见表 9—3），海晟金融租赁公司开业运营。银行不良贷款余额上升速度放缓，不良率由升趋稳。2016 年，银行业利润保持增长，增速较 2015 年回升 6.6 个百分点。

根据人民银行广州分行最新数据，2017 年全省社会融资规模增量再创历史新高，领跑全国优势进一步扩大。具体来看，2017 年广东社会融资规模增量 2.21 万亿元，占全国比重达 11.4%。这一数据不仅创下历史新高，而且稳居全国各省市首位，比排名第二的省份多增 6847 亿元。值得一提的是，2017 年广东非金融企业境内股票融资 1305 亿元，同样居于全国首位。数据还显示，2017 年末，广东本外币各项贷款余额 12.6 万亿元，同比增长 13.6%，比全国快 1.5 个百分点。该项数据不仅位居全国首位，而且比排名第二的省份多 4054 亿元，全国领先优势进一步扩大。分行业看，2017 年基础设施业与"双创"相关行业贷款增长速度加快。2017 年末，广东第一、第二、第三产业境内单位贷款余额同比分别增长 8.8%、4.9%、15.5%，比 2016 年末分别加快 14.7 个、1.4 个、9.4 个百分点。此外，基础设施行业贷款余额同比增长 17.9%，比 2016 年末高 11.1 个百分点；科学研究和技术服务业贷款余额同比增长 28.4%；文化、体育和娱乐业贷款余额同比增长 43.9%。分企业看，2017 年小微和民营企业贷款增长加快。数据显示，2017 年末，广东小微企业贷款余额同比增长 15.0%，占企业贷款余额比重为 32.6%。民营企业贷款余额同比增长 12.7%，比 2016 年末加快 6.7 个百分点，占企业贷款余额比重达 54%。[1]

表 9—3　　　　　　2016 年广东省银行业金融机构情况

机构类别	营业网点			法人机构
	机构个数（个）	从业人数（人）	资产总额（亿元）	（个）
大型商业银行	6192	143383	85709	0
国家开发银行和政策性银行	82	2416	9110	0
股份制商业银行	2400	98602	90961	3
城市商业银行	607	18112	16726	5
小型农村金融机构	5973	75117	28790	109
财务公司	22	951	3219	21
信托公司	5	1691	564	3
邮政储蓄	2078	17169	5574	0
外资银行	265	9811	5640	5
新型农村机构	241	4026	747	54
其他	14	3715	2845	8
合计	17322	347647	22128	208

注：营业网点不包括国家开发银行和政策性银行、大型商业银行、股份制银行等金融机构总部数据；大型商业银行包括中国工商银行、中国农业银行、中国银行、中国建设银行和交通银行；小型农村金融机构包括农村商业银行、农村合作银行和农村信用社；新型农村机构包括村镇银行、贷款公司、农村资金互助社和小额贷款公司；"其他"包含金融租赁公司、汽车金融公司、货币经纪公司、消费金融公司等。

数据来源：广东银监局、深圳银监局。

---

① 中国人民银行广州分行《广东信贷指标领跑全国 资金"脱实向虚"现象持续改善》。

尤其值得一提的是跨境人民币业务开启创新发展。2016 年，广东省共办理跨境人民币结算业务 2.7 万亿元，占全国结算量的 27.4%。依托广东省自贸区平台，广东积极推动创新业务发展，成效显著。共设立跨境双向人民币资金池 297 个，累计结算额 2667 亿元；25 家支付机构办理跨境人民币业务金额 923 亿元；办理全口径跨境融资融入人民币金额 60 亿元。①

专栏 9—1

广东自贸试验区金融开放发展取得阶段性成效

一、跨境人民币业务创新发展，跨境投融资便利化水平持续提高。稳步推进跨境人民币贷款，扩大境外人民币贷款业务，开展跨境双向人民币资金池业务，支持企业赴港发行人民币债券。截至 2016 年末，广州自贸试验区共有 226 家企业办理了跨境人民币贷款业务，汇入贷款金额 408.0 亿元人民币；共发放境外人民币贷款业务 37 笔，金额合计 122.4 亿元人民币；备案 30 个人民币资金池，累计收付 359.7 亿元；珠海大横琴有限公司在香港发行 15 亿元人民币债券，募集的资金 50% 调回区内、用于市政基础设施建设。

二、外汇管理改革稳步推进，贸易投资便利化水平明显提升。简化经常项目外汇收支手续，开展本外币一体化的全口径跨境融资宏观审慎管理，进一步简化跨国公司外汇资金集中运营管理。截至 2016 年末，广东自贸试验区企业共通过全口径跨境融资宏观审慎管理试点新政在境内借款 10 笔，金额累计 3.3 亿美元；已有 11 家企业开展跨国公司外汇资金集中运营管理业务，集中外债额度 12.6 亿美元，集中对外放款额度 27.4 亿美元。

三、跨境金融服务不断完善，金融支持粤港澳融合发展成效明显。

---

① 《广东金融运行报告（2017）》。

率先启动粤港电子支票联合结算试点，推动金融IC卡在跨境交通领域的使用，在横琴片区开展跨境住房按揭试点。截至2016年末，累计发生粤港电子支票联合结算业务113笔；莲花大桥穿梭巴士以闪付方式收取车费311.7万笔，金额1139.7万元人民币；通过跨境住房按揭，自贸试验区横琴片区累计收汇6.6亿美元。

四、金融管理和服务流程不断优化，中外资金融机构和企业办事、创业更加便利。在国内率先实现开立银行基本存款账户与企业设立登记"一站式"办理，便利新设企业注册登记、开立账户。在珠海横琴组织发放国内第一批"电子证照银行卡"，在国内率先实现了证照户卡（电子证照、银行结算账户、银行卡）的整合。在广东自贸试验区南沙片区上线退税无纸化系统，退税业务办理时间由原来最短半天缩短至目前只要半小时左右。

五、中外资金融机构和新型金融组织聚集发展，创新型、国际化金融组织体系框架开始形成。2016年9月，恒生前海基金管理公司开业，是CEPA框架下内地首家由港资控股的合资基金管理公司。2016年3月，久隆财产保险公司在珠海横琴开业，是国内第一家基于物联网的、专注于装备制造业的专业保险公司。6月，众惠财产相互保险社获中国保监会批准筹建，是国内第一批获准筹建的相互保险组织。截至2016年末，广东自贸试验区有银行业机构93家、证券业机构105家、保险业机构79家、融资租赁公司2407家。

下一步，金融部门将强化金融开放发展与粤港澳大湾区城市群建设规划的联动，营造国际化、市场化、法治化的金融服务环境，支持、引领广东省以至全国新一轮金融改革和对外开放。

（资料来源：中国人民银行广州分行，
《广东省金融运行报告（2017）》）

二　证券业

截至2016年末，广东省法人证券公司、基金公司分别为26家和33家，同比分别增加1家、5家；期货公司21家，同比持平。证券业总资产 16848.4 亿元，同比下降 13.4%；基金规模 30955.2 亿份，同比增长 21.1%；期货公司总资产 1172.6 亿元，同比增长 12.3%。广州证券再次实施增资扩股，华泰期货、广发期货、广永期货等 3 家期货公司增加注册资本 9.5 亿元。

上市公司数量和融资额大幅增加。受 IPO 常态化影响，上市公司数量和融资额大幅增加，2016 年广东新增上市公司 50 家，总数达到 474 家；上市公司融资额 3711.8 亿元，同比增长 73.1%。

多层次资本市场建设取得新进展。2016 年末，广东"新三板"挂牌企业 1585 家，占全国挂牌企业的 15.6%，2016 年做市转让 249 家，协议转让 1336 家，均居全国前列；广州股权交易中心、广东金融高新区股权交易中心注册挂牌企业分别达 2995 家和 1649 家。

此外，深圳证券交易所的发展也是广东省证券业重要组成部分。深圳证券交易所（以下简称"深交所"）于 1989 年 11 月 15 日开始筹建，1990 年 12 月 1 日成立，1991 年 7 月 3 日正式开始营业。全国人大常委会副委员长陈慕华、广东省代省长朱森林、国家体改委副主任刘鸿儒等中央、省和各有关部委负责人，深圳市委书记李灏、市长郑良玉等市委、市府负责人，以及来自海内外各界贵宾共 600 人参加了隆重的开业典礼。自此，广东省拥有了中国大陆两大证券交易所之一。

在深交所成立初期，得到了国家主要领导人的特别关注。1992 年 1 月 19—23 日，邓小平同志视察深圳，在了解了深圳股市的情况之后，邓小平同志指出："有人说股票是资本主义的，我们在上海、深圳先试验一下，结果证明是成功的，看来资本主义有些东西，社会主义制度也可以拿过来用，即使错了也不要紧！错了关闭就是，以后再打开，哪有百分之百正确的事情？" 1993 年 1 月 5 日，李鹏总理视察深交所，次日为深交所题词"努力办好深圳证券交易所，为社会主义市场经济服务"。1994 年 4 月 5 日，国务委员李铁映视察深圳证券交易所。1994 年 11 月 30 日，国务委员李贵鲜视察深圳证券交易所，并题词"大力发展证券市场，努力建设金融中心"。

深交所根植于中国改革开放的前沿，服务于中国经济发展战略，致力于建设全球最具活力的资本市场平台。20 多年来，在中国证监会领导下，深交所已经成为国民经济不可分割的重要组成部分，成为支持实体经济发展、服务国家战略的重要基础平台和推动创新中国建设的重要力量。深圳市市场体系完整，主板、中小企业板、创业板层次清晰、特色鲜明、功能互补，主板服务市场化蓝筹企业，中小企业板服务行业细分龙头，创业板服务自主创新企业和成长型创业企业，充分匹配中国经济多元协同发展优势，包容性强，市场化程度高，成长性突出，创业创新特色显著。截至 2016 年 12 月 31 日，本所上市公司 1870 家，其中主板 478 家，中小板 822 家，创业板 570 家；总市值 22.31 万亿元。2016 年全年，深市股票成交金额累计 77.6 万亿元，股票筹资额 7344 亿元，其中 IPO 融资 479 亿元，再融资募集资金 6865 亿元。深交所的良好发展局面，既是我国经济结构转型升级取得显著成效的例证，也是我国新经济释放潜力、焕发活力的一个侧影。

为全面贯彻党中央关于建设更高层次开放型经济和实施"一带一路"倡议的要求，以及落实证监会关于资本市场国际化战略的部署，深交所在法治化、规范化、国际化道路上积极实践，将"深入推进对外开放"列入全所的重点任务，不断加快资本市场互联互通建设，推动跨境基金产品及指数开发，完善金融基础设施建设，拓展多层次国际交流合作，并致力于建设世界领先的创新资本形成中心。经过多年不懈实践，深交所在国际化发展方面交出了令人满意的答卷。

（一）互联互通机制优化稳步推进

2016 年 12 月 5 日上午 9 时 30 分，随着深圳福田区深交所大楼的开市钟和香港中环的港交所开市锣一齐敲响，深港通正式启动。这样的高光时刻将深交所进一步推向了世界舞台。深港通是中国金融市场对外开放的又一项重大决策，深港通成功开通标志着我国资本市场在国际化方向上又迈出了坚实一步的同时，亦将进一步提升内地与香港市场国际竞争力和服务实体经济的能力。据深交所统计，截至 2017 年 10 月 11 日，深股通累计交易金额 6248 亿元，净买入 1339 亿元；港股通累计交易金额 2820 亿元，净买入 675 亿元；跨境资金整体净流入 664 亿元。

（二）全力探索一站式跨境资本服务机制

当前，我国创新型企业已逐渐融入全球价值链体系，跨境投资、跨境合作程度日益加深，这也对资本市场服务提出了新的需求。从 2015 年开始，深交所便探索建设跨境资本服务机制，与境内外机构共享资源渠道，共建合作网络，逐渐探索出以信息服务对接为纽带促进跨境投融资对接的资本市场国际合作新模式。

2017 年以来，深交所跨境资本服务机制已先后在印度、柬埔寨、老挝、巴基斯坦等四个"一带一路"沿线国家落地，举行多场境内外特色行业企业路演活动，为 23 家"一带一路"地区企业进行线上路演展示，向 4000 家国内投资机构进行了视频和文字展示。跨境资本服务机制也已与英国、巴西、俄罗斯、加拿大、法国、韩国等市场对接，通过促进创新型企业跨境资本形成，进一步推动我国与"一带一路"沿线国家及发达市场间的优质产业与资本融合。

与跨境投融资服务相配合的，是深交所在跨境投融资工具开发方面的探索。在跨境指数开发方面，深交所与下属信息公司积极探索指数产品的国际开发和推广，建设自主海外指数体系。比如，2017 年 4 月顺利推出首批深港通指数；与泛欧交易所联合开发特色欧洲股票市场指数、深证互联网大数据指数、"一带一路"沿线国家指数；与海外资产管理机构合作，在美国、韩国等国家推出系列跟踪深圳市场的 ETF 产品；与卢森堡交易所共同向欧洲投资者发布中国绿色债券系列指数。

在跨境基金产品方面，深交所积极开发挂牌 QDII 基金产品，推动追踪境外指数的基金产品在深交所挂牌。截至 2017 年 9 月 27 日，在深交所上市的跨境基金产品共有 40 只，包括 2 只跨境 ETF、2 只跨境分级基金及 36 只 LOF，投资标的涵盖主要国家和地区的股票、衍生品、贵金属等市场。深交所还积极推动"一带一路"沿线企业在境内发行熊猫债、跨境资产证券化等产品，支持"一带一路"沿线国家和地区基础设施建设。[①]

三　保险业

1980 年，国家恢复办理国内保险业务，贯彻"积极开展业务，积聚保险基金，组织经济补偿，防止灾害损失，增进社会福利，为我国社会主义现代化建设服务"的方针。1982 年中国人民保险公司广东分公司与广东省财政厅签订代办地方企业财政保险协议，规定广东省地方国营企业（包括集体企业）的保险业务，由省财政厅代表省人民政府委托人保公司广东省分公司按照公司的保险条款和费率代办，由地方自负盈亏。涉外保险也采取了灵活的措施，对保险条款、承保办法和险种，在不违背国家政策的原则下，参照国外市场的习惯，都予以接受。在改革开放初期，广东的保险业务发展一直走在全国前列。

改革开放初期，1985 年广东省的保费收入只有 1.7 亿元，到 2016 年广东省保险公司年保费总收入达到 3820.5 亿元，占全国总量的 12%，规模连续 13 年居全国第一。2012—2016 年，保费收入年均增长 22.6%，保险业成为广东省国民经济中发展最快的行业之一。2016 年，广州市"快撤理赔服务新系统"正式上线试运行；广州、阳江、湛江等 7 个地市陆续正式启动"税保合作"；江门、阳江两地正式启动食品安全责任保险试点工作。

2016 年，广东省保险公司赔款和给付支出 1035 亿元，同比增长 17.4%。保险业大病保险服务网点覆盖所有大病保险项目县区，保障人数 6807.5 万人，支付赔款 12.9 亿元，16.8 万城乡居民获得了补偿。

广东省保险业的发展有力地推动了广东省的经济建设。第一，保险业发挥经济"助推器"作用。保险通过提供风险管理和损失补偿，

[①] 《深交所：积极建设世界领先创新资本形成中心》https：//www. sohu. com/a/199570924_115124。

降低风险管理成本，控制风险冲击程度，起到保护、恢复、提高生产力的作用，有力支持了经济增长和可持续发展。第二，保险业发挥了社会"稳定器"作用。保险参与危机管理和多层次社会保障体系建设，通过市场手段、商业行为解决政府不好管、管不好、管不了的事物，促进社会和谐稳定。第三，保险提高了人民生活质量。养老保险、健康保险、意外伤害保险等，解决了人民生活的后顾之忧和"病有所医，老有所养"等问题，大大提升人民的生活质量，促进人与社会和谐发展（见表9—4）。

表9—4　　　　　　　　　2016年广东省保险业基本情况

项目	数量
总部设在辖内的保险公司数（家）	30
其中：财产险经营主体（家）	18
寿险经营主体（家）	12
保险公司分支机构（家）	103
其中：财产险公司分支机构（家）	47
寿险公司分支机构（家）	56
保费收入（中外资，亿元）	3821
其中：财产险保费收入（中外资，亿元）	1001
人身险保费收入（中外资，亿元）	2820
各类赔款给付（中外资，亿元）	1163
保险密度（元/人）	2752
保险深度（%）	3.76

注：保险公司分支机构家数为省级分公司以上保险公司。

数据来源：广东保监局、深圳保监局。

事实上，近年来广州的金融总量与深圳、上海、北京的差距正在逐步缩小，后发优势明显。从2011年到2016年，广州金融业增加值增长了133%，高居国内各大城市之首，同期北京增长108%，上海增长113%，深圳增长84.1%。数据显示，2016年金融业实现增加值

1800 亿元，成为广州市第五大支柱产业，增速为 11.1%，占全市 GDP 的比重达 9.2%，贡献率为 12.1%，拉动 GDP 增长 1 个百分点，成为支撑广州市经济增长的主要力量之一。[①]

第五节　文化产业：建设文化强省

文化是民族凝聚力和创造力的重要源泉，是综合国力的重要因素和经济社会发展的重要支撑。实现国家繁荣富强、人民幸福安康，既需要强大的经济基础，也需要强大的文化力量。新的历史阶段，广东肩负着切实当好推动科学发展、促进社会和谐的排头兵的历史责任和加快转型升级、建设幸福广东的核心任务，这对文化建设带来了新机遇、提出了新要求。

回顾 40 年来广东省文化产业的发展历程，大致可以将其分为三个阶段。

第一阶段，1978—2000 年广东省文化产业起步阶段。邓小平同志 1992 年发表南方讲话，极大地解放了中国人民的思想，党的十四大提出建立社会主义市场经济体制的伟大目标，人们的市场意识、竞争意识、商品意识不断增强。在改革开放的大潮中，1993 年 11 月，文化部提出"发展文化产业"的命题，文化产业渐渐引起社会和理论界的关注，文化系统由"以文补文""以文养文"逐步转入产业发展的轨道。

第二阶段，2000—2011 年是广东省建立文化大省地位的阶段，这一时期的广东省文化产业取得了迅猛的扩张。2000 年"十五"计划建议第一次在国家发展层面上正式提出"文化产业"概念，标志着我国对文化产业的承认和其地位的认可，成为我国文化产业发展的划时代标志。2009 年国务院颁布了《文化产业振兴规划》，标志着中央把发展文化产业提升为国家战略。

---

① 《广东建设金融强省要做大做强广深金融中心》，《南方都市报》2017 年 9 月 15 日。

第三阶段，2012 年至今是广东省致力打造文化强省的阶段。2011年 10 月党的十七届六中全会的召开，标志着我国的文化建设进入了新的历史发展阶段。会议提出建设社会主义文化强国，并强调从构建现代文化产业体系、完善产业格局、推进文化科技创新、扩大文化消费等方面，加快发展文化产业，推动其成为国民经济支柱性产业。从自发走向自觉的转变是中国文化产业政策经历十年之后的成长蜕变，文化产业已经开始主动融入国家经济主体框架。

广东的文化产业在改革开放之后起步较早，在 20 世纪末，广东省文化产业已经以较大规模领先于其他省份，具有基数大的特点。因此，虽然增速相对于其他文化大省较小，但广东文化产业的规模一直保持着全国前列的地位，是名副其实的文化产业大省。近年来，受国内外经济政治因素的影响和产业自身发展的需求，广东省文化产业发展的步伐明显加快。按照产业周期理论，广东文化产业在总体上已从突破探索走向常规发展，从萌芽期进入快速成长期。

2015 年，经国家统计局最终核算认定，广东省全省文化及相关产业增加值达到 3648.8 亿元，同比增长 2.7%（按现价计算），占 GDP的比重 5.01%，总量持续位列全国第一。由于受国家政策的鼓励，以"互联网＋"为主要形式的文化信息传输服务业发展异常迅猛，总量达到 324.2 亿元，位列全省各行业第一。影视录放设备制造业成为增长速度最快的行业，2015 年创造的增加值比上年大幅增长 31.6%。①

2016 年，广东文化产业发展再上新台阶，文化产业增加值继续位于全国首位，产业规模有所扩大，效益向好。初步测算，全省文化产业增加值有望突破 4000 亿元大关，继续位居全国首位，占 GDP 比重

---

① 　1. 文化及相关产业增加值由四部分构成：一是规模以上企业数据，这是主要部分，占 8 成左右，由平台汇总取得；二是规模以下企业数据；三是个体数据；四是非企业数据。

　2. 文化及相关产业增加值按年度进行统计和发布。规模以上企业数据采用全面调查，直接从"四上"企业统计报表中取数测算；规模以下企业、个体及非企业数据主要是按经济普查年度小类行业营业收入或增加值及常规年度规模以上大类行业相对应指标增长计算各市占比分摊计算，合计占 2 成左右。

有所提高。全省规模以上文化企业数量突破 7000 家，由上年的 6653 家增加到 7327 家，增加 674 家，增长 10.1%；规模以上文化企业主营业务收入达 1.55 万亿元，增长 15.7%，居全国首位。从业态看，以"互联网＋文化"为代表的文化信息传输服务业主营业务收入增长迅猛，达到 1351 亿元，增长 67.5%。

广东省不仅在文化产业上领跑全国，更成为文化创新的热土，文化建设中的"广东版图"正在崛起。在文化新业态上，广东以空前力度推进文化改革创新，推动文化产业转型升级，创造新的有效供给，培育了一批文化科技骨干企业。科技、旅游等多种"文化＋"复合型业态出现，以融合发展深化实施文化供给侧结构性改革。

在互联网文化产业领域，广东涌现了一批行业巨头，全国 APP 总榜安装量前三名的微信、QQ、酷狗音乐均出自广东企业。仅酷狗音乐就拥有 5.5 亿用户和 30 亿移动端、30 亿 PC 端安装量。"文化＋金融"培育市场繁荣的沃土。在三个百亿元规模基金领衔的"文化＋金融"路径探索下，广东出台深入推进文化金融合作的实施意见，召开文化金融合作对接会议，促成金融机构对文化企业累计授信超过 2000 亿元，并推动多个文化产业投资基金加速组建。[①]

---

① 《文化建设中的"广东版图"正在崛起》，《南方日报》2017 年 10 月 26 日。

第 十 章

经济发展的助推器：对外贸易

一直以来，广州都是中国对外贸易的中心城市，被称为"东方的世贸中心"。广东不仅见证了中外通商的历史，也为中国对外贸易发展起到了不可磨灭的作用。

第一节　广东对外贸易历史背景

一　千年通商口岸

地处中国大陆南端的广州港，是历史上"海上丝绸之路"的传统商埠。清朝康熙盛世撤除明朝以来的禁海令，实行开海通商政策。1685 年，伴随着日益频繁的国际商业交往，中国历史上最早的官方外贸专业团体——广州十三行应运而生。它是清政府设立在广州口岸的特许经营进出口贸易的洋货行，是具有半官半商的外贸垄断组织。

1757 年，自认为"天朝物产丰富，无所不有，不需与外夷互通有无"的乾隆皇帝，面对蜂拥而至的外国商船，在南巡回京之后，断然在全国实行防范洋人、隔绝中外的闭关锁国政策，宣布撤销原设的沿海各关，仅留广东的粤海关一口对外通商。这就是著名的"一口通商"政策。事实上，在历史上广州有过三次"一口通商"。第一次是在 1523—1566 年（明嘉靖年间），共 43 年；第二次是在清初康熙年间；第三次是在 1757—1842 年（清乾隆二十二年至道光二十二年），至签订《南京条约》止。粤海关设立通商的当年，广州商人经营华洋贸易二者不分，没有专营外贸商行。次年四月两广总督吴兴祚、广东巡抚李士桢和粤海关监督宜尔格图共同商议，将国内商税和海关贸易货税分为住税和行税两类。住税征收对象是内陆交易一切落地货物，由课税司征收；行税征收对象是外洋贩来货物及出海货物，由粤海关征收。为此，建立相应的两类商行，以分别经营贸易税饷。前者称金丝行，后者称洋货行即十三行。从此洋货十三行便成为经营外贸的专业商行，洋货十三行作为清朝官设的对外贸易特许商，要代海关征收进出口洋船各项税饷，并代官府管理外商和执行外事任务。作为粤海关属下的中外交易场所，广州十三行成为清朝唯一合法的外贸特区，中国与世界的贸易全部聚集于此，直至鸦片战争为止，这个洋货行独揽中国外贸长达85年。

1784年2月22日，身披美国国旗的美国商船"中国皇后号"扬帆开始了它的广州之旅，这是中国和美国的首次水路直航。"中国皇后号"带来了大批的西洋参、棉花、皮货等商品售出，又购入大批茶叶、瓷器和丝绸等中国商品。1785年5月11日，在13响礼炮声中，"中国皇后号"完成了其历史使命，回到了美国纽约。这一创举历时15个月，总投资额为12万美元，获纯利3万多美元，约为投资额的1/4，开启了中美直接贸易的序幕。

"中国皇后号"只是广州外贸的一个原始缩影。在明清数百年"一口通商"的国策之下，广州曾是中国唯一的对外贸易通商港口。彼时，停泊在黄埔古港的外国商船不计其数，繁盛景象令人叹为观止。

对外贸易锁定粤海关一口之后，广州口岸洋船聚集，商贾使节往来不绝。据清宫档案记载，1754年，洋船到港27艘，税银仅52万两。1790年，洋船增至83艘，税银达到110万两。到鸦片战争前，洋船多达年200艘，税银突破180万两。十三行成为清政府财源滚滚的"天子南库"。

来自各国的商船，每年五六月间泊靠广州港，带来异地的工艺品、土特产和工业品，在十三行商馆卸货交易后，带着中国丝绸的华贵、瓷器的典雅和茶叶的芳香，于九月十月间乘风回归。通商之后，经十三行完成的贸易额迅速增长。这就是 18—19 世纪中国的对外贸易景象，也是当今每年在广州举办的"中国出口商品交易会"的雏形。

二 改革开放前的尝试

1956 年后粤港边境封锁，不准群众下海捕鱼，给边（沿）区的生产带来了严重损失，特别是总路线、"大跃进"、人民公社"三面红旗"导致出现了严重经济困难。[①] 1961 年 5 月 1 日，陶铸到宝安检查工作时指示，要"利用香港，建设宝安"，努力把宝安县建成游览区。一个月后，他进一步明确："香港和宝安是城乡关系，香港是宝安的城市，宝安是香港的郊区。在深圳要建立游览区，让香港人到深圳游览。"从 1961 年 6 月开始，宝安县开始大规模出口稻草，到香港换取化肥，紧接着广东省同意九龙海关和宝安外贸局提出的全县对外大开放，与香港发展"小额贸易"的建议。

20 世纪 60 年代广东的宝安等沿海地区采取的一些灵活、宽松的政治经济政策，代表了广东当时由"封"到"开"、由"收"到"放"的尝试。粉碎"四人帮"后，广东利用毗邻港澳的有利条件，抓住香港产业调整的机遇，在毗邻港澳的宝安、珠海两县建立外贸出口基地，进行改革开放的初步尝试。1977 年 11 月，邓小平、叶剑英视察广东，邓小平听取广东省委负责人汇报，在谈话中说："说什么养几只鸭子就是社会主义，多养几只就是资本主义，这样的规定要批评，要指出这是错误的"，"供应香港、澳门，是个大问题，比如，搞几个现代化养猪场、养鸡场，宁肯进口一点粮食养猪养鸡，以进养出，赚回钱来。生产生活搞好了，还可以解决逃港问题"。1978 年 4 月 19 日，邓小平在中央政治局讨论《今后八年发展对外贸易，增加外汇收入的规划要点》时指出："路子放宽一点，可以多吸收一些（外汇）"，"现在的问题是如何做得快一些好一些"，"广东搞出口基地，要进口饲料，应该支持，试一试也好嘛。以进出，进口多少，出口多少，要一桩一桩

---

① 尹安学：《解密 44 年前深圳初次开放》，《羊城晚报》2005 年 12 月 17 日。

地算，加强经济核算，加强管理"。

1978 年 4 月，国家计委和外贸部组成港澳经济贸易考察组，对香港、澳门进行了实地调查研究。考察团向中央递交了《港澳经济考察报告》（以下简称《报告》），提出利用和引进港澳资金、技术、设备，迅速发展沿海经济。《报告》引人注目之处在于，提出把靠近港澳的广东宝安、珠海划成出口基地，力争经三年至五年的努力，把两地建设成具有相当水平的对外生产基地、加工基地和吸引港澳客人的游览区。《报告》还建议广东把宝安、珠海两县升格为省辖市。《报告》在中央最高决策层引起了极大的反响。1979 年 1 月 23 日广东省委决定，将宝安县改为深圳市，珠海县改为珠海市。1979 年 2 月 14 日，国务院对广东省《关于宝安、珠海两县外贸基地和市政规划设想》报告做出批复，大致为：第一，今后三年，宝安、珠海两县外贸基地和市政建设国家预算内投资 1.5 亿元，由国家计委按建设进度分年专项拨给广东省，广东省负责包干建设。第二，可以使用银行外汇贷款。第三，两县发展外贸和旅游事业需要增加的劳动指标，由国家劳动总局纳入年度劳动计划，分期分批安排。第四，1979—1981 年，两县的税收和利润除了归还贷款之外，三年以内，暂不上缴，留给当地用于经济建设和各项事业开支。国务院在批复中要求，必须从各方面充分利用两县的优越条件，"除了初步规划的项目外，为方便港澳同胞看病就医，还可扩建医院、药店；吸收港澳同胞和华侨的资金，合建工厂、农场和其他事业，也可试办。总之，凡是看准了的，说干就干，立即行动，把它办成"。

出口商品基地建设虽然是个新的尝试，但它依然是计划经济体制下的一种措施，其范围和影响有限。广东如何勇敢地迈出改革开放的第一步，成为当时一个关系全国的重要问题。

第二节　广东对外贸易体制变迁

广东由于地处沿海，毗邻港澳，华侨众多，成为改革开放的前沿。

1979 年党中央和国务院批准广东在对外经济活动中实行"特殊政策、灵活措施",拉开广东在全国先行一步的序幕。根据中央关于"认真总结和运用国内外一切行之有效的经验,制定新的政策,对现行的外贸体制和其他有关的经济体制进行重大的改革的精神",[①] 广东不失时机地放权搞活,扩大地方对外贸易的权限,扩大对外贸易的渠道,促进工贸结合,开展多种形式的灵活贸易,推动了对外贸易的渐进式改革。

一 外贸大包干

第一阶段(1979—1988 年):下放外贸经营权,实行外贸大包干。这一时期对外贸易经营权力的下放成为改革的中心内容。广东省顺势提出"对外更加开放、对内更加放宽、对下更加放权"的方针,展开了下放外贸经营权,调整进出口主体结构,并放开三类商品出口经营等审批试点探索。

1980—1983 年,根据中央决定,广东实施以地方为主管理的大包干体制,在出口成本一定三年不变的情况下,出口收汇实行包死基数,超基数部分实行中央与地方倒三七分成的做法。为了多出口、多创汇,广东采取了四条措施:一是把大包干指标分解为出口计划、出口成本、盈亏总额三项指标,实施定额管理和增盈减分成,对基层外贸企业试行定额承包或单项奖励,对一些连年亏损的企业实行节约分成、超亏不补等。二是调整出口经营体制,对具备自营出口条件的地方和企业授予出口经营权,形成以专业外贸公司为主体的多层次、多形式、多渠道的外贸经营机制。三是改革出口商品价格体制。摆脱外贸收购经营"行政干预",基本实行收购"实事求是、随行就市"、内外销同价、优质优价,在国际国内两个市场、两种价格灵活经营中获取比较经济效益。四是改革外汇管理和使用制度。贯彻创用结合的原则,打

---

① 《关于大力发展对外贸易增加外汇收入若干问题的规定》(1979 年 4 月),中共广东省委办公厅:《中央对广东工作指示汇编》(1979—1982 年),第 2 页。

破外汇统收统支的"大锅饭"，多创汇的可以多留汇、多用汇，调动了方方面面创汇的积极性。这就是当时的"外贸包干制"。外贸包干打破了外贸出口独家经营的沉闷局面，确立了自主经营、自负盈亏、自我发展的观念，唤起了外贸工作者的首创精神。在实行的 4 年间，广东的进出口贸易取得较大进展，其中出口翻了一番（1980—1983 年），出口创汇超过 77.3 亿美元，上缴中央贸易外汇 50.7 亿美元，全省外汇留成 28 亿美元。

1988 年 5 月，国家将进出口经营权的审批权限进一步下放，广东省广州、经济特区以及国家批准的经济开发区的外经贸主管部门有权审批自属的外贸公司。至此，广东不仅成立 13 家专业外贸公司，还成立了一批地方性进出口公司，拥有进出口经营权企业由 1979 年的 13 家增长到 1988 年的 1576 家，占全国的 26%。

二　外贸经营承包责任制

第二阶段（1989—1999 年）：规范外贸审批权，实行外贸经营承包责任制。由于外贸经营权的下放造成了"政企不分、抬价抢购"等问题，国务院开始清理整顿外贸公司。1989—1991 年，广东审定了经营性外贸公司的撤留标准，专业外贸公司按各自专业性质经营二类商品，同意省外贸开发公司等 6 家企业作为综合性公司经营若干二类商品，① 其他外贸公司经营三类商品；生产企业只能经营资产产品。经过两年多时间的清理整顿，广东省外贸经营企业调整为 1206 家，占全国的 31.7%。通过撤并一些确实没有出口经营能力的企业，对各类外经贸企业的出口经营范围实行严格的限制，规范广东进出口贸易秩序，保证了外贸经营承包制的顺利实行。

1991 年外贸体制确立了"统一政策、平等竞争、自主经营、自负盈亏、工贸结合、推行代理制、联合统一对外"的原则，旨在结束外

---

① 这 6 家外贸企业是：广东省外贸开发公司、广东省外经发展公司、广东海外贸易公司、粤海进出口公司、东方进出口公司、广东（蛇口）进出口公司。

贸长期"吃补贴"的历史，将外贸企业推向国际市场。取消出口商品的三类管理，改为除少数重要商品由国家组织经营，其他商品放开经营。这一阶段外经贸经营权的管理基本由全国统一政策制定，广东从1995年基本停止新的外经贸公司的审批，所有获得进出口权的企业均需按照外经贸部规定的程序报批。截至1999年，广东拥有进出口经营权的企业达3534家，占全国的12%，所占比例有所下降。

三　向备案制过渡

第三阶段（1999—2004年）：审批制向备案制过渡阶段。1999年1月1日，国家对全国大型工业企业实行自营进出口权备案登记制，而且备案机关下放到省级外经贸主管部门，经营范围限定于自产产品的出口业务和生产所需的设备、零件、原辅材料的进口业务。随着我国加入世界贸易组织（WTO），进出口审批制从2001年7月起正式进入了进出口经营资格的登记制和核准制分类管理。广东省登记机关有省外经贸厅及广州、深圳、珠海、汕头等市外经贸局。外贸流通经营核准机关是外经贸部。为了扶持广东民营进出口企业发展，2003年广东外经贸厅利用在生产企业备案登记方面的自主权限，调整了生产企业申请自营进出口资格注册标准："珠三角"地区为100万元，山区和东西两翼地区为50万元。此后商务部调低了企业进出口经营资格的注册资金条件，外经贸流通企业最低注册资本金从500万元降至100万元。国家对外经贸渐进式的"松绑"极大地刺激了企业开展外贸经营的积极性，截至2004年6月底，广东省拥有外贸经营权资格的企业达到24240家，占全国的18%，其中私营企业为19368家。

四　备案登记制

第四阶段（2004年至今）：实行备案登记制阶段。2004年7月1日《对外贸易法》开始实行，配套文件《对外贸易经营者备案登记办法》正式实行，最大特点就是外贸经营权的获得由许可制改为备案登记制，将外贸经营主体范围扩大到个人（非自然人），取消生产企业和外贸流通企业的分别。全国可以办理备案登记的第一批机关就有 48 个，广东省有省外经贸厅及广州、深圳、珠海、汕头等市外经贸局，2005 年 7 月增加 59 个机关，2006 年 10 月增加 46 个地级市作为第三批备案登记机关，至此广东省所有地级市外经贸局全部拥有备案登记权。外贸经营权变为备案制，剔除了关于外贸经营资格的条件要求，成为外贸经营管理重要的制度安排。

第三节　广东对外贸易发展成就

改革开放以后，广东充分利用地缘优势和政策优势，积极承接港澳地区制造业转移，大力发展"三来一补"贸易并开始注重引进外资，提出"以外经促进外贸发展，以外贸增强外经实力"口号，对外贸易得到长足的发展。回顾改革开放四十年，广东对外贸易蓬勃发展，贸易总量不断攀升、贸易结构不断优化，为广东经济、社会发展和人民生活水平的提高做出了卓越的贡献。广东省对外贸易发展成就呈现以下主要特点：

一　对外贸易总量领跑全国

1949—1978 年，由于当时的国际环境与国内计划经济体制等多方面因素，广东的对外贸易处于半封闭状态，发展速度缓慢。党的十一届三中全会以后，广东紧紧把握改革开放的机遇，充分利用毗邻港澳的地理优势，大力发展外向型经济，取得了巨大的成就。自 1988 年起，广东外贸进出口总额和出口总额连续 29 年位居全国第一。外贸的发展壮大为广东经济的发展和人民生活水平的提高做出了卓越的贡献，出口成为拉动广东经济增长的最主要的"发动机"之一。

1978—2016 年，广东进出口额年均增长 18.33%，比同期国内生产总值年均增速 16.89% 高 1.4 个百分点；其中，进口年均增长 21.71%，出口年均增长 12.64%。到 2016 年，广东省外贸进出口总额为 9553 亿美元，占全国贸易总值的 26%；其中出口 5986 亿美元，进口 3567 亿美元，顺差2419亿美元（见图10—1）。与其他主要外贸省市对比，近10年来广东省进出口总额占全国进出口总额的比重基本稳定在25%，即1/4的水平（见图10—2），遥遥领先于其他沿海主要贸易省市。

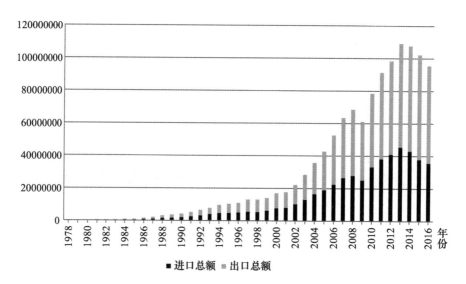

图10—1 1978—2016年广东省进出口总额（万美元）

数据来源：国家统计局，《中国统计年鉴》。

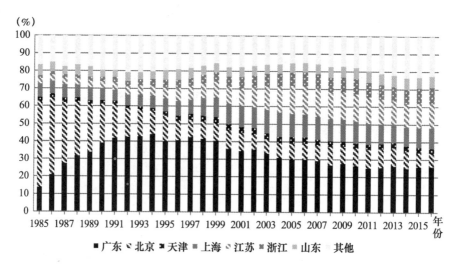

图10—2 1985—2016年广东省与沿海主要省市进出口规模对比

数据来源：国家统计局。

其中，广东省作为出口大省，1985—2015 年出口份额比重平均水平高达34%，可以说广东省承担了全国1/3的出口总量（见图10—3），中国跻身世界贸易主要大国，广东功不可没。

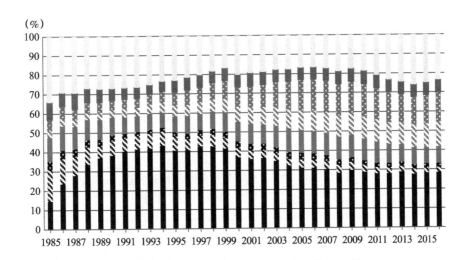

图10—3　1985—2015 年广东省与沿海主要省市出口规模对比

数据来源：国家统计局。

因此，由于地理位置、自然资源、历史渊源、国家政策等多种因素，广东省一直以来保持较高的外贸依存度（见图10—4）。

对外贸易依存度体现了经济增长对进出口贸易的依赖程度，比重的变化意味着对外贸易在国民经济中所处地位的变化。整体上来看，广东省对外贸易依存度平均高达124%（2000—2016 年），出口依存度71%，进口依存度53%，说明广东省的对外贸易在国民经济中地位较高，甚至在很长一段时间里对外贸易依存度超过100%，意味着广东省经济增长对对外贸易的依赖程度较高。而其中，出口相对于进口扮演着更为重要的角色。2016 年广东省出口依存度达49%，远高于全国平均水平，以及北京、天津、上海、江苏、浙江等省市（见图10—5）。

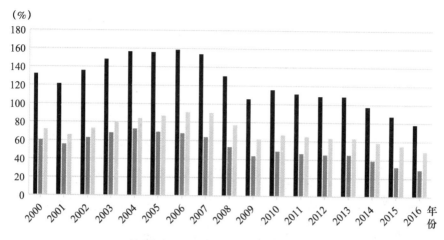

图 10—4 2000—2016 年广东省外贸依存度

数据来源：《广东省统计年鉴》。

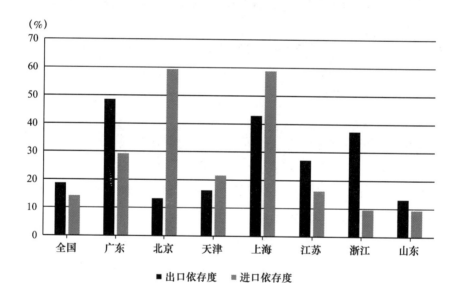

图 10—5 2016 年广东省外贸依存度

数据来源：国家统计局。

二 贸易形式多样化

改革开放以前，广东对外贸易方式以一般贸易为主，兼有少量易货贸易和边境贸易。改革开放以后，广东充分发挥地理优势和政策优势，利用两个市场、两种资源，积极开展灵活多样的贸易方式，形成了以一般贸易、来料加工、进料加工为主，补偿贸易、租赁贸易、易货贸易、转口贸易等为辅的局面。2016 年，广东一般贸易进出口总额4162.80 亿美元，占对外贸易总额的 43.6%；来料加工 429.11 亿美元，占 4.49%；进料加工 3276.7 亿美元，占 34.3%；保税仓库1231.68 亿美元，占 12.89%，其他贸易 452.4 亿美元，占 4.74%。

在改革开放初期，由于生产成本较低，交货周期短，广东省以服装、鞋帽和玩具为主的产品在国际市场的竞争能力大大增强。"三来一补"企业的兴办，符合产业向成本低估流动的经济规律，促进了港澳和发达国家或地区的劳动密集型产业向广东的转移，加工贸易成为最主要的贸易方式，平均占比63%（见图10—6）。从图10—6 中还可以看出，广东省加工贸易占对外贸易比重呈现先上升后下降势态。在20 世纪90 年代末期之前，伴随着劳动密集型制造工业的高速发展，加工贸易迅速增长，占比一度高达75%。

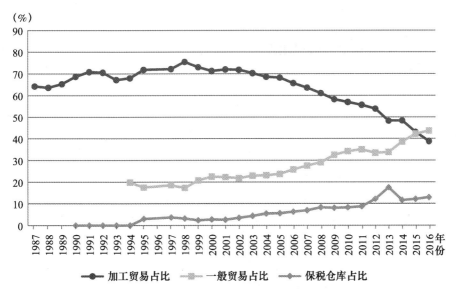

图10—6　广东省加工贸易的比重趋势

数据来源：《广东统计年鉴》。

　　加工贸易在很长一段时间里占据了广东外贸总额主要份额，但这种贸易方式相对低端、粗放，成为广东外贸转型中着力优化升级的对象。进入 21 世纪之后，广东省加工贸易进出口占比持续减少，一般贸易比例持续上升，趋势越来越明显。2016 年，一般贸易全年进出口总额达 2.73 万亿元，占比 43.58%，首次超过了加工贸易（38.8%），广东省外贸结构迎重要拐点。一般贸易对加工贸易的超越，是广东外贸结构优化转型最直接的体现。2016 年，在持续降低的加工贸易比例中，广东以"委托设计＋自主品牌"方式出口比重达 70.9%；截至 2016 年 10 月底，加工贸易企业累计拥有品牌 2.45 万个，比 2015 年底增长 7.6%，纯粹的贴牌生产、代工生产等出口方式正在被新的自主生产所取代。

　　与此同时，广东服务贸易快速增长，服务贸易占对外贸易比重从 2012 年的 6.8% 大幅提高到 2016 年的 13.4%①。2016 年前三季度，广东服务贸易进出口额达到 1160.1 亿美元，增幅 42.9%；2016 年 1—11 月，全省纳入统计的跨境电子商务进出口 149.9 亿元，增长 35.1%，总量居全国首位。

三　出口商品结构优化

　　新中国成立初期，广东出口商品以农副产品为主，占出口总额的比重逾六成，而轻纺、工矿产品出口不足四成。改革开放后，随着轻纺工业和加工工业的快速发展，轻纺产品出口的比重逐年上升，由改革开放初期的 30% 上升为 1990 年的 64.8%，农副产品所占比重则由改革开放初期的 38.7% 下降至 7.8%。

　　进入 20 世纪 90 年代，广东工业结构加速转型升级，产业结构不断调整优化，工业制成品的比重逐步上升，机电产品、高新技术产品（与机电产品有交叉，下同）成为出口的主要增长点。1993 年广东机电产品出口首次突破 100 亿美元，占当年出口总额的 36.6%；2004 年

---

① 广东省统计信息网。

突破千亿美元，占出口总额的 67.7%。2016 年广东机电产品出口达到 4064.84 亿美元，占全省出口总额的 67.91%，比重比 1993 年上升 30 个百分点。同时，电子信息、生物医药、光电技术、精细化工等高新技术产品逐步发展也成为推动广东出口增长的新产业集群，出口商品竞争力不断提升。1998 年广东高新技术产品出口首次突破 100 亿美元，占当年出口总额的 13.7%。2016 年广东高新技术产品出口达 2135.92 亿美元，占出口总额的 35.68%，比重比 1998 年提高 22 个百分点（见表 10—1）。

表 10—1　　　　　　　　按产品类型分的出口额　　　　　　　单位：亿美元

项目 \ 年份	2000	2010	2013	2014	2015	2016
出口总额	919.19	4531.91	6363.64	6460.87	6434.68	5985.64
#农产品		56.71	81.31	84.32	86.45	91.99
机电产品	499.75	3156.84	4395.69	4285.59	4380.34	4064.84
高新技术产品	170.20	1753.39	2564.07	2310.17	2325.47	2135.92
#农产品占比		1.25%	1.28%	1.31%	1.34%	1.54%
机电产品占比	54.37%	69.66%	69.08%	66.33%	68.07%	67.91%
高新技术产品占比	18.52%	38.69%	40.29%	35.76%	36.14%	35.68%

而在主要传统劳动密集型产品中，2016 年服装及衣着附件出口 314.2 亿美元，出口额与上年持平；鞋类出口 137.7 亿美元、纺织纱线织物及制品出口 112.3 亿美元、箱包出口 70.0 亿美元，分别下降 3.6%、0.4% 和 1.9%；家具及其零件出口 154.1 亿美元、塑料制品出口 76.5 亿美元、玩具出口 78.4 亿美元，分别增长 3.3%、7.6% 和 3.0%。

四　经营主体呈现新格局

改革开放以前，对外贸易由外贸部统一管理，各专业外贸公司统一专营，各省缺乏灵活性和自主性。改革开放后，广东大力改革外贸

体制，积极探索建立技工贸结合的外贸公司，促使国有外经贸企业向
国际化、集团化、实业化、股份化的目标发展；逐步放宽外贸经营权，
培育各种经营主体，形成了国有企业、集体企业、外商投资企业、私
营企业和个体工商户共同发展的新局面。

　　1990 年，广东国有企业进出口额 290.58 亿美元，占全省进出口
总额的 69.4%；外商投资企业进出口额 125.67 亿美元，占 30.0%。
进入 20 世纪 90 年代，外商投资企业的地位愈显重要，成为推动广东
对外贸易发展的重要力量，外商投资企业贸易总额占比持续保持在
50% 以上。进入 21 世纪，私营企业进出口业务开始崭露头角，并迅速
进入高速增长期，为广东外贸发展注入新的活力。2008 年私营企业出
口 708.80 亿美元，是 2000 年的 115.4 倍，占全省出口总额的 17.5%，
比 2000 年提高 16.8 个百分点。其中，私营企业一般贸易出口 523.17
亿美元，占私营企业出口总额的 73.8%，占全省一般贸易出口的 45.0%，

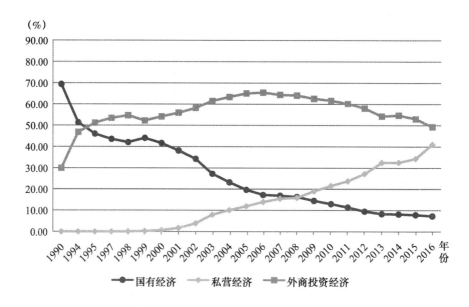

图10—7　广东省贸易经营主体的比重趋势①

---

① 《广东省统计年鉴》。

是全省一般贸易出口的主力军之一。这一年，私营企业外贸总额占比开始超过国有企业（见图10—7）。

2008年至今，广东进出口表现出"民营企业＋一般贸易"增长模式，增速较快新型贸易业态发展迅猛。广东外语外贸大学国际经济贸易中心主任陈万灵教授指出，"广东民营经济一直在上升，如今在出口领域占主导，意味着广东外贸的内生增长动力正在实现转换，由外资转换成内资"。陈万灵还补充说，"不同于外资企业多半以加工贸易为主，民营企业更多是一般贸易，从这一点来看，主体的变化与内生增长动力转化、增长方式变化和外贸方式变化是一致的，这也都是广东外贸转型升级的成果"。

第四节　对外贸易的启示

不可否认，对外贸易对广东省经济发展做出了巨大的贡献。但是，过高的对外贸易依存度意味着经济增长的对外依赖程度过高，也带来了风险和隐患。外部市场的波动很容易传导到国内经济，尤其是作为改革开放窗口的广东省。同时，广东省对外贸易还存在出口过分依赖加工贸易等问题。在过去近10年间，广东经济的对外贸易依存度从159%的高点降至78%，可以看出广东省政府力促升级转型的决心。

此外，加工贸易作为最主要的对外贸易形式，能够在很大程度上促进就业，带动产业结构的优化。然而，在加工贸易的发展过程中，仍存在着一些转型升级的问题，这应该引起社会多方的重视。推动加工贸易加快转型升级，是转变经济发展方式的重要内容，也是广东加快转型升级的迫切要求。政府应该鼓励加工贸易延伸产业链，增加内销业务，扶持一批有规模、有优势的加工贸易企业从贴牌生产向委托设计、向自主品牌转型，努力转变外贸发展方式，提升广东经济的国际竞争力。

在未来一段时期，这些问题仍将困扰广东对外贸易的发展，需要在发展中加以解决。因此，应转变经济增长方式，加强贸易平衡发展，增强发展后劲，提高抗风险和应对贸易摩擦能力，使广东外贸发展更上一层楼，为广东经济发展做出更大贡献。

第十一章

经济发展的落脚点：民生建设

2002 年，党的十六大报告在阐述 2020 年实现全面小康社会的目标时，加进了"社会更加和谐"一项；2004 年，党的十六届四中全会提出了构建社会主义和谐社会与社会建设的新概念，并就相关社会建设领域的若干重大问题做出了部署、决定；2007 年，党的十七大进一步指出要加快推进以改善民生为重点的社会建设，社会主义建设的布局由三位一体扩展为包括社会建设在内的四位一体，社会建设越发受到党和政府以及社会、公众的关注和重视。

在我国，社会建设的具体内涵体现在解决好人民群众最关心最直接最现实的利益问题，在学有所教、劳有所得、病有所医、老有所养、住有所居上持续取得新进展。围绕构建中国特色的社会管理体系，加快形成党委领导、政府负责、社会协同、法治保障的社会管理体制，提高公共服务共建能力和共享水平。正确处理人民内部矛盾，建立健全党和政府主导的维护群众权益机制。

广东省作为我国的人口大省和经济大省，在经济发展不断取得新成绩的同时，更加需要保持社会建设不落后，避免出现"一条腿长，一条腿短"的情况。广东省委、省政府历来高度重视民生建设，在过去的改革开放 40 年间，取得了一些值得肯定的惠及人民福祉的社会建设成绩。2011 年，中共广东省委、广东省人民政府做出《关于加强社会建设的决定》。广东省正视社会建设存在的不足和问题，着手解决和改善，不断提高人民群众生活水平和幸福感。

第一节　经济发展成果普惠城乡

一　城乡居民可支配收入持续增长

改革开放，惠及民生，最直观的体现就在于居民收入的变化。一直以来，经济发展与居民生活水平提高是具有高度一致的方向性的两个主要目标，而居民收入，尤其是可支配收入的变化，则直接反映居民在多大程度和范围内可以使用自己的收入进行消费从而充实和提高自己的生活水平（见图 11—1）。

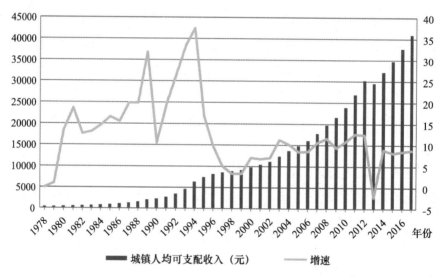

图 11—1　广东省城镇居民人均可支配收入（1978—2016 年）

数据来源：国家统计局，《广东统计年鉴》。

40 年来，改革开放促使广东经济繁荣发展，广东省居民收入水平也以肉眼可见的速度不断攀升。1978 年，广东省城镇居民和农村居民的可支配收入分别只有 412.13 元和 193.25 元，而 1988 年这两个数字分别达到了 1583.13 元和 808.7 元；10 年后，这两个数字猛增到8839.68 元和 3527.14 元；改革开放 30 年，城镇居民人均可支配收入逼近 2 万元大关，达到 19732.86 元，农村居民人均收入为 6399.77

元；2016 年，这两个数字再次翻番，分别达到了 40975.1 元和
15779.7 元，增势迅猛（见图 11—2）。

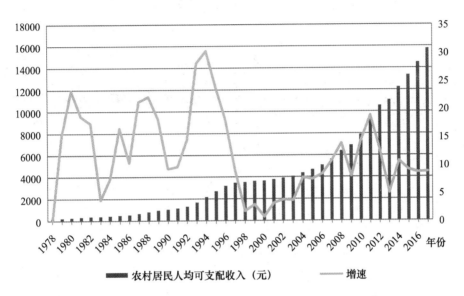

图 11—2　广东省农村居民人均可支配收入（1978—2016 年）

数据来源：国家统计局，《广东统计年鉴》①。

2016 年，我国城镇居民人均可支配收入为 36396 元，中位数为
33834 元，农村居民人均可支配收入 13432 元，中位数 11969 元。与全
国平均水平和中位数水平相比，广东省居民的人均可支配收入均处于
较高水平；从名义增长速度来看，广东省居民人均可支配收入增速都
高于同期全国平均增速，属于快速增长的省份，且城乡增速呈现较为
一致的升降趋势。

在人均可支配收入水平不断提高的同时，应注意到广东省城乡居
民可支配收入的差异仍然较大。从城乡居民可支配收入比值的历史趋
势来看，改革开放以来，广东省城乡人均可支配收入比值呈现类似双
峰驼状的变动；从增速来看，从改革开放到 2006 年以前，城镇居民人

---

① 2013 年统计口径改革前，农村未统计"人均可支配收入"，而以"人均纯收入"统计。

均可支配收入增速要高于农村居民，但从 2006 年之后，农村居民人均可支配收入增速明显高于同期城镇居民，这一变化与 2006 年全国全面取消农业税不无关系，一系列惠民惠农举措出台，与取消农业税一起为提高农村居民收入、缩小城乡差距提供了有力保障（见图 11—3）。

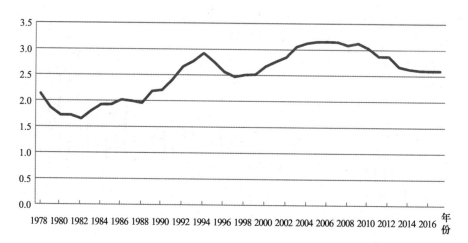

1978 1980 1982 1984 1986 1988 1990 1992 1994 1996 1998 2000 2002 2004 2006 2008 2010 2012 2014 2016 年份

图 11—3 广东省城乡居民可支配收入比值（1978—2016 年）

数据来源：国家统计局，《广东统计年鉴》。

未来，我国经济增长面临转型，国富与民富更加平衡，经济增长也更加重视对居民生活水平的提高。经济总量增长步入新常态，增长放缓，更加重视经济结构优化和居民收入提高，未来广东省居民收入仍将持续稳定增长，人民生活水平继续不断提高，同时更加重视城乡收入差异，努力促进收入分配更加公平。

二 收入主体明确，结构多样化

随着改革开放，居民可支配收入水平不断提高的同时，收入结构也发生着变化。1998 年，广东省城镇居民人均可支配收入 8839.68 元中，国有单位职工收入和集体单位职工收入分别为 4861.56 元和830.21 元，占总收入的 64.4%，转移收入 1262.01 元，占 14.3%。在当时，国有制性质下的收入仍占居民可支配收入的绝大部分，但相比

1995 年，三年间"其他经济类型单位职工收入"实现了翻番，这是其他收入来源成分所不具有的高增速，并且在之后几年间保持了年均30% 左右的高速增长。而同一时期内，农村居民的收入来源中，工资性收入（劳动者报酬）部分比重不断增加，而作为传统农村居民收入来源的经营性收入在绝对值和比重上都出现了下降，这与改革开放带来的农民工进城潮有很大联系（见图11—4）。

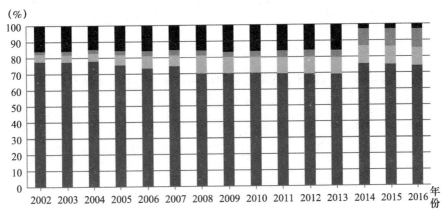

图11—4 广东省城镇居民可支配收入结构变动（2002—2016 年）

数据来源：《中国统计年鉴》，《广东统计年鉴》（2003—2017 年）。

2002 年开始，我国城镇居民和农村居民可支配收入来源统一分为工资性收入（工薪收入）、经营净收入、财产性收入和转移性收入四部分。自此，工资性收入成为城乡居民可支配收入的最主要来源。2003 年，广东省农村居民可支配收入中，工资性收入占比首次超过家庭经营纯收入占比，标志着广东省工资性收入占居民收入主体地位的确立（见图11—5）。其中，常住人口外出从业所得自 2000 年开始常年保持 30% 以上的高速增长，相对应地，本地企业工资性收入则出现停滞甚至下降的情况，民工潮对农村居民收入的结构改变得到明显的体现。

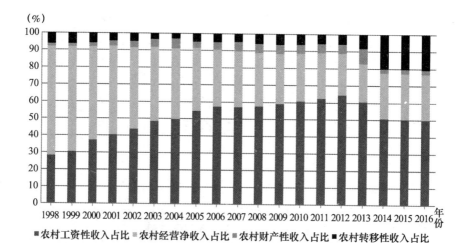

图11—5　广东省农村居民可支配收入结构变动（1998—2016年）

数据来源：中国统计年鉴，《广东统计年鉴》（1999—2017年）。

到2016年，城镇居民可支配收入中工资性收入占比74.2%，经营净收入占比11.2%，财产性收入占比11.6%，转移性收入占比3%；农村居民可支配收入中工资性收入占比50%，经营净收入占比26.8%，财产性收入占比2.5%，转移性收入占比20.7%。可以看到，与数据统计初期相比，城镇和农村居民的收入结构已经有比较明显的变化，尤其是农村居民收入结构变化更加明显。并且与改革开放30年时相比，工资性收入占比均出现了下降，经营性收入占比有所增加，农村居民转移性收入占比明显提高，这与中国以及广东省内对农村居民收入的政策性补助加强是分不开的。

总的来看，改革开放40年来，广东省居民收入的结构发生了巨大变化，并且仍在继续着新的变化，收入结构以工资性收入为主，其他性质收入占比有增有减，收入结构更加多样化。

第二节　人民生活持续改善

一　消费与收入同步持续增长，城乡差异缩小

居民可支配收入增长反映居民生活水平提高，实际中是通过进行

消费得以现实体现的。改革开放 40 年来，广东省居民的人均消费也随着经济发展、收入增长而快速增长（见图 11—6）。

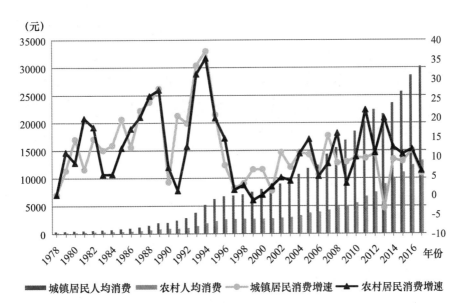

图 11—6　广东省城乡居民人均消费变化（1978—2016 年）

数据来源：全国年度统计公报；《中国统计年鉴》；《广东统计年鉴》（1979—2017 年）。

1978 年，广东省城乡居民人均消费分别仅为 399.96 元和 184.89 元。改革开放后，居民人均消费迅速增长，10 年后均达到约为 1978 年 4 倍的水平；1991 年后，进入增长的黄金时期，连续几年保持在 20% 以上的年增速，增速峰值接近 40%；1998 年之后进入平稳增长时期，城乡增速均保持在 10%—15%，近几年增速有所下降，保持在 6% 左右。2016 年，全国城镇居民人均消费支出 24445 元，农村居民人均消费支出 10955 元，广东省城乡居民人均消费分别为 30197.9 元和 13199.6 元，均远超全国平均水平。

可以看到，居民人均消费和居民人均可支配收入的历史走势有很高的相似度，无论是水平值还是增速均体现了较高的一致性：改革开放早起的高速增长，中期波动较大的增长，以及后期的平稳增长；2010 年之后，人均消费的增长体现出和人均可支配收入相似的城乡增速差异——城镇居民增长放缓，甚至出现短期的负增长，而农村居民增长维持较高水平。

城乡居民人均消费快速增长的同时，城乡差异仍然较大。但从城乡消费比值来看，城乡居民人均消费差异在缩小，尤其在2006年以来较为明显，体现在农村居民人均消费增速远高于城镇居民，在这一段时间内城乡差异缩小较快，可以看到取消农业税对农村居民可支配收入和人均消费的解放力度相当大，同时也反映出农村居民相比城镇居民的边际消费倾向更高，联系到农村居民人均可支配收入水平较低，可以直觉地得到边际消费倾向递减的经济学一般规律。

二 消费结构性更加优化，城乡区别明显

广东省城乡居民的消费结构也在发生着变化。食品烟酒占比仍然是城乡居民消费中的主要部分，该部分也可以恩格尔系数来表示。随着改革开放，该部分呈现出同恩格尔系数理论相符的比重不断下降的趋势，2016年城镇居民人均消费中32.9%用于食品烟酒消费，在农村居民人均消费中这一比例为40.4%，值得注意的是，相比于1978年的比例，当前城镇居民和农村居民在食品烟酒消费中的差异几乎没有改变，仍然保持着8%左右的差距。从城乡居民消费各自结构的发展来看，二者具有比较类似的结构变化趋势：食品烟酒消费比重都明显降低，居住占比都明显增加，其余消费部分变动较小。总之，根据恩格尔系数相关理论，城镇居民消费结构仍然优于农村居民消费结构。但是，广东省恩格尔系数较全国相比较大：2016年，全国城镇恩格尔系数为29.3%，农村为32.2%，同期广东省的两项数据分别为32.9%和40.4%，与全国平均水平仍有差距。

虽然恩格尔系数差异没有缩小，各部分的变动趋势也较为相近，但城乡居民的消费结构仍然有明显区别。通过图11—7和图11—8可以看到，城镇居民的居住消费占比在2013年之前较小，之后显著增加并与农村居民的居住消费占比相近；各个时期内，城镇居民在交通通信、教育文化娱乐、衣着消费方面的支出明显高于农村居民，而医疗

保健支出占比要低于农村居民，这些区别可以现实地解释城乡居民消费结构差异为什么没有发生显著缩小。

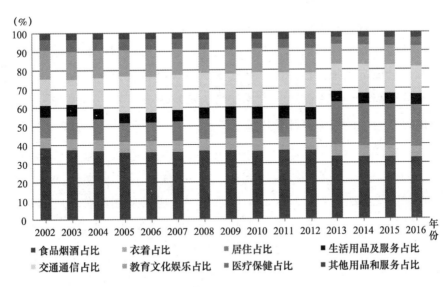

图11—7　广东省城镇居民人均消费结构变化（2002—2016年）

数据来源：《广东统计年鉴》（2003—2017年）。

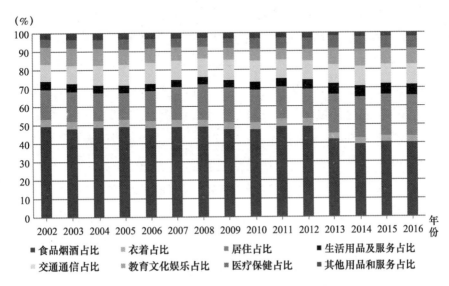

图11—8　广东省农村居民人均消费结构变化（2002—2016年）

数据来源：《广东统计年鉴》（2003—2017年）。

第三节　社会建设全面铺开

一　社会保障事业：保障民生的安全网

社会保障是国家依法强制建立的、具有经济福利性的国民生活保障和社会稳定系统；在中国，社会保障应该是各种社会保险、社会救助、社会福利、军人保障、医疗保健、福利服务以及各种政府或企业补助、社会互助保障等社会措施的总称。①

社会保障在中国不是一个新鲜事物，从新中国成立之初就存在于我国的社会事业发展和社会建设中。时至今日，广东劳动和社会保障事业一直受各级党委、政府的高度重视，经历了从无到有、从小到大的发展历程。尤其是改革开放以来，广东省不断探索，建立起一套具有广东特色的、与社会主义市场经济体制相适应的劳动和社会保障体系。

截至2017年，广东省社会保障建设取得了一些可喜的成绩。具体体现在：

覆盖范围进一步扩大。1987年底，全省合同制工人全面实行社会养老保险制度，参加社会养老保险的合同制职工仅有53万人。而至2017年，养老、医疗、失业、工伤和生育保险参保总人数达2.68亿人，完成"十二五"目标任务的118%，基本养老保险参保率达94%，基本医疗保险参保率达98%。救助对象认定机制初步建立，底线民生保障基本实现应保尽保。

保障水平进一步提高。截至2017年，全省企业退休人员人均养老金达2400元/月，城乡居民基础养老金标准达100元/人·月。职工医保、居民医保政策范围内住院费用报销比例分别达87%和76%，最高支付限额分别达52万元和44万元。社会保障标准自然增长机制逐步完善，底线民生保障标准逐年提高，保障水平总体位居全国前列。率先全面实施大病保险制度，大病保险覆盖范围进一步扩大，有效减轻

---

① 郑功成：《社会保障学》，商务印书馆2000年版，第9页。

大病患者特别是困难群体的医疗费用负担。2015 年，全省城镇职工养老保险（含离退休）参保人数 5087 万人，城乡居民基本养老保险参保人数 2500 万人，城乡基本医疗保险参保人数 10136 万人，失业保险参保人数 2930 万人，工伤保险参保人数 3122 万人，生育保险参保人数 3082 万人，五大险种累计参保 2.68 亿人次，年末五种保险基金累计结余 9831.18 亿元。2016 年，全省城镇、农村低保补助补差水平分别提高到每月 418 元和 190 元，截至 7 月底，全省城镇最低生活保障户数 131477 户，人数 255061 人，全省农村最低生活保障户数 584967 户，人数 1353623 人；农村五保供养标准提高到每年 6470 元以上，确保不低于当地上年度农村居民人均可支配收入的 60%，截至 7 月底，全省农村五保特困人员救助供养人数 232771 人；城乡医疗救助人均补助标准提高到每年 2178 元，政策范围内住院医疗救助比例提高到 70% 以上，截至 7 月底，民政部门直接医疗救助人次数为 587459 人次（见图 11—9）。"十二五"期末，每千名老人拥有养老床位不少于 30 张；实施低收入群体殡葬基本服务免费制度，居民平均预期寿命达 76.8 岁；

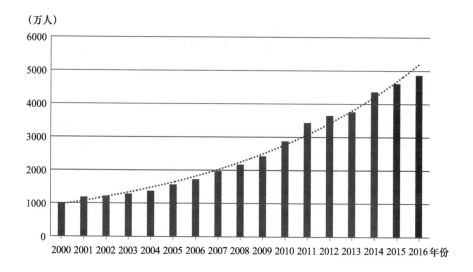

图 11—9 2000—2016 年广东省在职职工参加养老保险人数

数据来源：国家统计局。

到 2020 年，基本形成统一规范的全科医生培养模式和"首诊在基层"的服务模式，基本实现城乡每万名居民有 2—3 名合格的全科医生。

服务能力进一步提升。覆盖省、市、县、镇、村的社会保障公共服务组织体系和服务网络全面建成，社会保险信息系统网络覆盖率达 93.5%，底线民生信息化核对管理系统初步建立。省、市、县全面建立救助申请家庭经济状况核对机制，基本实现医疗救助即时结算和医疗保险省内异地就医直接结算。社会保障卡应用领域不断拓展，持卡人口覆盖率达 92.5%。

二　社会工作事业：从起步到成熟

社会工作是以利他主义价值观为指导，以科学的知识为基础，运用科学方法助人的服务活动。它旨在帮助社会上的弱势群体，预防和解决部分因经济困难或不良生活方式而造成的社会问题。在我国社会工作不仅包括社会福利、社会保险和社会服务，还包括移风易俗等社会改造方面的工作，是一个全方面服务社会的工作。

改革开放以前，我国并无社会工作这一概念，社会工作主要以居民互助的简单、散落形式自发性地体现。改革开放后，社会工作的专业概念被引入，社会工作事业开始发展起来。2006 年以前，广东省的社会工作处于萌芽起步阶段。这一阶段中，广东省社会工作经历了从无到有、从业余到专业的转变。2006 年以前，广东省社会工作尚未纳入各级党委政府的工作范畴。随着粤港澳社会服务领域交流日益频繁，20 世纪 90 年代起，广州市部分社会服务机构开始社会工作实践探索，如广州市荔湾区逢源街道为满足居民对社区服务的需求，与邻舍辅导会合作开展社工服务；广州市老人院与香港圣公会合作，引入专业社工，推行院舍老年人社工服务；部分公益服务类社会组织如广州 YM-CA 等也尝试引入社工积累实践经验。社会工作专业教育起步，自 1999 年开始，华南农业大学、广东商学院、中山大学、广州大学、广东工业大学等高校相继设立社会工作专业。社会力量探索的社会工作服务实践，以及社会工作专业教育的发展，为全省社会工作的起步打下了一定的基础。

2006 年以后，社会工作在全省开始试点探索，并逐步壮大、推广。2006 年，民政部在广东省召开全国民政系统社会工作人才队伍建设推进会以后，全省迅速启动试点探索，并于 2009 年与民政部签订《民政部广东省人民政府共同推进珠江三角洲地区民政工作改革发展协议》，明确将"率先建立现代社会工作制度""将珠江三角洲地区逐步建成社会工作发展和社会工作人才队伍建设示范区"作为我省推进目标。经过 3 年的发展，组织领导体系初步建立，2009 年，省民政厅成立社会工作处，广州、深圳、东莞、珠海、中山、江门等 6 市民政局先后成立社工科（处），珠江三角洲各市相继成立社会工作领导小组，加强对社会工作重大问题的决策和协调；试点工作稳步推进，2007 年，广州市荔湾区、深圳市南山区、龙岗区、盐田区、省少年儿童救助保护中心、广州市老人院被确定为民政部第一批试点地区和单位。2009 年，东莞市、珠海市等 6 个地区及广东省荣誉军人康复医院等 17 个单位被确定为民政部第二批试点地区和单位。深圳、东莞启动政府购买社会工作岗位试点，广州市启动政府购买社会工作服务项目试点，各地第一批社会工作者相继上岗；社会工作机构发展壮大，2007 年 5 月，全省第一家社会工作机构——深圳市鹏星社会工作服务社成立，2010 年广东省社工师联合会成立，2010 年底，全省社会工作服务机构已达到 117 家，广州、深圳、珠海、东莞等市社工行业协会日益发挥行业服务和自律自治作用。

2011 年以来，社会工作事业进入全面推进的新发展阶段。2011年，广东省委十届九次会议专题研究加强社会建设，广东省委办公厅、省府办公厅出台《关于加强社会工作人才队伍建设的实施意见》，并将"每万人持证社工人数"纳入"幸福广东"评价指标体系，广东省社会工作进入全面推进阶段。截至目前，全省社会工作顶层制度设计初步完成，综合政策引领、专项政策配套的制度体系逐步健全；组织领导体系日益健全，省民政厅及广州、深圳等 9 个地级以上市民政局单独设立社会工作科，省、市、县三级成立社会工作行业协会 51 个；

政府购买服务成为广东省最主要的社会工作服务供给方式，2015 年度投入资金超过 11 亿元；社会工作专业人才和社会工作服务机构日益壮大，全省通过全国社会工作者职业水平考试人数达近 6 万人，已有社会工作服务机构 1163 家；社会工作实践逐步深化，服务领域从社会福利与社会救助逐步扩大到残障康复、禁毒帮教、社区矫正、就业援助、职工帮扶、纠纷调解、应急处置等领域，服务地域已从城市扩展到农村，服务对象已从儿童青少年、老年人、残疾人延伸扩展到流动人口、受灾群众、有特殊需要的妇女等群体。①

在社会工作事业不断健全的发展过程中，广东省大力推进政府购买社会工作服务，逐步探索出"政府出资购买、社会组织承办、全程跟踪评估"的社会工作服务供给方式，形成了购买方式多样化、购买程序规范化和绩效评估常态化的特点；同时注重培育社会工作专业人才和社会工作服务机构这两个直接提供社会工作服务的主体，壮大专业人才队伍，强化服务机构培育，从政策上保障社会工作事业有序开展，从经费上保障社会工作有效实施，从宣传上协助社会工作更加顺畅地服务人民群众的生产生活。

未来，广东省社会工作仍面临诸多挑战，如不同地区间社会工作发展水平不平衡；体制机制仍不够健全，在很多领域仍缺失制度保障，工作开展困难；专业效果不够明显，专业人才队伍仍有较大缺口，专业性仍需继续提高等。"十三五"期间，广东省将以问题为导向，着力破解当前社工服务机构、服务项目、服务人才不稳定的困境，坚持培育与规范并重，以健全制度体系、工作体系、服务体系为抓手，以稳定一线队伍、规范机构发展为核心，着力增强社会工作服务力量，丰富发展路径，推动区域平衡，优化发展环境。力争到 2020 年，广东全省建立较为完善的制度体系，初步形成跨城乡、广领域、多人群的专业社会工作服务体系，持证社会工作专业人才达到 10 万人，社工服务机构公信力显著提升，社会工作的社会作用较为广泛、明显。

---

① 数据来源：《广东省社会工作十年发展报告》（2016）。

三　先行创新，便民利民

人民群众对生活水平提升的感受不仅来源于收入的增加，从许多身边时时刻刻会遇到的小事中往往会得到更为直观的感受。广东省在便民利民方面一直处于先行的地位，率先推出诸多方便人民群众办事、生活的举措。

改革开放以来，为适应社会主义市场经济建设的需求，广东省在改革审批制度和转变政府职能方面做出了表率作用。1997 年，深圳市在全国率先启动政府行政审批制度改革；1999 年 7 月 1 日，广东省政府成立审批制度改革领导小组，广东省第一轮行政审批制度改革正式启动；2008 年广东省又通过了《关于进一步深化行政审批制度改革的意见》，进一步推进行政审批制度改革。在改革工作中，共取消审批项目 1405 项，下放审批项目 287 项，改变管理方式 125 项。

2016 年 7 月 1 日，广东省公安厅与海南省开通身份证业务异地受理，海南籍在广东、广东籍在海南暂住的居民均可就近办理身份证丢失补领、到期换领、损坏换领三项业务。按照公安部于 2015 年 11 月发布的《关于建立居民身份证异地受理挂失申报和丢失招领制度的意见》部署，身份证异地受理于 2016 年 7 月在全国大中城市和有条件的县（市）推广异地受理，2017 年 7 月将在全国各地全面实施异地受理、挂失申报和丢失招领工作。在身份证异地受理开始推广一个月之后，广东省公安厅将该项业务的适用范围新增加 10 个省市，包括北京、上海、天津、江苏、湖北、福建、辽宁、黑龙江、吉林、浙江。广东户籍在上述 11 个省市暂住的居民亦同样可就近办理相同业务。

同样在户籍工作上，由湛江市公安局创新的"第二代居民身份证自助申办系统"解决了户政服务量多、办证人员少、居民办理身份证难的问题。2015 年 10 月，在广东省公安厅举办的首届粤警创新大赛上，湛江市公安局申报的"第二代居民身份证自助申办系统"从 700 多个项目中脱颖而出，获得大赛金奖，也是大赛中公安户政业务项目唯一一个金奖项目。2016 年 5 月，该系统及终端设备获得公安部第一研究所检测通过，并在第八届中国国际警用装备博览会上备受瞩目。"第二代居民身份证自助申办系统"及终端设备于 2015 年 4 月在湛江市测试，2015 年 10 月正式上线并推动全国首个 24 小时身份证自助办证大厅在湛江市开放使用。截至 2016 年 9 月，该系统及终端设备已经在广东省的广州、湛江、佛山、茂名、揭阳、梅州等 12 个地市和湖南省的株洲、浏阳、怀化等 3 市落地使用，其中广州、湛江为全市各区办证中心全覆盖，超过 18 万名广东户籍居民使用该系统自助完成身份证申办业务。①

　　2017 年底，广东省创下的一项全国第一引起了许多人关注。2017 年 12 月 25 日，广州市公安局南沙分局发出了全国首份"微信身份证"，这种既可以保证个人信息安全，又能证明"自己是自己"的网证受到市民的欢迎，从 25 日上线当天开始到 26 日下午，一天多的时间内就有 3 万多人办理了"微信身份证"。今后，居民通过扫码就能够告诉别人自己的身份信息。在不久的将来，乘坐飞机、去酒店住宿都可以通过这种虚拟的"身份证"来完成（见图 11—10）。

图 11—10　广东省颁发全国第一份微信身份证

---

①　广东省公安厅：《第二代身份证自助申办系统已在我省 12 个地市使用——破解群众办证难题》，平安南粤网，2016 年 10 月 28 日。

第四节　制度保障民生幸福

一　民生建设有法可依，有章可循

改革开放以前，广东省主要通过贯彻国家 1951 年颁布的《劳动保险条例》开展社会保险工作，形式较为单一，且执行过程也受到历史进程的冲击，执行效果难以体现。改革开放以后，社会保险逐步走上了正常发展的轨道，相关条例制度也逐步完善，《广东省企业年金实施意见》《广东省失业保险条例》《广东省工伤保险条例》《广东省社会保险经办机构内部控制实施细则》《广东省社会保险经办业务管理规程》等制度相继出台，保障了社会保险体系的建立、执行与完善。

目前，社会保障制度体系进一步完善。2007 年，广东省出台了《广东省新型农村社会养老保险试点实施办法》，全面推进新型农村社会养老保险，统筹城乡发展步伐加快，新型农村社会养老保险与城镇居民养老保险、新型农村合作医疗与城镇居民医疗保险率先并轨，职工养老保险与城乡居民养老保险实现制度间顺畅衔接，省内流动人员医疗保险关系实现无障碍转移接续。城乡居民普通门诊统筹和大病保险制度全面建立，生育保险待遇项目逐步规范统一。以城乡低保、农村五保、医疗救助、城乡居民基础养老保险金、残疾人生活保障、孤儿生活保障为主要内容的底线民生保障体系初步建立，城乡最低生活保障标准制度基本建立。

针对广东省社会保障发展不平衡的突出状况，广东省先后出台了《关于印发提高我省底线民生保障水平实施方案的通知》和《广东省基本公共服务均等化规划纲要（2009—2020 年)》，通过立法以收入再分配的形式，加大财政转移力度，缓解并最终攻克社会保障发展不均的问题。

2017 年 2 月 14 日，广东省人民政府办公厅印发《广东省社会保障事业发展"十三五"规划》（以下简称《规划》)，提出广东省未来社会保障工作面临新挑战：协调发展压力增大。随着城镇化进程的加快，城乡二元结构逐步被打破，按职业、身份划分的制度模式已不适应社会需求，迫切需要强化制度整合，加快建立城乡一体化的社会保障制度体系；财政投入压力增大。促进社会保障待遇刚性增长，缩小城乡区域和群体间待遇差距，满足人民群众日益提高的精细化服务需求，对各级财政特别是粤东西北地区持续加大投入提出了更大挑战；管理服务压力增大。信息化水平滞后、基层服务力量不足、基础设施更新换代缓慢等问题，严重制约服务质量提升。人口老龄化、社保扩面征缴空间收窄与基金收支平衡和保值增值等问题并存，将增加社会保险管理难度。广大人民群众对更高水平社会保障服务的需求与服务产品、服务供给不足的矛盾越来越突出。

《规划》对"十三五"期间广东省社会保障工作提出了具体的发展目标。要求实现制度体系更加完备、基本实现应保尽保、保障水平稳步提高、服务体系更加健全。

专栏 11—1

"十三五"时期主要指标①

指标	单位	2015 年基数	2018 年目标	2020 年目标
基本养老保险参保率	%	94	97	98
基本医疗保险参保率	%	98	98 以上	98 以上
失业保险参保人数	万人	2930	2950	3000
工伤保险参保人数	万人	3123	3140	3200 以上
生育保险参保人数	万人	3082	3000	3000
基本医疗保险政策范围内住院费用支付比例	%	—	80 以上	80 以上

① 《广东省社会保障事业发展"十三五"规划》。

指标		单位	2015 年基数	2018 年目标	2020 年目标
社会保障卡持卡人口覆盖率		%	92.5	94	94.5
最低生活保障标准	城镇	元/人·月	510	占当地城镇居民上年度人均消费支出30%	占当地城镇居民上年度人均消费支出35%
	农村	元/人·月	400	占当地农村居民上年度人均消费支出50%	占当地农村居民上年度人均消费支出60%
特困人员供养标准	集中供养	元/人·年	8400	占所在县上年度农村居民人均可支配收入60%	占所在县上年度农村居民人均可支配收入60%
	分散供养	元/人·年	6500		
医疗救助政策范围内住院自负费用救助比例		%	70 以上	80	80
城乡居民基础养老金标准		元/人·月	100	130	150
残疾人生活保障标准	困难残疾人生活补贴	元/人·年	1200	1800	2100
	重度残疾人护理补贴	元/人·年	1800	2400	2800
孤儿生活保障标准	集中	元/人·月	1240	1560	1820
	散居	元/人·月	760	950	1110

二　不断建设法治社会，完善法制体系

1992 年，邓小平南方讲话的发表和党的十四大召开，标志着我国改革开放进入了一个新的历史时期，法制建设也进入了一个新阶段。1993 年，时任八届全国人大常委会委员长的乔石视察广东，要求广东成为全国"立法试验田"。广东省人大加快地方立法步伐，大胆探索自主性、先行性、试验性立法，立法工作走在全国前列。

以 2003 年《全国推进依法行政纲要》为标志，广东省政府法制工作走上了成熟与规范的道路。包括按 WTO 规则、法制统一原则，废

止、修订各种地方法规、规范性文件、规章等，实现法制的规范化。至 2008 年，广东省人大及其常委会共制订了 221 件现行有效的地方性法规，批准地方性法规、自治条例和单行条例 196 件，广东省政府也先后制订了 202 件现行有效政府规章。

党的十八大以来，广东围绕全面建成小康社会这一宏伟目标，"以全面推进依法治省、加快建设法治广东"为总抓手，大力推动科学立法、依法行政、公正司法、全面守法的总体进程，全面依法治省再上新台阶。

2011 年 1 月，广东省委十届八次全会审议通过《中共广东省委关于国民经济和社会发展第十二个五年规划的建议》《法治广东建设五年规划（2011—2015 年)》，在广东省委全会上与经济社会发展规划一起审议通过法治规划。这一举措在全国领先。2016 年 10 月，广东省委办公厅印发了《法治广东建设第二个五年规划（2016—2020 年)》，部署了 27 项任务，努力把"十三五"时期的经济社会发展纳入法治化轨道。2017 年 5 月，广东省第十二次党代会首次将"扎实推进全面依法治省，建设法治社会"作为党代会报告的其中一大部分，将全面依法治省纳入全局工作的重要方面。在全国范围内，广东省率先实行了峰值与经济社会规划同步审议。

广东省还率先推进法治建设考评工作，提出到 2018 年全省各县（市、区)、乡镇（街道）基本达到省级创建标准，到 2020 年各地级以上市、各村（社区)、各大中小学基本达到省级创建标准，这些举措明确了法治创建的节点目标。2016 年，省委全面依法治省工作领导小组出台了《法治广东建设评价指标体系》《2016 年度法治广东建设考核标准》《2016 年度法治广东建设考评办法》，采用省直部门考核和社会第三方评估相结合的形式，组织了对各地级以上市 2016 年度法治建设的考评工作。2016 年，广东省率先在 805 个乡镇（街道）推开法治创建活动，至 2016 年底珠三角 60% 以上、粤东西北 35% 以上乡镇（街道）达到省级创建标准。至今，广东荣获"全国法治城市、法治县（市、区）创建活动先进单位"的市、县（市、区）有 62 个，数量居全国之首。

2017 年 7 月 19 日，深圳市中院发布 2016 年行政审判工作报告。报告披露，2016 年度全市两级法院行政案件中，行政机关负责人出庭应诉达到 139 人次，相比 2015 年度的 82 人次同比增长 69.5%。党的十八大以来，随着广东省法治建设工作的推进，行政机关负责人出庭应诉率的提升，不仅在深圳，在广东全省皆有较大幅度的提升。新《行政诉讼法》实施后，广东省人大常委会开展《行政诉讼法》执法检查，广东省政府出台《广东省行政应诉工作规定》，广东省委全面依法治省工作领导小组召开全省行政机关负责人出庭应诉工作会议，广东省委依法治省办从强化行政应诉能力教育培训、加快行政案件集中管辖改革、加强行政应诉机构建设、加大出庭应诉考核比重等多方面发力，推动行政机关负责人出庭应诉工作的深入发展。经过努力，2016 年广东全省各级行政机关派员出庭应诉同比上升 45.27%，县级以上行政机关主要负责人出庭应诉同比上升 25.62%，形成依法出庭应诉、支持法院受理行政案件、尊重并执行法院生效裁判制度的良好氛围，有效促使大量行政争议得到实质性化解。

近年来，广东省加快建设公共法律服务体系，实现公共法律服务体系的全覆盖，并且加强构建矛盾纠纷多元化解机制，依法化解社会矛盾，维护社会的公平正义与和谐稳定。21 个地级以上市和 121 个县（市、区）政府全部建立政府法律顾问工作机构，政府法律顾问在重大行政决策、推进依法行政中发挥了积极作用。县、镇、村三级基本建立公共法律服务实体平台。138 个县（市、区，含经济功能区）、1621 个镇（街）、25793 个村（社区）建立了公共法律服务实体平台，打造覆盖城乡的"半小时公共法律服务圈"，为人民群众提供近在身边的"一站式"公共法律服务。25966 个村（社区）实现一村（社区）一法律顾问全覆盖。法律顾问在开展法制宣传、化解矛盾纠纷、促进基层治理中发挥重要作用。法律顾问已为村（居）委和村（居）民提供服务超过 185 万人次，修改完善村规民 8000 多份，审查各式合同 1.9 万多份，调处矛盾纠纷 5 万多宗，参与处理群体性敏感案件

2400 多件。

法制建设融于法治建设，法治政府更加完善，依法治省工作全面推进。当前，广东省正处于改革发展的关键时期，改革进入攻坚期和深水区，各种矛盾和挑战显著增多，法治在全省工作大局中比以往任何时候都更加重要。推动经济转型升级和供给侧结构性改革，维护社会和谐稳定，必须更好地发挥法治的引领和规范作用。2011 年，广东省委办公厅印发了《法治广东建设五年规划（2011—2015 年）》，2016年，发布《法治广东建设第二个五年规划（2016—2020 年）》（以下简称《第二个五年规划》）。《第二个五年规划》指出，法制工作要紧紧围绕贯彻落实党的十八届四中、五中全会重大举措和省委的重要部署；结合广东实际，体现广东特色，突出引领规范作用服务发展；坚持目标导向，勇于担当，推动广东法治建设走在全国前列；坚持问题导向，破解难题补齐短板，确保法治建设达到率先全面建成小康社会目标要求。《第二个五年规划》提出，到 2018 年法治建设的重点领域和关键环节取得决定性成果，法治建设达到全面建成小康社会目标要求；到 2020 年，形成较完备的法规制度体系、高效的法治实施体系、严密的法治监督体系、有力的法治保障体系和完善的党内法规体系，实现科学立法、严格执法、公正司法、全民守法，加快治理体系和治理能力现代化进程，推动广东省法治建设走在全国前列。

第十二章

经济可持续发展：生态文明建设

　　广东省北倚南岭，南接南海，陆地面积 17.97 万平方公里，海洋面积 419 万平方公里，属于热带、亚热带季风气候区。全省地貌形式众多，山地、丘陵、台地和平原的面积分别占全省土地总面积的 33.7%、24.9%、14.2% 和 21.7%，河流和湖泊等占全省土地总面积的 5.5%，农用地面积 14.89 万平方公里。

　　广东省水资源丰富，降水充沛，年均降水总量 3145 亿立方米；省内水系发达，主要河系为珠江流域的西江、东江、北江和珠江三角洲水系以及韩江水系等，年均水资源总量 1830 亿立方米。同时，广东省海洋资源也非常丰富，拥有全国最长的大陆海岸线，长 4114 公里，占全国的 1/5；拥有 759 个面积在 500 平方米以上的海岛，其中 200 多个是拥有深水岸线的优良港湾。

第一节　能源环境趋紧

　　广东既是能源消费大省，又是资源短缺大省，能源生产远远不能满足能源消费，能源自给率低。随着经济发展，能源需求快速增长，主要依靠从省外调进或者进口解决，对外依存度高，能源供应的安全稳定性较低。

一　能源资源先天不足

全省煤炭、石油、水能以及页岩油等一次能源资源的可开采储量约 25.7 亿吨标准煤，人均资源占有量仅 33 吨标准煤，不到全国人均储量的 1/20。主要能源资源及其开发现状如表 12—1 所示。

表 12—1 广东能源资源储藏量与开发状况

能源资源种类		单位	数量	能源资源特点与开发状况
煤炭资源		亿吨	5.38	韶关、梅州、清远、茂名
水电资源可开发装机容量		万千瓦	883	主要分布在珠江、韩江。其中珠江581万千瓦，韩江133万千瓦，粤东诸河47万千瓦，粤西诸河72万千瓦。开发率已达74%，开发潜力有限
油气资源		亿吨	3—4	珠江口盆地
油页岩资源		亿吨	54	茂名
风能	陆上①	万千瓦	150	主要分布在广东的沿海地区、近海海上和内陆的高山地带。已有陆地风电场，2004年装机容量8.34万千瓦，发电成本高
	近海	亿千瓦	1	
生物质能②		吨标准煤	7600万	类型多，有开发潜力；但技术上不够成熟，多处于研发阶段
海洋能		丰富		汕尾市有一波浪能电站；技术上不成熟
太阳能年辐射总量		千焦耳/平方厘米	418.4—564.8	技术可行，因经济性较差，未大规模推广
地热能③		丰富		丰顺热电站已并网运行20多年

注：① 全省近期具备开发条件的风电场可装机容量。② 生物质能源的理论生成量。③ 属中低温断裂型地热资源。

资料来源：根据国家统计局网站信息整理。

从传统能源来看，广东全省煤炭、石油、天然气、页岩油人均资源占有量低，水电资源的开发率已达 74%，未来开发潜力较低。从新能源来看，广东省的海洋能、地热能储量丰富，风能、太阳能、生物质能储量充足，开发前景好。但是由于技术不成熟、经济性差、发电成本高的原因，新能源所占比重较低，广东省主要依赖传统能源，能源资源较为匮乏。未来应加大对新能源的研发和推广应用力度，改善能源资源紧张的现状。

能源生产增长不能满足经济发展的需求。1985 年到 2016 年，广东能源生产增长率不稳定，增长率最高的年份是 1996 年，达到 43.3%，之后几年连续下滑，2004 年回升到 18.6%。在 1998—1999 年、2005—2007 年几年间，广东省能源生产出现了负增长的现象，依赖外省能源调入，这与该段时期经济发展迅速，自身能源资源匮乏，能源生产能力赶不上经济发展的速度有关。2008—2016 年，除 2009 年和 2011 年有较低的负增长，其他年份均为正增长，2015 年回升到 22.7%（见图 12—1）。

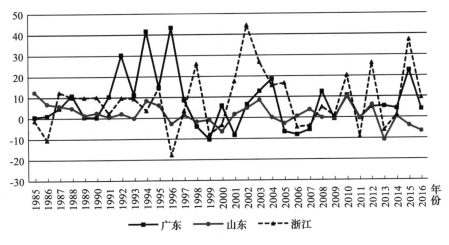

图12—1 广东省能源生产增长率（1985—2016 年）（%）

1998 年以前，广东省历年的电力生产增长率最高，最高年份达到 30% 以上，这与广东省经济生产主要依赖电力能源有关。2006 年广东省的电力生产增长率达到历史最低值 −8.06%。2012 年以后，广东省能源生产率不断上升，在 2015 年回升到 22.7%。对比三省的能源生产增长状况，结合广东省多年 GDP 第一大省的地位，经济总量大，经济增长迅速，人口总数多，加工贸易为主，工业发达，能源需求量巨大的特点，广东省的能源压力比山东、浙江更大（见图 12—2）。

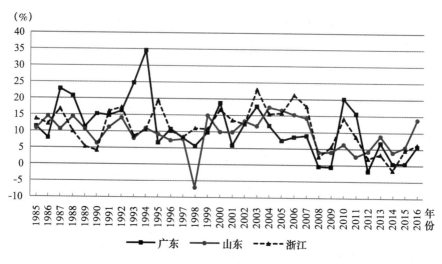

图 12—2　广东省电力生产增长率（1985—2016 年）（%）

二　能源供应自给率低

广东省能源生产总量从 1994 年的 1006.24 万吨标准煤提高到了 2016 年的 7137.96 万吨标准煤的峰值水平，总体发展速度还是很快的。但是，随着原煤产出的逐渐减少，到 2006 年，广东省完全退出原煤生产，从而使能源生产总量在 2006 年之后还是小幅下降（见图 12—3）。

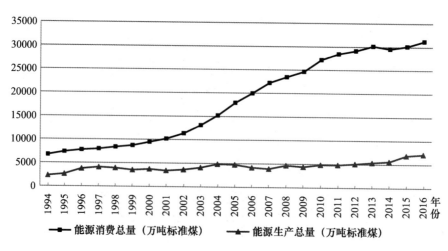

图 12—3　广东省能源消费缺口（1994—2016 年）

自 1999 年起，广东省能源生产和消费就出现较大的缺口，且该缺口呈逐年扩大的趋势，处于供不应求的紧张状态。到 2016 年，广东省能源消费量达到 31240.75 万吨标准煤，生产量为 7137.96 万吨标准煤，消费量约是生产量的 4.3 倍，能源消费缺口扩大。

三　能源使用效率较高

广东省常规能源十分匮乏，但能源消耗量大，每年约占全国能源消耗量的 9.1%。过于依赖进口和省外资源引入的滞后供应模式，将导致能源供应中出现短缺、脱销等问题。因此，能源使用效率至关重要，直接关系到广东省经济的可持续发展。在 GDP 排名前四的经济大省广东、山东、江苏、浙江中，广东省的工业用能效率一直是四省中最高的，并且呈逐渐提高的趋势。从 12—4 图中可以看出，自 2000 年以来，广东省的单位地区生产总值能耗（等价值）一直是四个经济大省中最少的，远远低于能耗值最高的山东省，并且该能耗呈持续下降的趋势。2005 年，广东省的单位地区生产总值能耗（等价值）为 0.79 吨标准煤/万元，到 2014 年，这个数字下降到 0.43 吨标准煤/万元，仅为山东省的 72%。

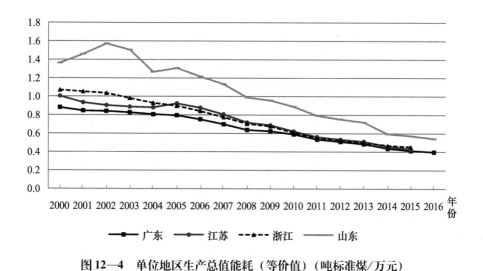

图 12—4　单位地区生产总值能耗（等价值）（吨标准煤/万元）

四　环境污染较为严重

广东省的工业发达，水资源丰富，充足的淡水资源为大量工厂提供了便利的同时，也产生了数量巨大的工业废水，废水中主要污染物的排放量明显高于全国平均水平，广东省的水污染严重（见图12—5）。

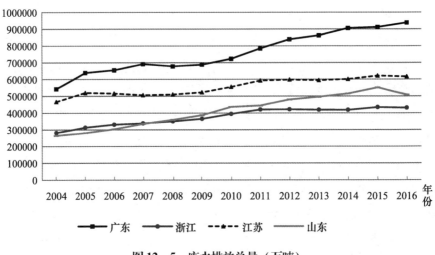

图 12—5　废水排放总量（万吨）

广东省的废水排放总量大且呈逐年增加的趋势。2004 年广东省的废水排放总量 541717 万吨，2016 年增加到 938000 万吨，短短 12 年废水排放总量年增加 396283 万吨，增长了 73.15%，废水排放的年平均增长速度高于全国平均水平，也高于山东、江苏、浙江三个经济大省。2004—2016 年间，广东省的废水排放总量远远高于其他 3 个省份，约是浙江和山东的两倍，且差距有逐渐拉大的趋势。2004 年，江苏的废水排放总量是 466111 万吨，广东的废水排放总量高于江苏 75606 万吨。数据显示，废水中主要污染物浓度高，工业用水污染严重，近几年污染物排放量远远超过其他省份。相比之下，浙江省的各项废水指标均为四省中最低的，且增长速度相对较慢，工业用水污染程度较轻，污水治理较好。广东省急需改进工业生产的流程和技术，加快产业结构升级，控制住废水排放的总量不过快增长；同时加强废水处理的监管和执行力度，降低废水中主要污染物的排放量，实现达标排放。

　　广东省的空气污染程度没有工业用水污染严重，废气污染程度比山东省轻，但比浙江省要重。对空气污染程度的衡量主要考察废气中主要污染物二氧化硫、烟（粉）尘和氮氧化物的排放量三个指标。2006—2016 年，广东省废气中二氧化硫排放量总体上呈逐年缓慢减少的趋势。2006 年广东省二氧化硫的排放量为历年最高，达到 126.7 万吨，到了 2016 年，仅为 35.4 万吨，下降了约 72.06%。二氧化硫排放量的降低与原煤消费的比重下降有关。广东省二氧化硫排放量在广东、山东、江苏、浙江四省中位于中间水平，远远低于山东省，但明显高于浙江省。2016 年，山东省的二氧化硫排放量为 113 万吨，江苏省为 57.01，广东省为 35.4，浙江省仅为 24.5，山东省居高不下的二氧化硫排放量与其能源消费结构中煤炭的比重过高有关（见图 12—6）。

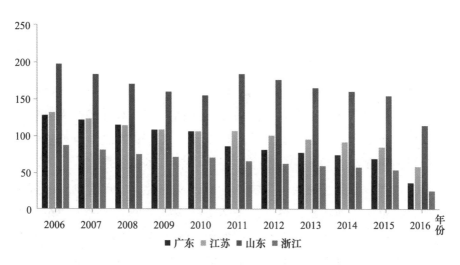

图 12—6　二氧化硫排放量（万吨）

　　广东省废气中烟（粉）尘的排放量较低，远远低于山东省和江苏省，与浙江省相当，空气质量较高。2011 年，山东省废气中烟（粉）

尘排放量接近80万吨,是四省中最高的;江苏省位于第二,在50万吨以上;广东和浙江两省排放量大致相等,在30万吨左右。2016年,四省的烟(粉)尘排放量比上年有所增加,山东省2016年烟(粉)尘排放量仍然最高,浙江省的烟(粉)尘排放量基本持平,低于广东,四省中排放量最少(见图12—7)。

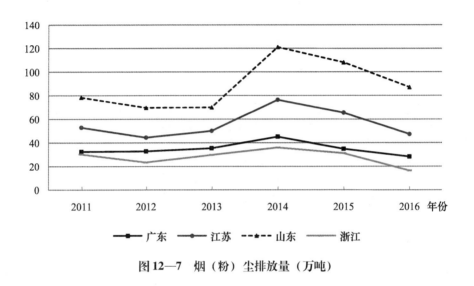

图12—7 烟(粉)尘排放量(万吨)

江苏、广东、山东三省废气中氮氧化物的排放量较高,远远高于浙江省。从图12—8中可以清楚地看出,三省中,氮氧化物排放量最高的是山东省,广东排在第三位。2016年,江苏省废气中氮氧化物的排放量约为浙江省的2.45倍,广东省约为浙江的2.22倍。

对比四省的废气主要污染物指标可以发现,广东省的空气污染程度较轻,仅次于浙江省,各项污染物指标均位于第三。这与广东省近年来能源消费结构的改善有关,广东省一次性能源消费中电力的比重越来越大,成为最主要的消费能源,其次为原油,天然气也逐渐占到了一定的比重,而原煤的消费比重极小。相比于原煤,水电和天然气是较为清洁的能源。这也是广东省废气中二氧化硫和烟(粉)尘的排放量较低,而氮氧化物的排放量较高的原因。山东省的能源消费过于倚重煤炭,废气中各项污染物的指标都很高,加之北方天气较为干燥,

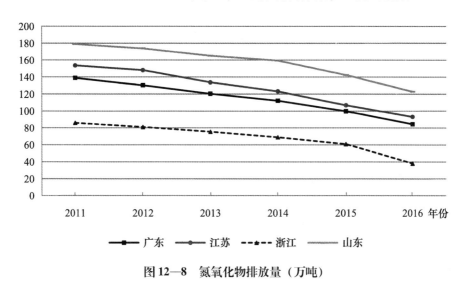

图 12—8 氮氧化物排放量（万吨）

空气中的污染物不易被稀释，山东省的空气污染较为严重。而浙江省排放废气中各项污染物指标均是最低的，空气污染程度最轻，空气质量较好，这说明浙江省在废气处理和废气达标排放方面水平较高。

总体来看，广东省的工业用水污染较为严重，废水排放量大，是四省中最高的，并且呈现逐年增多的趋势。且近三四年广东省的废水排放量增加尤其快，与其他三省的差距也迅速拉大。广东省工业发达，水资源较为丰富，为实现经济的可持续发展，治理工业用水污染，控制污水排放量和污水达标排放是当务之急。相比之下，广东省的废气污染程度较低，仅次于浙江省，空气质量较好。

第二节 环境保护

环境污染的负面影响是显而易见的。新中国成立后，广州几乎每年都会举行横渡珠江活动。而自改革开放后，由于珠江广州段的污染问题日益严重，广州再没有组织过全市性的渡江活动。环境保护不只是一句口号，一个倡议，更要下定决心，落在实处。自 2006 年起，广州市重新开始组织举行横渡珠江活动，直至今日尚未中断。横渡珠江，体现的是政府治理污染的决心，而每一次市民的热情参与，则是广大人民群众对环境保护的殷切期望和谆谆督导。但仅仅每年一次的横渡活动显然不能代表一切，平日里江面上仍漂浮着可见的污染物，江水的清澈程度仍不能令人满意。珠江治理、水污染治理、环境污染治理任重而道远。

2016 年 11 月 28 日至 12 月 28 日，中央第四环境保护督察组对广东省开展环境保护督察，并形成督察意见。意见指出了广东省在生态环境方面仍存在的一些主要问题①：一是环保推进落实存在薄弱环节，环境保护责任考核失之以宽，导致一些地区和部门对环境保护的压力感受不足；二是部分地区水污染问题十分突出；三是部分地区环境问题突出，大量污染治理工程、计划拖延、懈怠、不实施。另外，督察组还指出湛江红树林国家级自然保护区存在规划边界与实际管控边界不一致，历史形成的 4800 多公顷养殖场没有清退，以及局部侵占或破坏红树林等问题。惠州市惠东莲花山白盆珠省级自然保护区核心区内开发旅游项目，大面积挖山毁林，严重破坏生态环境。韶关南岭国家级自然保护区、河源和平黄石坳省级自然保护区、揭阳桑浦山—双坑省级自然保护区等也存在违规旅游开发和采矿行为。

2016 年 12 月 31 日，广东省人民政府办公厅发布《关于印发广东省生态文明建设"十三五"规划的通知》，从国土资源、资源节约集约利用、生态保护修复、污染治理、绿色科技发展、产业模式转型、生态文明体制改革、健康生活推广、生态文化宣传等方面对"十三五"期间的生态文明建设提出了全面要求和规划。

2018 年，针对先前环境督查暴露出的问题，中央第五环境保护督察组进驻广东省开展环境保护督察"回头看"，监督、评价广东省在过去一阶段内的环境治理工作。相比以前，现在的环境督查更加频繁、更加细致，且具有监督验收的反馈机制，对保障广东省环境保护工作的持续、有效开展，可以期冀产生积极的、长期的作用。

---

① 内容源自中央第四环境保护督查组向广东省反馈督查意见。

环境保护与经济发展不是谁先谁后的问题，先发展再环保、先污染再治理的思路是落后而错误的。粗放式的经济增长方式已经对广东资源环境产生了很大的压力，造成了明晰可鉴的负面影响。无论是出于经济生产可持续发展的角度，还是出于营造更为绿色、和谐的人民生活环境的目的，妥善、高效利用资源，治理、保护生态环境已经刻不容缓。

认识到改善生态环境的必要性和严重性，广东省的环境保护与资源利用事业随之铺展开来。改革开放以来，广东省的环保事业大致可以分为三个阶段：1995 年以前的觉醒、起步阶段，主要执行国家的有关法律法规，被动治理为主；1995—2006 年，环境治理开始加速推进，主动性有所增强，地方政府的环境治理效果开始显现；2006 年至今，环境治理的主动性强，地方环境治理的力度加大，制度约束更加完善，民众参与程度提高，取得了一些成绩。

一 资源节约集约利用

优化能源结构，提升清洁能源比重，稳步扩大天然气利用规模，严格控制能源和煤炭消费总量。积极推广清洁能源，城市优先发展使用燃气，大力推动城市大型公共建筑、工业园区冷热电联供天然气分布式利用系统；结合气源项目建设，逐步完善广东省天然气输送管网；到 2020 年广东全省天然气供应能力达到 600 亿立方米/年，到 2030 年达到 800 亿立方米/年；并在保障安全和质量的前提下稳步发展核电，到 2020 年广东全省建成核电装机容量约 1800 万千瓦，到 2030 年达到 3000 万千瓦；同时大力发展风电，规范开发陆上风能资源，有序发展海上风电，打造沿海风电带；并采取多种形式有序发展光伏电站项目，推广太阳能光热系统。控制能源和煤炭消费总量，进一步加强能源消费总量控制，实施珠三角地区煤炭消费减量管理，控制全省煤炭消费总量，到 2020 年珠三角地区煤炭消费总量比 2015 年下降 12% 左右。

加强能源消费强度与消费总量"双控"，推进各领域节能降碳，构建绿色、低碳、高效、系统化的能源利用体系。到 2020 年，非化石能源占一次能源消费比重达到25%。大力推进建筑节能降碳，严格落实节能强制性标准，加强新建建筑节能监管，全面发展绿色建筑，提升新建建筑能效水平，推进既有建筑节能改造；加强交通运输节能降碳，大力推进轨道交通等耗能低、高运量的运输方式，深化专项行动、绿色交通示范创建活动，推进"公交都市"创建活动，大力推广应用新能源汽车，到2020年全省新能源公交车保有量占全部公交车比例超过70%。

专栏12—1

节能降碳重点工程

"三能体系"（能源管理体系、能源管理中心、能效对标）建设工程：重点推进能源管理体系试点建设，加强对试点市、试点行业和试点单位的指导和监督，制定能源管理体系建设效果评价指南，分级分批组织试点验收工作，加强全省能源管理中心相关建设指南和技术规范的落实，加快推动省、市、企业三级能源管理中心建设，逐步推进重点行业能效对标活动。

节能信息化工程：完善省重点用能单位能源信息管理平台和各地市能源信息管理平台建设，加快实施能耗实时监测，不断完善在线监测系统和数据信息库。实施节能信息化示范工程，大力推进节能管理信息化、实时化和网络化。

节能关键技术研发和节能产品推广工程：加快推进节能领域核心技术攻关，推广应用成熟的低碳技术及节能新技术、新工艺、新设备、新材料，加强节能技术产业化示范工作，每年发布并推广一批重点节能技术、产品（设备）目录，按照国家要求组织做好节能惠民产品的推广实施工作，大力推广使用绿色照明、空调、汽车、机电等领域的节能产品，进一步提高节能产品普及率。

电机能效提升计划：分解下达各地电机能效提升目标，推动全省电机升级换代，2016—2017 年累计实现推广高效电机、淘汰低效电机、实施电机系统节能技改 370 万千瓦。

节能发电调度和电力需求侧管理工程：实施有利于节能降耗的发电调度方式，优先安排清洁、高效机组和资源综合利用机组发电，限制能耗高、污染重的低效机组发电，积极实施国家首批电力需求侧管理城市综合试点项目，争取更多地市纳入国家试点范围，充分发挥电力需求侧管理的综合优势，着力推进能效电厂试点工作，积极稳妥推进大用户直购电扩大试点工作。

合同能源管理工程：加大合同能源管理财政奖励资金支持力度，鼓励采用合同能源管理方式，开展工业、建筑、交通运输、商贸酒店、公共机构等节能技术改造，建立合同能源管理项目节能审核制度，培育第三方审核评估机构，鼓励大型重点用能单位组建专业化节能服务公司，引导金融机构加大对节能改造项目的信贷支持。

二　制度保障环境污染治理

1997 年 6 月，广东省政府在全省范围内启动实施《广东省碧水工程计划》，主要任务是完成急需治理的江河、湖泊、水库水环境的整治工程，推动影响重大的区域性水环境综合整治，逐步改善和提供水污染突出区域的水环境质量；加快地级以上市城区生活污水处理厂建设，提高工业废水处理率和达标率。

2000 年 2 月，广东省颁布实施《广东省蓝天工程计划》，要求全省范围内严禁新建单机容量小于 12.5 万千瓦的燃煤、燃油机组，在珠三角地区和酸雨控制区城区、近郊区不再规划布置新的燃煤、燃油电厂；对新、扩、改建燃煤含硫量大于 1% 或燃油超过规定的二氧化硫排放量的电厂，必须建设脱硫设施；现有使用燃料含硫量大于 1% 或超过二氧化硫排放总量的燃煤燃油电厂，要逐步配套脱硫设施或采用清洁燃烧技术。

2002 年，中共广东省委常委会议提出启动珠江综合整治工程。同年 10 月，广东省政府批复省环保局编制《广东省珠江水环境综合整治方案》（下文简称《方案》）并召开全省珠江整治会议进行部署。《方案》提出到 2010 年共投资 445.87 亿元进行珠江水环境整治工程的建设，其中包括 161 项污水处理项目和 31 项重点整治项目。珠江综合整治工程要求，珠江要一年一小变，三年一中变，八年一大变。

2004 年 9 月 24 日，经广东省第十届人大常委会第十三次会议审议批准，《珠江三角洲环境保护规划纲要》（下文简称《纲要》）通过。它是我国第一部区域性环保规划立法，它的实施标志着广东省环境保护进入依法治理的新阶段。《纲要》提出了"红线调控，绿线提升，蓝线建设"三大战略任务。而根据《纲要》的要求，仅 2006 年上半年，省环保局审批环节就否定了 26 个新上高耗能、高耗水、高污染项目，占审理建设项目总数的近 10%。在《珠江三角洲环境保护规划》调研成果的基础上，2005 年 9 月，《广东省环境保护规划纲要（2006—2020 年）》由广东省政府常务会议审定通过，2006 年 4 月在广东省人大常委会审议通过。

2017 年上半年，广东全省二氧化硫（SO_2）平均浓度为 10 微克/立方米，较上年同期下降 9.1%；各市平均浓度在 6—18 微克/立方米，均达到国家一级标准。全省二氧化氮（NO_2）平均浓度为 30 微克/立方米，较上年同期上升 11.1%；各市平均浓度在 13—56 微克/立方米，除广州、佛山、东莞和清远外，其余 17 个市均达到国家一级标准。全省可吸入颗粒物（PM10）平均浓度为 52 微克/立方米，较上年同期上升 13.0%；各市平均浓度在 40—67 微克/立方米，均达到国家二级标准。全省细颗粒物（PM2.5）平均浓度为 34 微克/立方米，较上年同期上升 9.7%；各市平均浓度在 28—43 微克/立方米，除广州、佛山、韶关、东莞、江门、肇庆、清远、揭阳和云浮外，其余 12 市均达到国家二级标准。水资源方面，2017 年上半年，广东全省各市 79 个集中式供水饮用水水源地水源达标率为 100%；全省主要江河水质总体良好，124 个省控断面中，76.6% 的断面水质优良（Ⅰ—Ⅲ类），较 2016 年同期上升 3.2 个百分点。53.2% 的断面为Ⅰ—Ⅱ类，较上年同期上升 4.0 个百分点，水质优；23.4% 的断面为Ⅲ类，水质良好，较2016年同期下降0.8个百分点；8.9%的断面为Ⅳ类，较2016年同期下降4.8个百分点，水质属轻度污染；2.4%的断面为Ⅴ类，较2016年同期上升0.8个百分点，水质属中度污染；12.1%的断面为劣于Ⅴ类，较2016年同期上升0.8个百分点，水质属重度污染。75.0%的断面水质达到水环境功能区划水质标准，较2016年同期上升2.4个百分点，未达标断面的主要超标指标为溶解氧、氨氮、生化需氧量、化学需氧量、总磷、高锰酸盐指数、石油类共7项；全省3个省控湖泊中，湛江湖光岩湖和惠州西湖水质为Ⅱ类，水质优；肇庆星湖水质为Ⅳ类，水质属轻度污染。3个省控湖泊营养状态均为中营养，均达到水环境功能区划目标。[①]

　　针对已经存在的环境污染问题，广东省以中央第四环境保护督察组意见反馈为契机，开展长期持久的污染治理工作，并定期按时公布社会。广东省各地展开了具有针对性的环境治理行动：针对中央环保督察组反馈湛江红树林自然保护区存在的环境问题，湛江市政府印发实施了《关于进一步完善湛江红树林国家级自然保护区管理和保护工作实施方案》，明确了重点整改工作任务。目前，湛江市已委托广州草木蕃环境科技有限公司，对保护区现有范围线和小区勘界线矢量化，进行了雷州半岛卫星影像图的前期处理，并初步勘测了雷州半岛保护区范围的湿地分布，为下一步整改工作提供科学依据；2017年6月1日，广东省级层面组织了最大规模的环保督查，深入各地市开展环保督查工作，仅一周时间，各督查组共检查企业288家，发现存在环境问题207家，其中典型案例33宗，包括广州停产整治3例，查封扣押1例；深圳停产整治4例；佛山停产整治5例；东莞查封扣押4例；肇庆查封扣押6例，停产整治5例，取缔3例；中山查封扣押1例；清远停产整治1例；2017年11月，中山市大涌镇全面推进岐江河大涌段违章建筑清理工作。经实地勘察和摸底排查，共排查出43宗"两违"建设案件，涉及土地面积222806.9平方米；2017年11月，肇庆市与

---

　　① 数据来源：《2016年广东省环境状况公报》。

四会市出动执法人员 21 人，联合对企业进行夜间突击检查。针对某公司无证排污、原料堆放处扬尘较大、酚水处未设置标志等问题，执法人员现场对其进行立案查处，并要求在限期内进行整改，一公司因原材料露天堆放，被责令其马上采取措施，妥善储存原材料①；中央环保督察期间，江门市蓬江区荷塘镇霞村工业区、康溪工业区以及恩平市沙湖镇是群众信访投诉较为集中的区域。其中霞村工业区有企业 46 家，有 4 家玻璃灯饰制造加工企业存在废气超标排放等环境违法行为。自 2016 年 12 月以来，江门市、蓬江区两级环保部门对该区域玻璃灯饰制造加工企业不断加大日常监管、监测和执法力度，先后对存在废气超标排放环境违法行为的祥和玻璃厂、金丰灯饰玻璃厂、百艺晶玻璃灯饰厂和俊明玻璃厂 4 家企业进行立案查处，并依法实施按日连续计罚、限制生产等行政处罚，罚款金额合计高达 1000 万元；针对中央环保督查组的反馈意见，截至 2017 年底，云浮市已完成清理新兴江及 5 条支流扩大 500 米范围内 692 家养猪场，有 500 多户规模化养猪场建成相关环保设施，其他鸡等家禽规模养殖场都已配套环保设施，确保养殖废水达标排放，南山河下游永丰桥断面水质达Ⅳ类水标准，氨氮浓度由 6.20 毫克/升下降到 1.23 毫克/升左右，降幅达 80%；新兴江松云断面、陈舍断面水质有所改善，2015 年 12 月水质达到Ⅳ类。

在现有成绩的基础上，《"十三五"生态文明建设规划》中对污染治理提出了具体预期目标：全面实施广东省大气污染防治行动计划，以珠三角地区为重点，以 PM2.5 和 PM10 浓度压减为突破口，大力推进大气污染防治，切实改善区域大气环境质量。到 2020 年广东全省城市 PM2.5 年均浓度下降到 35 微克/立方米以下，所有 12.5 万千瓦以上燃煤火电机组综合脱硫、脱硝效率分别保持在 95% 以上和 85% 以上；持续改善水生态环境，深入实施水污染防治行动计划、南粤水更清行动计划，突出"岭南水乡"特色；到 2020 年，广东全省水生态环境

---

① 《广东去年环境执法，关停企业 3194 家，罚没 6.84 亿元》，《新快报》2017 年 3 月 29 日。

质量得到阶段性改善，污染严重水体较大幅度减少，饮用水安全保障水平进一步提升，全省地表水水质优良比例达到84.5%；到2030年，广东全省水环境质量总体改善，水生态系统功能初步恢复，地级以上城市集中式饮用水水源和县级集中式饮用水水源水质全部达到或优于Ⅲ类，对于划定地表水环境功能区划的水体断面，珠三角区域消除劣Ⅴ类，全省基本消除劣Ⅴ类，地级以上城市建成区黑臭水体控制在10%以内，全流域城镇生活污水处理率达到95%以上，工业废水排放达标率达到100%，生活垃圾无害化处理率达到100%。

完善的制度建设是保证资源、环境支撑经济发展、人民生活的最低红线，同时也是保障环境保护工作妥善、有序进行的导向牌，让生态文明建设有法可依。改革开放以来，广东省在环境保护和资源利用方面的法律法规、规章制度不断完善。

1994年7月6日，广东省第八届人民代表大会常务委员会第九次会议通过了《广东省建设项目环境保护管理条例》，并于1997年、2004年、2010年、2012年进行了四次修正；1997年12月1日，广东省第八届人民代表大会常务委员会第三十二次会议通过了《广东省实施〈中华人民共和国环境噪声污染防治法〉办法》，并于2004年和2010年进行了修正；同日通过了《广东省民用核设施核事故预防和应急管理条例》，于2010年和2012年进行了修正；1998年6月1日，广东省第九届人民代表大会常务委员会第三次会议通过了《广东省农业环境保护条例》；1998年11月27日，广东省第九届人民代表大会常务委员会第六次会议通过了《广东省珠江三角洲水质保护条例》，并于2010年7月23日通过广东省第十一届人民代表大会常务委员会第二十次会议《关于修改部分地方性法规的决定》修正，同年通过了《广东省民用核设施事故预防和应急管理条例》。

进入21世纪以后，一大批具有广东特色的地方性环保法规出台，环保法规体系框架初见端倪。2000年5月26日，广东省第九届人民代表大会常务委员会第十八次会议通过了《广东省机动车排气污染防治条例》，并于2004年7月29日广东省第十届人民代表大会常务委员会第十二次会议和 2010 年 6 月 2 日广东省第十一届人民代表大会常务委员会第十九次会议修订；2001 年 1 月 17 日，广东省第九届人民代表大会常务委员会第二十二次会议通过了《广东省韩江流域水质保护条例》；2001 年 9 月 28 日，广东省第九届人民代表大会常务委员会第二十八次会议通过了《广东省城市垃圾管理条例》；2002 年 3 月 27 日，广东省第九届人民代表大会常务委员会第三十二次会议通过了《广东省东江水系水质保护条例》，于 2010 年 7 月 23 日通过广东省第十一届人民代表大会常务委员会第二十次会议进行修正；2004 年 1 月 14 日，广东省第十届人民代表大会常务委员会第八次会议通过了《广东省固体废物污染环境防治条例》，于 2012 年进行了两次修正；2004 年 9 月 24 日，广东省第十届人民代表大会常务委员会第十三次会议通过《广东省环境保护条例》，并于 2015 年 1 月 13 日通过广东省第十二届人民代表大会常务委员会第十三次会议修订；2006 年 6 月 1 日，广东省第十届人民代表大会常务委员会第二十五次会议通过了《广东省跨行政区域河流交接断面水质保护管理条例》；2007 年 3 月 29 日，广东省第十届人民代表大会常务委员会第三十次会议通过《广东省饮用水源水质保护条例》，2010 年 7 月 23 日广东省第十一届人民代表大会常务委员会第二十次会议进行修订；2009 年 3 月 31 日，广东省第十一届人民代表大会常务委员会第十次会议通过了《广东省实施〈中华人民共和国海洋环境保护法〉办法》。

新时期以来，更加具体详细的条例、办法出台。2014 年 2 月 7 日，广东省人民政府印发实施《广东省大气污染防治行动方案》；2014 年 4 月 1 日起，《广东省排污许可证管理办法》开始施行；2015 年 12 月 31 日，广东省政府印发实施《广东省水污染防治行动计划实施方案》；2016 年 12 月 30 日，广东省印发实施《广东省土壤污染防治行动计划实施方案》，这标志着广东省水陆空立体化治理污染架构的完成；2017 年 1 月 13 日，广东省第十二届人民代表大会常务委员会第三十一次会议通过《广东省西江水系水质保护条例》。

为解决偷放偷排、敷衍检查等不法行为，广东省对全省重点污染源开展在线实时监测，并积极运用无人机、无人船和遥感技术等支撑和改进环境执法活动。2006 年，因违规排放镉废水而造成特大污染事件的韶关市冶炼厂，政府责令其对全厂的污染处理系统进行升级改造。2016 年，全省完成 7.15 万个环保违法违规建设项目清理整顿，立案查处环境违法案件 19026 宗，做出处罚决定 15445 个，限期整改企业 9799 家，关闭或停产企业 3194 家，实施按日计罚案件 72 宗，查封扣押案件 1865 宗，限产停产案件 431 宗，移送行政拘留案件 284 宗，执行新环保法各项配套措施案件数量在全国位居前三；针对日趋严重的海漂垃圾和海上违法倾倒垃圾污染情况，全省开展联合查处专项行动，共查处违规运输车辆 236 辆，违法船舶 8 艘，以污染环境罪立刑事案件 8 起，抓获犯罪嫌疑人 30 多人，刑事拘留 28 人；联合省公安厅开展打击涉危险废物环境违法犯罪行为专项行动，整改企业 233 家，立案 34 宗，移送涉嫌污染环境犯罪 19 宗；全省环保系统累计向公安机关移送涉嫌环境污染犯罪案件 383 宗。[①]

环境治理惠于民，又依靠群众。2006 年，东莞市福安纺织印染公司偷埋暗管，日偷排印染废水 2 万多吨。当地群众举报了该公司的偷排行为，并画图指明了暗管的具体位置，执法人员依据举报的详细信息一举查获了该公司设置两年的两条暗管，并依法发出总额 1155 万元的排污费追缴单。同年，深圳红光阳真空公司利用活动管道于夜间偷排强酸毒水，举报群众陪同执法人员一起埋伏、一起翻过围墙，在偷排企业来不及变换管道的情况下查处了偷排事实。2016 年，广东省大力推进，"12369"环保微信举报平台建设，畅通电话、微信等多种举报渠道，全省共处理环保信访投诉案件 22.1 万宗，同比上升 11.5%。

三　建设环境友好型经济

2016 年《广东省生态文明建设"十三五"规划》出台，指出要

---

① 唐星、陈惠陆：《广东去年环境执法，关停企业 3194 家，罚没 6.84 亿元》，《新快报》2017 年 3 月 29 日。

推动产业经济绿色转型发展。主要措施体现在三个方面:

第一,加快经济结构战略性调整。推动先进制造业发展,加快制造业绿色改造升级,重点推进有色、化工、建材、轻工、印染等传统制造业绿色改造,推动制造业智能化发展;大力发展服务型经济,推动云计算、大数据、物联网等在服务业的应用,运用信息技术、文化元素、先进管理方式和新型商业模式改造传统服务业,到2020年服务业增加值占GDP比重达到56%,并形成以服务经济为主的产业结构,2030年达到60%左右;积极发展生态产业,调整优化农业产业结构,大力发展观光农业,扩大生态农业覆盖面积,加强无公害农产品、绿色食品、有机食品生产基地建设,努力创建农产品区域品牌,积极发展生态旅游业,扶持建设一批省示范性旅游产业园区,把生态旅游打造成为广东省重点生态功能区的支柱产业;加快淘汰落后产能和过剩产能,对环保、能耗、安全生产达不到强制性标准和生产不合格产品或属淘汰类产能的,依法依规实施停产整顿、关停退出等措施,积极引导产能严重过剩的企业主动退出。

第二,大力发展清洁生产和循环经济。全面推行清洁生产,创新清洁生产推进模式,建立清洁生产工作统一协调机制,实施差别化清洁生产审核制度,到2020年,推动10000家次企业开展清洁生产审核,相关政策法规基本完善,重点行业清洁生产的技术标准体系基本完备,审核验收工作高效运行;实施循环发展引领计划,着力推动园区循环绿色低碳发展,重点围绕园区公共服务类项目、产业链关键补链项目推进工业园区实施循环化改造,加强再生资源回收体系建设,支持再制造产业化、餐厨废弃物资源化以及"城市矿产"示范基地、资源循环利用基地建设,鼓励工业企业在生产过程中协同处理城市废弃物,完善循环经济试点示范体系建设,培育一批循环经济试点示范典型,到2020年,推进100家省级以上产业园区循环化改造。

第三,培育发展节能环保产业。大力发展节能环保技术,加强技术联合攻关及创新体系建设,支持引进先进的节能环保核心关键技术,提升节能环保产业科技创新能力,加快节能环保技术模块化、产品化建设；加快节能环保产品和设备推广，每年发布并推广应用一批重点节能环保产品（设备），加快培育节能环保市场和节能环保服务体系，推动优势节能环保综合服务企业实施强强联合、跨地区兼并重组、境外并购和投资合作。

四　提高全民环保意识

环境保护的理想状态，并不是后发治理已经发生的污染事实，而是将预防环境污染、珍惜自然资源和自然环境的理念深入人心。广东省组织开展了6·5环境日系列活动、"粤环保·粤时尚"等公益宣传活动，迄今为止已成功举办六届环境文化节和五届环保好新闻评选；立足对公众环保理念的教育，广东省实施了"自然学院"试点项目，广州海珠国家湿地公园等17个校点面向全社会开设环境教育课程；充分利用互联网信息优势，开设"广东环境保护"微信公众号，排名稳居中国政务省部级绿色公众号前列；2014年，全省新增绿色学校44个、绿色社区21个、环境教育基地8个，6所学校通过"国家生态学校"评审。

专栏12—2

广东省生态文明建设重要事件（1978—2017年）

➤ 1997年6月，广东省政府决定在全省范围内启动实施《广东省碧水工程计划》。该工程的主要任务是完成急需治理的江河、湖泊、水库水环境的整治工程，推动影响重大的区域性水环境综合整治，逐步改善和提高水污染突出区域的水环境质量。

➤ 2000年2月，广东省政府颁布实施《广东省蓝天工程计划》，要求全省范围内严禁新建单机容量小于12.5万千瓦的燃煤、燃油机组，在珠江三角洲地区和酸雨控制区城区、近郊区不再规划布置新的燃煤、燃油电厂。

➤ 2002 年 10 月，广东省政府批复广东省环保局编制的《广东省珠江水环境综合整治方案》，并召开全省珠江整治会议进行部署。该方案要求，珠江要一年一小变，三年一中变，八年一大变。

➤ 2004 年 9 月 24 日，广东省第十届人大常委会第十三次会议审议批准《珠江三角洲环境保护规划》。该规划由时任广东省省长黄华华和国家环保总局局长解振华亲任组长，经中国环境规划院等单位众多著名环保专家一年多的实地调研、反复论证形成，是我国第一个区域性环保规划立法。

➤ 2005 年 10 月，时任中央政治局委员、广东省委书记张德江在全省学习会议胡锦涛总书记视察广东重要讲话精神大会上，提出建设"绿色广东"。"绿色广东"很快成为编制《广东省国民经济和社会发展第十一个五年规划纲要》的重要指导思想。

➤ 2006 年 7 月 12 日，时任省长黄华华、广州市委书记林树森、市长张广宁率领 3500 名广州市民横渡珠江，展示了广东决策者和人民群众治理污染的决心和取得阶段性成效，展示了他们对经济发展带来的资源环境问题高度重视。

➤ 2010 年 3 月 25 日，《环境保护部广东省人民政府共同推进和落实〈珠江三角洲地区改革发展规划纲要（2008—2020 年）〉合作协议》（简称《合作协议》）签字仪式在广州市举行。时任中共中央政治局委员、省委书记汪洋出席，环保部部长周生贤、省长黄华华共同签署《合作协议》。

➤ 2012 年 3 月 8 日，广东省在全国率先按照空气质量新标准的要求，向社会实时公布包括 PM2.5 在内的空气质量状况。

➤ 2013 年 12 月 19 日，广东省碳排放权交易市场鸣锣开市，标志着广东省在全国创新尝试碳排放配额竞拍模式的市场发展之路。

➤ 2014 年 7 月 4 日，广东省环境保护厅召开珠三角大气污染联防联控技术示范区媒体通气会，通报并演示了 863 计划"重大城市群大气复合污染综合防治技术与集成示范"重大项目的多项成果。

➤ 2015 年 9 月 4 日，广东省第三批排污权交易首次采用电子竞价方式进行交易，共成交二氧化硫 5978.18 吨/年（有效期 2 年），总价款 2371.505 万元。

➢ 2016 年 9 月 22 日，经广东省人民政府同意，《广东省环境保护"十三五"规划》印发实施。

➢ 2016 年 11 月 28 日至 12 月 28 日，中央第四环境保护督察组对广东省开展环境保护督查，并形成督查意见。经党中央、国务院批准，督察组于 2017 年 4 月 13 日向广东省委、省政府进行了反馈。

➢ 2018 年 6 月 5 日，中央第五环境保护督查组对广东省开展"回头看"工作动员会在广州召开。

第五篇

改革开放的未来展望：
开启广东建设新征程

习近平同志在党的十九大报告中明确指出，中国特色社会主义进入新时代。改革开放创造了中国奇迹，而中国梦的实现仍然需要继续全面深化改革和扩大开放。针对发展不平衡不充分问题，广东省更应该走在全国前列。

第十三章

破除不平衡，协调区域经济发展

　　广东省自改革开放以来，经济发展走在全国前列，但区域之间发展差距问题也日益突出，发展不平衡的程度也是全国少有。邓小平同志说过，部分地区、一部分人可以先富起来，带动和帮助其他地区、其他人，逐步达到共同富裕。广东省区域发展差距是允许一部分人和部分地区先富裕起来的政策成功实施的结果，是经济起飞的真实体现。在一定时期里，一定范围内和一定程度的发展差距能够促进经济社会的繁荣发展。但是，发展差距往往具有自我强化功能，如果不适时加以调整，发展差距的扩大和强化将损害经济长期发展的内在动力，更加与共同富裕、和谐发展的目标背道而驰。2018 年 1 月 25 日，广东省第十三届人民代表大会第一次会议上，广东省省长马兴瑞在政府工作报告中讲道：区域发展不协调，粤东西北与珠三角地区发展差距较大仍然是广东省突出的矛盾。粤东西北在经济发展、公共服务、人才集聚等方面与珠三角都存在很大差距，居民人均可支配收入不到珠三角的一半。要尽快走出一条有广东特色的统筹区域发展的新路。本章主要阐述广东省改革开放以来的经济发展不平衡现象，主要从发展差距的具体表现、发展差距拉大的内在原因、相关主体的应对措施以及效果、未来的调整方向和战略等方面入手，力求对此做一个全面的介绍。

第一节　广东省区域经济发展现状

一　地区经济发展差距状况

经过改革开放40多年的强劲发展，广东省这个陆地面积只占全国1.85%的省份，贡献了占全国近11%的经济总量。但是，从省内区域差异来看，广东省发达区域仅集中在珠三角地区（包括深圳、珠海经济特区），在占全省面积80%左右的东西两翼、粤北山区（非珠三角地区），整体经济实力较为薄弱，GDP总值在全省所占份额不足20%。广东传统上按地理位置和经济特点划分为珠三角与东翼、西翼和北部山区四个经济区，而东翼、西翼和北部山区又可统一划为非珠三角地区；其中珠三角九市属经济发达地区，东翼四市、西翼三市和山区五市属经济较不发达地区。

珠三角经济区包括广州市、深圳市、珠海市、东莞市、中山市、佛山市、江门市、惠州市和肇庆市九市。珠三角经济区总面积有4.16万平方公里，占全省面积的23.4%。由于率先实行改革开放，引进以香港资本为主体的各类外资，珠三角经济区的各市县在20世纪80年代至90年代初期都不同程度地开始了经济起飞。经济的快速发展促进了珠三角的城市化建设，原来属于穷乡僻壤的乡村小镇相继发展成为颇具规模的"一夜城"，往日的"桑基鱼塘"变成今日的高楼厂房，道路四通八达。

近40年来，广东的北部山区和东西地区虽然也在发展，但由于区位条件和其他客观因素的制约，其总体水平与珠三角的差距进一步扩大了。广东经济的发展，与其高度的外向联系有关，而多年来广东的外向经济联系基本上发生在珠三角地区，非珠三角地区外向经济联系非常有限，加上珠三角地区的经济辐射能力并不强劲，导致了非珠三角地区发展相对缓慢。今日，珠三角地区已呈现典型的工业化成熟期的产业结构特征，非珠三角地区第一产业比重仍较高，西翼和山区还处于工业化起步阶段。

　　从地区生产总值来看，2016 年珠三角九市占全省的 85.3%，北部山区和东西地区所占比重不及 23%。从固定资产投资总量来看，2015年，珠三角九市固定资产投资占全省的 67%，其他地区特别是山区五市有不错的表现，其中山区五市所占比重达到了 11%，这也是近年来山区五市发展势头不错的重要推力。从对外开放程度来看，珠江三角洲与东西两翼、粤北山区的差距更加明显。由于过去近 40 年的外商投资活动和进出口贸易活动主要集中在第二产业特别是工业上，而珠三角地区的工业化程度明显高于其他地区，因此全省的外商投资活动和进出口贸易活动高度集中在珠三角地区，并且不平衡的程度远高于经济产出总量和工业化的不平衡程度。2016 年，珠三角九市的地区生产总值占全省的 85%，但其开放程度远甚于此。2015 年，珠三角九市的出口额占全省的比重高达 95.6%，而实际外商直接投资也高达 97%，非珠三角地区仅占少量比重。这种外向程度上的差距，一方面强化了珠三角地区的对外联系程度，另一方面也弱化了珠三角和非珠三角地区之间的经济联动。最后，从人均可支配收入和人均产出来看，珠三角地区和其他地区也存在巨大差距。2015 年珠三角九市的常住居民可支配收入为 36662 元，而东翼和山区五市分别只有珠三角九市的 44%—47%。同年，珠三角九市的人均产出为 62267.78 元，而东西翼和山区五市也分别只有珠三角九市的 7%—10%。即使将物价因素考虑在内，广东不同地区居民的生活质量仍然存在巨大差距（见图 13—1）。

　　珠江三角洲与东西两翼、粤北山区的经济差距，不仅严重弱化了山区自身的积累和发展能力，而且还将制约珠三角等发达地区的产业辐射和市场拓展，并将进一步影响全省的整体竞争力和发展后劲、最终必然制约全省率先实现社会主义现代化的进程，也不利于和谐社会的构建。

　　不仅是珠三角地区和非珠三角地区存在巨大经济差距，珠三角地区各城市间也存在着一定的发展差距。尽管珠三角地区东西两岸几乎同时建立经济特区，大力发展经济，但珠江东岸地区经济领先于西岸

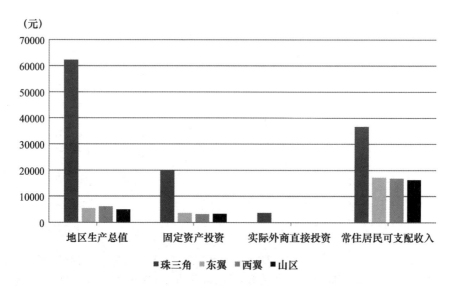

图 13—1　广东省四大区域经济社会发展差距

数据来源：《广东统计年鉴》。

地区的发展格局却逐渐形成且不断强化。东岸城市的广州、东莞、深圳和惠州的经济总量远远大于佛山、中山、江门和珠海的经济总量。以深圳和珠海两个特区为例，两者是隔珠江口相望的两个经济特区城市。建立特区之前的 1979 年，深圳 GDP 只有 1.96 亿元，珠海 GDP 只有 2.09 亿元，略多于深圳。到 1989 年，珠海 GDP 增加到 30.81 亿元，深圳增加到 115.66 亿元，是珠海的 3.75 倍。自 20 世纪 90 年代起，深圳进行产业升级转型、发展高新技术产业，带动经济持续快速发展；珠海则集中财力物力，建设大机场、大港口等大型交通设施，背负巨额债务，两地的经济差距越来越大。2016 年深圳市实现地区生产总值 19492.60 亿元，珠海市为 2226.37 亿元，深圳市是珠海市的 8.6 倍。

　　此外，近年来，东翼地带和北部山区的梅州、韶关等地的发展速度明显滞后于西翼地带以及河源、清远等部分邻近珠三角的山区。近年来，广东珠三角边缘的几个山区市工业发展和招商引资呈现出迅猛发展之势。清远这块全国闻名的"寒极"一跃成为外商投资的"热土"。2013 年 4 月 3 日广清合作第一次市长联席会议在清远召开，会议审议通过了广清合作市长联席会议制度及 2013 年广清合作重点推进项目，共同推进 11 + 9 合作项目。2013 年 5 月 19 日中国社科院等多部门联合发布《2013 年中国城市竞争力蓝皮书》，在"城市综合经济竞争力"排行上，清远在全国排名第 113 位，全省排名第 13 位，粤东西北排名第 5 位。在宜商指标排名中，清远居全国第 95 位，全省排名第九，在粤东西北排名第二，仅次于特区汕头。而河源市也在不断地忙着搞征地、搞拆迁，大办工业之势在河源形成。项目剧增使河源市主要经济指标显著上扬。简而言之，非珠三角地区各片之间也存在着发展差异，这实际上是在珠三角发挥辐射作用和产业开始向外转移之时，具有地理临近优势的片区增添了发展优势，而其他片区则陷入不利地位（见表 13—1）。

表 13—1　　　　　　　　　2015 年四大区域主要指标所占比重

	珠三角	东翼	西翼	山区
土地面积	30.49	8.61	18.17	42.73
常住人口	54.15	15.92	14.59	15.34
地区生产总值	79.14	6.90	7.72	6.24
第一产业	32.98	13.19	30.93	22.91
第二产业	78.72	8.47	7.17	5.63
第三产业	83.32	5.05	6.26	5.37
实际外商直接投资	96.60	1.28	0.88	1.23
地方财政收入	95.34	1.40	1.54	1.71

数据来源：《广东统计年鉴》。

前面详细考察了广东省不同区域之间和区域内部的发展差距，这里直接从各市的发展差距来进行考察。从反映各地级市之间经济发展差距的变异系数来看（见图 13—2），2000 年以来变异系数不断提高，2016 年达到 1.34。改革开放以来各地级市之间的经济发展差距呈扩大趋势。

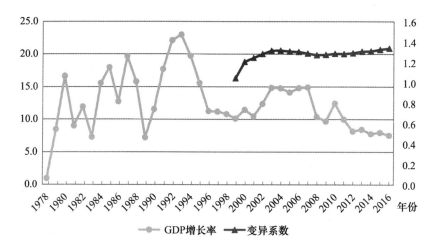

图 13—2　广东省各市生产总值变异系数与全省生产总值实际增长率

数据来源：《广东统计年鉴》。

　　最后，我们还可以从图 13—2 发现更加丰富的信息，那就是在过去将近 40 年时间里，广东省产出增长率和变异系数的变动轨迹存在一致性，两者相关系数为 0.06。具体而言就是在经济增长形势较好的时期里，反映地区差距的变异系数也呈上升趋势，反之在经济增长相对转缓的时期里，变异系数也一般呈下降趋势。这反映了经济发展过程中追求速度与和谐的矛盾，能否在将来的发展中形成一种更加和谐的增长模式，打破现有的发展矛盾，是广东经济发展的一大挑战。

二　城乡经济发展差距状况

　　广东改革开放过程中的经济差距除了表现在地区之间存在差距外，也明显地表现在城乡之间。实际上，地区差距和城乡差距是紧密相连的，广东省地区之间的发展不平衡也体现在城乡二元结构中。珠三角地区和非珠三角地区之间的经济差距，也表现在两大区域之间的城市化程度差异上。改革开放以来，广东的外源型经济导致目前珠三角地区一枝独秀的局面，同时，农村居民的生活改善程度远远落后于城镇居民。如何实现城乡区域协调平衡的发展，成为亟待解决的问题。在珠三角地区最发达的深圳市，已经初步迈入现代化城市行列，而广东北部的韶关、清远的一些农村地区，前几年仍然存在贫困现象。根据联合国粮农组织提出的标准，2010 年广东省农村居民家庭恩格尔系数为 47.7%，只是"小康"水平，而城镇居民恩格尔系数早在 2006 年已经达到了"富裕"的标准。从图 13—3 中看出，广东省的城乡居民收入相对差距，除了改革开放初期有明显下降外，随后基本上呈现上升态势，并且在经济高速增长时期差距扩大较为明显，这说明了广东省经济的快速增长，也和我国许多地区的经济发展一样，有着明显的城市发展倾向，而农村发展则相对落后。2009 年，广东省城乡居民收入之比达到历史最高水平，为 3.12。广东城镇居民可支配收入与农村居民收入差距的倍数扩大比浙江、江苏和山东都要大。比如 2006 年，江苏城乡居民收入之比是 2.42∶1，山东是 2.79∶1，浙江是 2.49∶1，广东是 3.15∶1。广东省社科院科研处处长、研究员丁力指出，尽管珠三角地区已经进入了相对发达的时期，但广东全省仍有近 2000 万人没有摆脱贫穷，有近 2000 万名失地农民生活缺乏保障，有近 2000 万名外来农民工收入依然处于底层。城乡之间、地区之间的发展仍然很不平衡，农村经济与社会发展仍然滞后，周边地区发展基础仍然薄弱，县域经济发展水平仍然不高，群众生产生活还有许多困难有待解决。

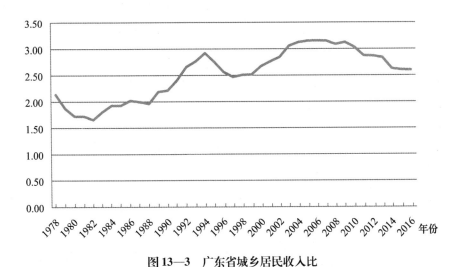

图 13—3　广东省城乡居民收入比

数据来源：《广东统计年鉴》。

第二节 地区发展差距与全省经济成就

尽管区域经济发展出现了不平衡格局，但广东经济发展也形成了一些颇有影响力的城市群和城市，支撑了巨大的经济发展成就。许多国家和地区的经济起飞经验表明：在经济起飞过程中，由于经济快速发展需要稀缺的要素和资源形成空间集聚，发挥规模效应，所以往往存在着地区经济差距的扩大，而这种经济差距一定程度上也是合理的。因此，广东省过去的地区经济发展差距可以说是从侧面反映了全省经济建设的成就。

经过 40 年的改革开放，珠三角城市群已经形成了高起点发展、资金和技术密集型的工业、高标准和大规模发展第三产业竞争力较强的主体产业群，在交通、通信、金融、信息、科技、旅游、文化和对外交流等方面，形成了集体优势和综合优势，与京津唐环渤海湾城市群、长三角城市群形成三足鼎立之势。近年来，珠三角城市之间以及珠三角城市群和港澳之间出现了令人欣喜的整合趋势。最为突出的是 2002 年 12 月，顺德、南海、高明、三水（县级）撤市建区并入佛山市，倾力打造广东第三大城市。广东决定把佛山市建设成为广东的第三大城市，希望佛山成为珠三角向广东西翼及西江流域辐射和拓展的重要区域。广州要南拓、东进、北优、西联，作为特大中心城市的广州市，必定向千万人口中心城市发展，其城市功能必须向周边地区转移扩散。佛山市主动承接广州市的中心城市功能的转移和扩散，担起珠三角大经济区西岸的新增长极重任，扮演了珠三角城市圈副中心的角色。

事实证明，这些区域经济整合措施颇为成功。2004 年佛山市 GDP 还只有 1653 亿元，经过十几年的时间，2016 年这一数字达到近 8630 亿元，基本实现了三年翻一番。其背后是每年都超过 19% 的经济增长速度。广州市作为省会，2016 年全市地区生产总值超过 19547.44 亿元，进一步巩固了作为华南地区的中心城市和全国的经济中心城市之一的地位。对于佛山市的突出成就，佛山市社会经济发展研究所主任赵起超教授在接受《第一财经日报》采访时表示，这一成就的取得首先得益于"大佛山"整合所产生的红利。广佛经济圈仍在建设完善之中，广州市和佛山市也将从中受惠更多，广州市作为珠三角中心城市的地位将更加稳固，珠三角西部走廊将提速发展并且辐射广东西部地区。

深圳市，作为经济特区，在经济体制甚至政治体制创新方面具有得天独厚的优势，同时在地缘上具有毗邻香港的优势，随着其逐步发展成为广东省第二大城市和现代化程度最高的城市，将进一步强化其在电子信息产业、物流产业和金融产业上的优势，努力和香港对接融合，实现深港经济一体化，辐射珠三角，建设现代化国际性城市。

可以预见，在广州、深圳等龙头城市的带动下，珠三角将发展出三大城市圈：以广州为中心包括大佛山的中部城市区，以深圳、香港为中心包括东莞、惠州两大副中心的东岸城市区，包括珠海市、中山市、江门市的部分地区的西岸城市区。珠江三角洲仍然是中国经济最有活力的地区之一，这种城市圈的形成和发展，有利于提高广东的城市化水平，有利于促进城乡一体化发展，对于城乡发展差距和城镇内部发展差距的缩小都具有积极的作用。实际上，由于经济发展规律和地区禀赋差异的客观存在，地区经济平衡发展是相对的，而地区经济发展差距的存在则是绝对的，我们今天看到了地区间和城乡间存在一定的差距，并不能否定过去取得的经济发展成就。

第三节　区域发展差距的形成原因

区域经济发展差异并非一朝一夕形成，而是在多种因素作用下造成的格局。尽管如此，仍然能够将广东省区域经济发展差异的原因归纳为两大因素：地理因素和政策因素。

一　地理因素

地理因素自古以来就是影响区域经济发展的基本因素。由于广东省的改革开放以少数地区率先开放为契机，地理因素在一开始就发挥了决定性的因素。区位因素对于国际贸易成本的节省至关重要，当全球经济更多地呈现海洋经济形态的时候，珠三角地区由于其天然的临海地理条件得以首先实行对外开放，吸引外资并从事对外贸易。实际上，广东拥有绵长的海岸线，并非仅有珠三角地区临海，但当我们将视界放得更加长远，就会得到更好的答案。珠三角地区位于我国三大水系之一珠江的出海口，其能够进行交通运输的地区比其他临海地区增大许多倍，具有商贸发展的传统。珠江流域包括西江、东江以及北江流域，在中国境内面积达到了44.21万平方公里，而流域内山地和丘陵面积占94.5%，平原面积小而分散，仅占全流域的5.5%，最大的平原为珠江三角洲平原。这种地理因素导致的经济发展因素在更加长远的历史中影响着区域经济发展的格局，经贸活动往往趋向下游平原地区集中，这些地区也具有更多的对外联系的历史渊源。改革开放是一种试验式的"摸着石头过河"的由点及面的进程，时间上的演化结合了空间上的延展，珠三角地区首先成为改革开放推进的第一个空间面上的区域。这种演进过程形成了一种类似自然生态的有机系统。此外，对外开放是一个过程，当对外开放未曾发展为全局性时，就仅局限于某些地区。由于对外开放更加注重对外联系，珠三角沿海地区就成为少有的受惠地区之一，这反而减弱了其与内地非珠三角地区的经济联系，非珠三角地区因此迟迟未能融入开放格局中来。在经典的案例中，现在多数分析认为，尽管当时深圳名不见经传，但由于深圳毗邻香港，因此拔得了改革开放实验田的头筹。前面已经述及，尽管深圳和珠海同时成为经济特区，开始差距几乎为零，但由于深圳与世界主要城市之一香港相邻，受到了香港大量的经济文化辐射，已经初步成为具有国际影响的区域性城市，而与珠海相邻的澳门经济规模很小，难以辐射珠海，珠海至今也未真正实现经济腾飞。

二 政策因素

广东区域经济发展差异的第二大影响因素应为政策因素。经济政策能够直接或者间接地影响区域经济发展格局。在改革开放过程中，由于采取的是"摸着石头过河"的创新模式，经济政策在有意或者无意之中带有了一定的地区倾向性。也就是说，改革开放的许多创新性和尝试性的政策，首先在珠三角地区得以实施。例如，20世纪70年代末80年代初，深圳市、珠海市和汕头市率先被批准试办经济特区。尽管许多经济政策初始时不能确保其效应必定成功，但试验性质保证了去劣存优，因此最后是这些先行地区得以施行许多富有激励性和创新性的经济政策，大大促进了这些地区的经济发展。一旦初始的某些经济政策得以实施，往后许多新政策的实施便需要前面政策或者经济实力作为基础，从而这些地区获得了优惠经济政策连贯性的好处。这种发展模式经过多年演变，已经被认为带有地区倾向性，即某些地区享受了政策而其他地区则被排除在外。在改革开放的近40年里，珠三角地区首先获得了政策上的优惠，1980年深圳市、珠海市加上东部的汕头市成为经济特区，1985年珠三角地区被确定为全国三大经济开发区之一，1994年广东省委决定制定建设珠三角经济区现代化的总体发展战略，加快该地区的发展。

仅是到了20世纪90年代末甚至21世纪初，广东省才逐渐调整区域发展思路，更加注重协调发展，2002年更是把区域协调发展确定为广东省经济发展的四大战略之一，全省区域协调发展进入一个新阶段。地区发展战略的变迁，实际上说明了政策的施行也具有连贯性，只有到了某一个临界点才会发生质的变化。最后，将地理因素和政策因素结合起来，就能够很好地解释广东省各区域之间的经济发展差距。只是在这两大因素的前提下，区域经济发展中的集聚扩散等规律，进一步促成了今天的格局。珠三角地区相对非珠三角地区天然地具有地理优势，而珠三角地区内部的深圳则因为毗邻香港而相对于珠海等城市具有了得天独厚的地理优势，非珠三角地区的一些城市也因为更加邻近珠三角地区而具有地理优势，上述的各种地区发展差距都不同程度地与地理因素有关。政策的安放和施行有意无意地考虑了地理因素，从而加大了地区经济发展差距。城乡发展差距，很大程度上是源于各个地区之间的发展差距。可以看出，其中既有地理等长久的稳定因素，也有政府的政策等暂时的人为影响。历史发展的逻辑并没有偏离规律，只是政府的政策的人为因素一定程度地改变了格局发展的方向或者速度罢了。正因如此，地理为恒久而不为人力而变，但政策是人为了破解区域发展不平衡，着力点仍在政府政策，为落后地区寻找经济发展动力做好支持和引导。

实际上，经济学者在总结导致地区经济发展差距的因素时，往往能列出一串长长的清单，譬如物质资本、人力资本、技术差距、地理条件、对外开放、优惠政策、发展战略、体制差异等。但是考察的因素过多往往无法透过现象看本质，从而难以找到破解发展差距的良方。许多经济学者（如 North，1981）认为物资资本、技术效率等只是经济发展本身的表现，而不是经济发展的原因，从而也不能算作经济发展差距的原因。追随着这一观点，越来越多经济学者寻找更深层次的因素。许多学者同意地理条件是导致地区经济发展差距的关键性因素，陆铭、陈钊（2006）认为地理因素是在中国区域经济发展中起根本性作用的因素之一。Sachs（2001）等国外学者也认为地理条件是引起国家间经济水平差距的根本性因素。尽管经济学界对于地理条件是不是引起国家间经济发展差距的根本因素存在较大争论，但是对于一国内部的地区经济发展差距，学者们大多同意地理条件起了重要作用，譬如对于中国沿海和非沿海地区的经济发展差距，研究文献都有相当统一的结论，广东省内部的地区差距可以看成全国地区差距的一个缩影。对于地理条件是不是导致国家间经济发展差距的根本因素的争论，强调制度的经济学者通过各种方法证实制度特别是经济制度才是导致国家间经济发展差距的根本性因素（Acemoglu et al.，2001），从而否定地理因素决定论。但是非常明显的是，在一国特别是中国大陆内部，经济制度和政治制度都不存在着根本性的差别，制度因素难以解释最近几十年来的地区发展差距，尽管制度变迁论能够相当成功地解释我国最近几十年来的经济发展，即它能够较好地解释时间上的纵向差别，但它难以解释空间上的横向差别。当前广东省发展较快的珠江三角洲地区很大程度上是通过实施对外开放达到今天的经济成就的。地理条件是有利于对外开放的关键因素。但是，地理条件对地区发展差距的影响并不仅限于此。譬如，许多学者认为社会文化、商业氛围等社会资本因素也很重要，我们并不否定这一点，甚至认为这个观点同样适合于解释广东省地区经济发展差距。但是如果看得更深更远一点就会发现，它们很大程度上由地理条件因素决定。正如前面所言，珠三角地区的肥沃土地和良好交通条件，利于发展经济和进行贸易，从而使得它在历史上具有较好的商业文化，人们的文化水平也相对高，加上近代对外交流加强，华侨华人联系也大多集中在广东沿海地区而不是山区地区。除了强调地理条件的重要作用外，我们强调的另外一个因素就是政策。对外开放实际上是1978年以来对广东省影响最大的一项政策。发展战略也是一种政策，它属于宏观层面的政策，指导更加微观层次的政策制定和实行。广东近40年实行了外向型发展和城市优先型发展的发展战略，无疑是有利于沿海城市和珠三角地区城市的先行发展，这与我国的经验观察并无二致。如果进行更进一步的观察，就不难发现发达地区和落后地区在体制方面也存在差别，譬如发达地区的市场化水平较高，政府运作和管理水平较高，这些因素都会导致和拉大地区之间的经济差距。然而，这些差别往往是在改革过程中出现和拉大的，也就是说这些差距是内生的。政府给予各个地区的不同的优惠政策，会使得这些地区的体制逐渐出现质量上的差别，这是因为中国改革开放很多的体制细节是缘着"摸着石头过河"的尝试理念建立起来，而政策允许就是这些尝试得以进行的基础，没有政策允许就难以衍生出能够促进经济发展的良好体制，这种体制差别会导致各个地区自身发展能力发生分化，也就是说落后地区不是没有愿望去加快经济发展，而是它们没有积累起发展经济的良好能力。

第四节　精准扶贫改善区域不协调

近年来，广东省委、省政府采取了多种措施、落实了多项政策，大力促进地区之间的协调共同发展。先行一步的广东，在解决区域发展不平衡、拉动欠发达地区经济增长方面也做到了先行一步。在推进精准脱贫攻坚战广东实践中，广东省委、省政府紧紧抓住了统筹区域、城乡发展这一关键环节，广东区域、城乡经济发展差距扩大的趋势开始有所缓解。从 2017 年起广东省财政计划 10 年投入约 1600 亿元，重点补齐农村人居环境和基础设施短板，力争推动全省农村面貌根本改观。2277 个省定贫困村创建示范村工作扎实推进，全省农村"三清理三拆除三整治"进展顺利。抓好农村发展基础性工作，在全国率先基本完成农村集体资产清产核资，农村土地承包经营权确权取得突破性进展、颁证率达 93%，全面启动垦造水田工作、全年垦造 3 万亩，耕地占补平衡工作稳步开展。精准脱贫攻坚扎实推进，完成农村贫困户危房改造 7.9 万户。以乡村旅游为重点的全域旅游加快发展。完成中小河流治理 2033 公里。普惠金融"村村通"三年任务顺利实现，推动发放支农助农贷款 174 亿元，政策性农业保险累计惠及农户 1031 万户。[1]

广东省各项扶贫工作不断得到稳妥推进。近三年时间，2571 个重点帮扶村、20.9 万户相对贫困户、90.6 万贫困人口实现了精准脱贫，广东经验也被国务院扶贫办点赞为"中国亮点、世界模式"。[2]

2016 年，广东省出台了《关于新时期精准扶贫精准脱贫三年攻坚的实施意见》，成功实现了减贫 50 万相对贫困人口的目标。作为全国率先发展地区，广东省还帮助后发展地区开展扶贫工作，截至目前，已相继向四川、广西、贵州、云南等省（区）派出 6 个扶贫协作工作组共 53 人，在落实好原有帮扶资金安排的基础上，2017 年又向四个省（区）的八个对口市（州）的 58 个国定贫困县、片区县和 13 个藏区一般县，共安排 7.1 亿多元财政援助资金，实现了精准扶贫。

专栏 13—1

产业扶贫：让村民主动创业

"我现在在茶叶扶贫基地打工，每个月能拿 1800 元的工资。"日

---

① 《三年发放支农助农贷款 174 亿元》，《南方农村报》2018 年 9 月 8 日。
② 《精准扶贫，广东经验成"中国亮点"》，《羊城晚报》2017 年 3 月 9 日。

前，茂名信宜市金垌镇环球村贫困村民韦旭进感叹过去一年家里发生的变化：一家五口人搬进了由危房改造的新房；在珠海市交通局驻村工作队的帮扶下，种植了2亩百香果和4亩蜜柚，"生活变得越来越好"。

韦旭进并不是当地唯一收获扶贫政策红利的村民。2016年，珠海市交通局驻村工作队在制定帮扶规划时，看准了环球村的山地，选择将有机茶和百香果作为重点扶持产业。他们组织村民建起了合作社，扩大了原有的茶叶基地，并从中开辟200亩作为贫困户种植示范区，组织有劳动能力的贫困户进行种植、管理茶园，每人每天可领取务工费60元。收获的茶叶则由当地龙头企业负责收购。

工作队还组织村民种植百香果和蜜柚。村民以土地入股、以劳力入股、以自筹资金入股，自发组织成立了合作社，实行统一管理和标准，开发连片荒山种植蜜柚600多亩，带动5个自然村200多户农户种植，产业扶贫变成了群众自发性行为，村民们从坐等扶贫变为主动创业，劳动积极性大幅提升。

环球村只是广东精准扶贫工作的一个缩影。据统计，2016年全省各地因地制宜、因贫施策，按照精准到村到户到人的要求，启动实施各类帮扶项目5.47万个，部分帮扶项目已初见成效，培训贫困劳动力38万人次，贫困人口新增就业6.1万人。

（资料来源：《南方网·广东精选》）

专栏13—2

电商扶贫：激发草根创造力

湛江雷州市南兴镇塘头村村民罗儒廷从来没有想过，自己会和"网购"扯上关系，以前他连智能手机都不会用。

几年前，罗儒廷以种植圣女果为生，收入十分微薄。"因为担心没人要，批发商总把价格压得很低，一斤只卖5毛钱。"如今，他的圣女果通过电商进行销售，每亩利润可达 1.5 万元。

想到这个好点子的是驻村扶贫干部岑宇铿。2014 年开始，他在淘宝上帮村民销售圣女果，成效显著。后来，他发现国内少有人种植"千禧圣女果"，这种新品种价值更高，于是他和驻村干部一起，在村里开了一片新品种基地，组织贫困户管理基地，还请专家对村民进行技术培训。

果子质量好，加上网络销售的方式推广快，塘头村的"千禧圣女果"在网络上"一炮而红"。经过推广，塘头村的农产品电商项目已成为省级专项资金扶持的重点项目。

如今，越来越多的企业为农村电商扶贫提供支持。2016 年 5 月，中国邮政集团公司广东分公司与梅州市及五华县邮政联合，在基层设立了邮政便民服务点，布设邮乐购平台、智能包裹柜系统及助农取款机，开展电商寄递金融等服务。

（资料来源：《南方网·广东精选》）

专栏 13—3

技术帮扶：补齐基层"短板"

除了产业上的帮扶，还有精准的技术帮扶。以医疗卫生领域为例，这些年，越来越多的大医院开始向基层医疗机构开展精准帮扶，用"传帮带"的方式提升基层医疗机构的服务水平。

连南瑶族自治县是广东贫困山区之一，当地医疗水平和医疗设施都较落后。2010 年，连南县人民医院还只有 3 台血液透析机，却要承担当地所有透析治疗。35 岁的房志强两年多前不幸被诊断为尿毒症，每周需要到连南县人民医院做血液透析治疗，同时配合药物治疗，来回路途需要近 3 小时。

2016 年底，广东省卫计委血液净化质量控制中心主任史伟一行在对连南县人民医院进行督导时了解到房志强的情况，经过评估，他们认为房志强更适合做腹膜透析治疗。

这个想法很快得以实现。今年（2017 年）初，国内一家医疗器械企业愿意捐赠一台自主研发的带远程监控的自动腹膜透析机给房志强做居家治疗。在接上自动腹膜透析机之前，广东省人民医院肾内科两位医师在连南县人民医院为房志强完成了腹膜透析置管手术。手术也弥补了当地的技术空白。

未来，房志强就可以在这台设备的帮助下在家里进行治疗，并实现与广东省人民医院的远程会诊。

房志强个案只是技术帮扶的开始。根据广东省卫计委的计划，今后，省质控中心将与各大医疗机构进行合作，对粤东西北部地区提供医疗方面的帮助，使当地百姓真正实现"看病不难、看病不贵"。

（资料来源：《南方网·广东精选》）

第五节　小结

政府牵头做好基础性的区域发展规划工作，优化区域发展的布局。具体要做到考虑不同区域的资源环境承受能力、现有开发密度和发展潜力，打破行政界限谋划区域发展。既要以政府为主导，做好区域协调发展的引导性工作，加大公共财政对落后地区发展的帮助力度，发挥财政转移支付的作用，又要积极动员各种经济活动主体参与其中。即政府谋求区域协调发展必须顺应市场经济运行规律，通过灵活合理的手段和措施激励市场经济主体主动地做有利于区域平衡发展的事情，从而实现社会福利的最大化。在发展经济的同时，要注重保护生态环境，经济发展与环保要双赢，落后地区加快发展绝不能以牺牲生态环境为代价。在统筹全省区域发展时，必须兼顾整体利益和长远利益，加强区域生态环境联合治理，共同保护生态环境和自然资源。在进行产业的地区转移时，不能把污染严重的企业转移到落后地区。生态往往是许多落后地区的一种优势资源，落后地区应该好好运用，使其发挥实际的经济效益。这既能加快本地经济发展，也能避免重蹈少数发达地区那样发展了经济但生态环境受到了损害的覆辙。区域协调发展既要重视优势互补，又要根据不同地区情况侧重不同方面的发展。一方面，欠发达地区拥有土地、环境、劳动力等优势，而珠三角地区则拥有产业、项目、资金和经验等优势，双方可以通过合作，利用各自比较优势，实现优势互补，取得双赢。另一方面，珠三角地区应将重点放在加快产业和城市升级上，提升珠三角的创新能力和城市化程度；积极推进珠三角地区基础设施共建共享，加大文化、教育、卫生等资源整合；着力提高自主创新能力，大力发展先进制造业和现代服务业，鼓励发展具有国际竞争力的大企业集团；强化广州、深圳中心城市的辐射带动能力，推动经济特区发展再上新台阶；其他地区应重点发展和壮大县域经济，加快县城、中心镇和专业镇建设，大力发展县域特色经济和优势产业。

在运用财政手段对落后地区进行发展扶持时，既要重视投资建设必要的生产生活基础硬件设施，又要大力发展当地的科教文卫事业，增强当地长远发展的内生能力，切实改善民生。必须进一步调整优化财政支出结构，逐步减少一般性和竞争性领域的直接投入，加大对教育、医疗、社保、就业等公共产品和服务的投入。特别是要优先发展教育，加强公共资源配置向东西两翼和山区倾斜的力度，逐步促进义务教育均衡发展。

最后，统筹区域发展，要做到软硬并举。既要积极改善欠发达地区的基础设施条件，发展当地经济，又要有意识地提升当地民众的发展理念，提高当地政府的公共管理能力。加强干部培训和交流，切实增强欠发达地区和基层政府行政管理和公共服务能力。形成发达地区带动欠发达地区的良性互动发展局面，培养欠发达地区民众主动发展经济的意识，使得协调发展深入民心，成为一种自发性的市场活动。

第十四章

化解不充分，打造经济增长新动力

全面贯彻以新发展理念为主要内容的习近平新时代中国特色社会主义经济思想，坚持质量第一、效益优先，大力推进供给侧结构性改革，把创新作为引领发展的第一动力，统筹把握好量和质的关系，大力促进生产要素从低质低效领域向优质高效领域流动，推动经济发展质量变革、效率变革、动力变革，加快提高全要素生产率，努力在质的大幅提升中实现量的有效增长，是今后五年广东省需要坚决推动高质量发展的重要保障。

第一节　广东省全要素生产率的演变历程

近年来，随着经济发展进入新常态，过去通过扩大要素规模推动经济增长的发展方式不可持续，寻求新常态下可持续的增长动力，推进供给侧结构性改革，核心是提高全要素生产率及其对经济增长的贡献率。2015 年以来，中央的重要会议和文件多次提到"提高全要素生产率"，并把提高全要素生产率摆在推进供给侧结构性改革的重要位置，如中央部署的"三去一降一补"重点任务就是通过解决资源错配问题、提升配置效率从而提高全要素生产率。

2015 年 12 月，中央经济工作会议提出加大结构性改革力度，矫正要素配置扭曲，扩大有效供给，提高供给结构适应性和灵活性，提高全要素生产率。2016 年 1 月，中央财经领导小组第十二次会议再次提出要在适度扩大总需求的同时，去产能、去库存、去杠杆、降成本、补短板，从生产领域加强优质供给，减少无效供给，扩大有效供给，提高供给结构适应性和灵活性，提高全要素生产率，使供给体系更好适应需求结构变化。2016年12月，中央经济工作会议再次提到要加强激励、鼓励创新，增强微观主体内生动力，提高赢利能力，提高劳动生产率，提高全要素生产率，提高潜在增长率。可以看到，提高全要素生产率是贯彻落实新发展理念、适应把握引领经济发展新常态的重要内容，更是供给侧结构性改革的中长期目标。如何以提高全要素生产率为引领推进供给侧结构性改革，关系广东省经济的当前发展和未来布局。

一 广东省全要素生产率的变化趋势

这里使用国际公认的索洛余值法对全要素生产率进行测算。生产函数简要表述为 $Y = AK^{\alpha}L^{1-\alpha}$，其中 Y 为实际 GDP；K 为物质资本投入，用物质资本形成的永续盘存法核算；L 为劳动力投入，使用年末从业人员数替代；α 为一个参数，衡量资本的产出弹性，取值为 0.4[①]；A 为全要素生产率水平，可以根据公式计算，即 $A = Y/(K^{\alpha}L^{1-\alpha})$，其对经济增长贡献率的计算公式为 $(\Delta A/A) / (\Delta Y/Y)$。

从测算结果看，广东省全要素生产率保持温和上升趋势。1978年广东省全要素生产率仅为 0.6，1990 年达 1.02，2002 年达 2.08，2011 年达 3.01，分别在 2001 年、2010 年实现全要素生产率从 1 到 2、从 2 到 3 的跨越，2016 年达 3.36，正处在从 3 向 4 迈进的阶段（见图 14—1）。[②]

------

① 参数 α 为资本产出弹性，指在其他条件不变的情况下，物质资本增加 1% 时，产出增加 α%。在生产函数 $Y = AK^{\alpha}L^{1-\alpha}$ 下，α 等于资本报酬份额。在发达国家，如美国，通常 α 取值为 0.33。世界银行中国经济考察团计算中国资本产出弹性为 0.4，另外在现有文献中，王海兵 (2015) 利用省际数据计算物质资本报酬份额均值约为 0.4。同时，为了实现不同地区之间全要素生产率水平的可比性，α 统一取值为 0.4。

② 如果不同地区采用相同的生产函数，全要素生产率水平具有一定的可比性；否则，无可比性，其数值没有实际含义。

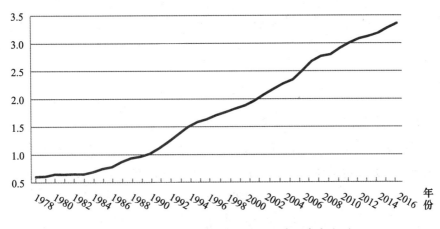

图14—1 1978—2016年广东省全要素生产率水平

数据来源：《广东统计年鉴》，具体结果由作者测算而来。

二 广东省三次产业的全要素生产率

分产业来看，广东省的第二产业全要素生产率相对水平较高，对全要素生产率发挥重要支撑作用。2016年第二产业全要素生产率达4.38，高于第三产业（3.26）和全省全要素生产率（3.36）（见图14—2）。特

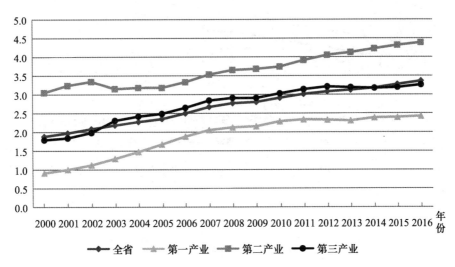

◆ 全省　△ 第一产业　■ 第二产业　● 第三产业

图14—2 2000—2016年广东省分产业全要素生产率

数据来源：《广东统计年鉴》，具体结果由作者测算而来。

别是 2012 年第二产业全要素生产率突破 4 以后，保持较快增长，2016 年达 4.38，比 2012 年增长 8.1%，而同期第三产业全要素生产率一直维持在 3.2 左右。

三 广东省各区域的全要素生产率

2016 年，珠三角地区全要素生产率达 4.41，高于全省平均水平（3.36），更远高于粤东（2.18）、粤西（2.78）和粤北（1.89）。珠三角地区全要素生产率位于全国前列，在可比框架下的结果中，高于上海（4.26）、北京（4.13）等市，但粤东和粤北的全要素生产率低于全国平均水平（2.49）。广东区域间全要素生产率增速差距不大，2000—2016 年珠三角和粤北的全要素生产率平均增长 4%，粤东和粤西全要素生产率平均增长 5%（见图 14—3）。

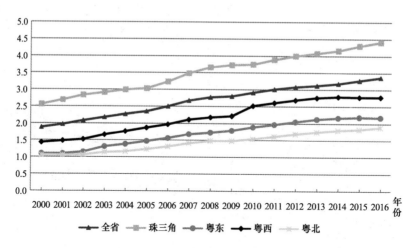

图 14—3 广东省各地区全要素生产率

数据来源：《广东统计年鉴》。

第二节 广东全要素生产率的横向对比

一 广东省与全国以及沿海省份的对比分析

采用同样方法对全国以及江苏、浙江、山东、北京、上海的全要素生产率水平、增速和贡献率进行测算。经对比分析发现，广东省全要素生产率位于沿海省份较高水平，但增速和贡献率低于全国平均水平，广东省提高全要素生产率的空间和潜力较大。

广东省全要素生产率水平位于沿海省市第四位，低于上海、北京、江苏。2016 年广东省全要素生产率达 3.36，高于全国平均水平 0.78 个百分点，低于上海（4.40）、北京（4.31）、江苏（3.65），高于浙江（3.19）、山东（2.70），位于沿海省市第四位。北京、上海属于城市型经济，全要素生产率已超过 4，江苏省全要素生产率水平在 2013 年超过广东省，且浙江省全要素生产率水平与广东省之间的差距也在逐步收窄。

北京和上海全要素生产率之所以优势明显，主要是由于以下几方面的原因：第一，教育水平差距。北京和上海的教育指数位于全国前列。杨家亮（2014）对我国各省份教育指数水平测算得出，北京（0.837）和上海（0.808）位于全国首列，而广东的教育指数为 0.696，排在第 7 位[①]。2014 年北京市大专及以上受教育程度人口占比为 42%、上海为 32.2%，分别排全国第一位、第二位，广东为 14.5%，排全国第 21 位。第二，规模以上服务业企业个数差距。2015 年北京市规模以上服务业企业达 32698 家，广东仅为 15527 家，不及北京的一半。第三，工业企业效益差距。北京和上海的工业企业经营效率远超广东。由表 14—1 可以看出，不论是规模以上工业企业成本费用利润率，还是规模以上大中型工业企业成本费用利润率，北京和上海的利润率水平都远高于广东。这说明广东工业企业的投入产出效益与北京和上海相比有差距。第四，创新产出效率差距。北京和上海的专利产出效率较高。2015 年广东每百名研发人员拥有国内有效发明专利授权量为 12.95 件，远低于北京（61.83 件）和上海（28.85 件）。

---

① 杨家亮：《中国人文发展指数比较分析》，《调研世界》2014 年第 1 期。

表14—1　　2000—2014年北京、上海、广东工业企业成本费用利润率比较

年份	北京		上海		广东	
	规上	规上大中型	规上	规上大中型	规上	规上大中型
2000	5.02	2.63	6.43	7.21	4.82	7.59
2001	4.63	3.88	6.61	7.25	4.49	6.67
2002	5.37	4.66	7.34	8.1	4.98	6.94
2003	6.34	5.97	7.93	8.85	5.28	6.03
2004	6.41	6.08	7.80	9.10	5.12	5.59
2005	5.89	6.18	6.08	6.12	5.16	5.10
2006	6.17	6.21	6.03	6.33	5.48	5.51
2007	6.99	7.17	6.02	6.13	6.20	6.33
2008	5.09	5.15	3.84	3.51	5.54	5.63
2009	6.43	6.58	5.98	5.89	6.88	7.38
2010	7.38	7.62	7.75	8.00	8.05	8.36
2011	7.46	7.68	6.93	7.17	6.64	6.87
2012	7.77	8.26	6.61	6.99	6.13	6.23
2013	7.09	7.42	7.59	8.25	6.03	6.49
2014	7.97	8.48	7.92	8.80	6.42	6.82

注：规上是指规模以上工业企业；规上大中型是指规模以上大中型工业企业。

数据来源：各省市统计年鉴。

　　广东省全要素生产率增速与全国平均水平基本持平，2013年以来增速呈稳定回升的态势。2016年广东省全要素生产率增长2.6%，比江苏（4.4%）低约2个百分点，比浙江（3.3%）低约1个百分点，比山东（4.0%）低约2个百分点，比上海（3.3%）低约1个百分点。广东省全要素生产率增速自1992年以来一直低于江苏省，但随着近年来经济改革的不断推进，尤其是制度创新的不断完善，自2013年以来全要素生产率的增速稳步上升（见图14—4、表14—2）。

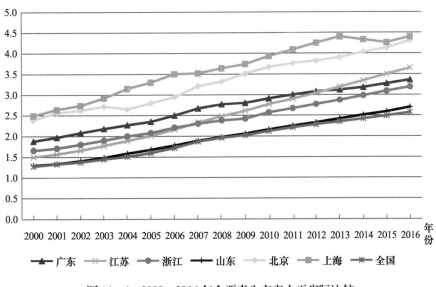

图14—4　2000—2016年全要素生产率水平省际比较

数据来源：全国和各省市统计年鉴。

表14—2			2000—2016年全要素生产率增速省际比较			单位:%	
年份	广东	江苏	浙江	山东	北京	上海	全国
2000	3.0	4.5	2.9	2.6	8.0	5.8	3.9
2001	4.4	4.6	3.3	3.8	7.0	6.0	3.6
2002	5.7	5.8	5.0	4.8	2.4	3.8	4.3
2003	4.7	6.3	5.8	5.7	4.0	6.5	4.5
2004	4.5	6.9	5.4	6.7	−2.8	7.7	4.5
2005	3.2	6.6	3.8	6.0	5.7	4.7	6.0
2006	6.7	7.4	6.2	6.0	5.6	6.1	7.4
2007	6.9	7.8	4.2	6.0	8.7	0.7	8.8
2008	3.5	6.3	3.3	4.6	3.6	3.4	4.6
2009	1.1	5.4	1.9	4.3	5.7	2.7	3.5
2010	4.2	5.9	6.1	4.7	4.4	5.1	4.9
2011	3.2	5.0	3.8	4.0	2.4	4.2	4.1

年份	广东	江苏	浙江	山东	北京	上海	全国
2012	2.4	4.7	3.6	3.5	1.7	3.8	2.9
2013	1.4	4.8	3.8	4.2	2.2	3.4	3.1
2014	1.8	4.7	3.7	3.6	3.2	3.5	3.0
2015	2.9	4.9	3.9	3.3	2.5	3.1	3.1
2016	2.6	4.4	3.3	4.0	4.3	3.3	3.4

数据来源：全国和各省市统计年鉴。

2008 年之前广东省全要素增长率较快，是因为广东省为改革开放前沿，早于全国其他地区获得制度红利。一方面，"开放红利"引进和吸收了大量先进技术，同时结合本地实际情况，带来了显著的技术外溢效应。另一方面，大量劳动力涌入广东，并且向生产率较高的工业部门进行转移。资本、劳动和土地等生产要素得以重新有效配置，促进了广东省全要素生产率的快速提升。2008 年之后，外向型突出的广东经济不断经受世界经济动荡的影响，发达国家对华技术和贸易壁垒加强，国内其他地区开始发挥后发优势，广东经济结构亟待转型，这个阶段广东省的全要素生产率增速与全国水平基本持平。同时，随着创新驱动发展战略的深入推进，各项经济改革效果逐步显现，近年来广东省全要素生产率增速已呈稳步回升的态势。2016 年广东省全要素生产率对经济增长贡献率为 34.0%，低于江苏省（56.6%）、上海市（47.7%）、浙江省（43.3%）、山东省（53.1%），也低于全国平均贡献率（51.4%）。

从更长时期看，2000 年以来广东省全要素生产率对经济增长贡献率略低于全国平均水平，也低于江苏省，说明过去广东省经济主要依靠资本和劳动投入，全要素生产率的贡献偏小。近年来，广东省贯彻落实创新发展理念，制定了一系列创新驱动发展的政策措施，加快建设创新驱动发展先行省。随着一系列创新发展政策的落地，全要素生产率对经济增长的贡献也发生了明显改变。自 2013 年以来，全要素生产率对经济增长的贡献度稳步回升，其增速远超于全国平均水平（见图14—5）。

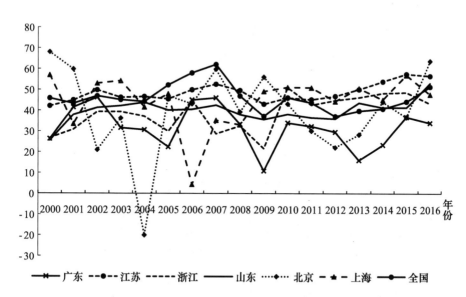

图14—5　2000—2016年全要素生产率对经济增长
贡献率省际比较（%）

数据来源：全国和各省市统计年鉴。

二　广东省与发达国家的对比分析

广东省全要素生产率水平与发达国家之间的差距较大。2014年广东省全要素生产率为3.18，低于美国（8.09）、德国（6.39）、日本（5.52）、韩国（5.48）水平。发达国家全要素生产率水平在几十年前就已经超过广东现有水平，对经济增长发挥了重要驱动作用。20世纪70年代末德国、日本的全要素生产率就超过4，美国全要素生产率达到6，远高于广东省现有水平。特别值得关注的是，当前广东省全要素生产率水平相当于20世纪80年代韩国的水平。韩国与广东经济体量相近，20世纪80年代韩国的全要素生产率水平也远低于发达国家水平。经过多年经济结构调整和体制改革的努力，目前韩国全要素生产率已接近日本，与德国、美国的差距也在缩小（见图14—6、图14—7）。

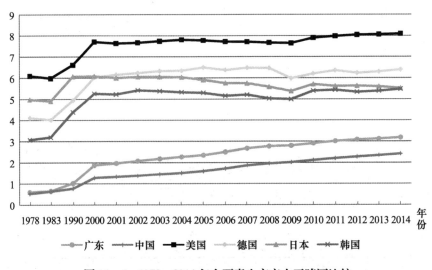

图14—6 1978—2014年全要素生产率水平跨国比较

数据来源：全国和广东历年统计年鉴，世界银行数据库，经测算得出。

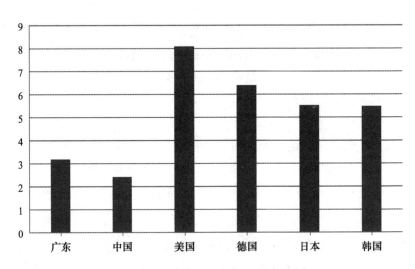

图14—7 2014年广东和发达国家全要素生产率

第三节 制约广东省全要素生产率
提高的因素分析

这里，主要从科技创新、制造业水平、制度创新和人力资本等四方面进行分析，查找提高广东全要素生产率的短板。

一　研发投入强度不足，结构不合理

2016 年，从研发投入总量来看，广东位居全国首位，但是研发投入强度却远不及北京等地区。根据国家统计局、科技部和财政部发布的《2016 年全国科技经费投入统计公报》，2016 年全国共投入研究与试验发展经费 15676.7 亿元，比上年增加 1506.9 亿元，增长 10.6%，增速较上年提高 1.7 个百分点；研究与试验发展经费投入强度（与国内生产总值之比）为 2.11%，比上年提高 0.05 个百分点。按研究与试验发展人员（全时工作量）计算的人均经费为 40.4 万元，比上年增加 2.7 万元。

如果各地比较来看，2016 年研究与试验发展经费最大的是广东，达到了 2035.1 亿元，其次是江苏、山东，分别为 2026.9 亿元、1566.1 亿元。投入经费第四名是北京，达到了 1484.6 亿元。浙江位居第五，上海位居第六，投入分别为 1130.6 亿元、1049.3 亿元。

从整体来看，广东、江苏为投入 2000 亿元研发的水平，山东、北京、浙江、上海为 1000 亿元的水平，湖北、四川、天津、河南、安徽、湖南、福建、陕西等投资在 400 亿元到 600 亿元。但是如果从研发投入强度，即研发经费占 GDP 比重来看，最大的是北京，达到了 5.96%；其次是上海，为 3.82%；第三名是天津，为 3%。江苏为 2.66%，广东为 2.56%，山东为 2.34%，浙江为 2.43%。总体来看，发达地区研发支出占 GDP 比例比较大（见表 14—3、图 14—8）。

表 14—3　　研究与试验发展经费支出总量及其占 GDP 比重　　单位:%

地区	2016 年 R&D 经费（亿元）	2016 年 R&D 经费投入强度（%）
全国	15676.7	2.11
广东	2035.1	2.56
江苏	2026.9	2.66

续表

地区	2016 年 R&D 经费（亿元）	2016 年 R&D 经费投入强度（%）
山东	1566.1	2.34
北京	1484.6	5.96
浙江	1130.6	2.43
上海	1049.3	3.82
天津	537.3	3

数据来源：《2016 年全国科技经费投入统计公报》和世界银行。

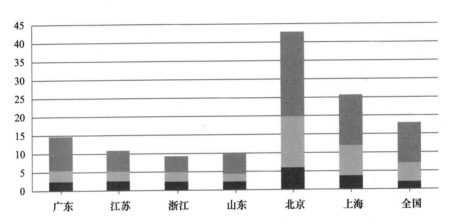

■ R&D经费支出占GDP比重（%）　　■ R&D经费支出中用于基础研究的比重（%）
■ R&D经费支出中用于应用研究的比重（%）

图 14—8　2015 年 R&D 经费支出省际比较

数据来源：《中国科技统计年鉴 2016》。

　　另外，研发支出结构不合理。R&D 经费支出中用于基础和应用研究投入较少，2015 年广东 R&D 经费用于基础研究的比重为 3%，低于北京（13.8%）、上海（8.2%），也低于全国平均水平（5.1%）；广东用于应用研究的比重为 9.2%，低于北京（23%）、上海（13.7%），也低于全国平均水平（10.8%）。基础研究是整个科研活动的基础，它为应用研究和实验发展提供了相应的理论知识和研发经验。靖学青（2013）对 2000—2013 年期间中国研究投入结构与经济增长的关系考察发现，基础研究对中国的技术进步有较强的关联性，而应用研究与技术进步的关联性较小。由此可见，基础研究在促进技术进步、提高全要素生产率中的重要作用。低水平的基础研究是制约广东省全要素生产率的瓶颈。

二 制造业发展质量不高

制造业质量水平和发展能力亟须提高。"十二五"以来，广东制造业质量竞争力指数高于全国水平，但仍落后于江苏、浙江、北京、上海等省市。2015 年，广东制造业竞争力指数为 87.32，低于江苏（89.86）、浙江（90.52）、北京（91.36）和上海（93.58），高于山东（84.05）。说明广东仍需加快从制造到创造、从速度到质量、从产品到品牌的转变（见表 14—4）。

表 14—4　　　2010—2015 年制造业质量竞争力指数省际比较

年份	广东	江苏	浙江	山东	北京	上海
2010	87.14	87.13	85.65	84.41	89.31	90.85
2011	87.77	87.96	87.43	85.38	89.40	90.42
2012	87.53	88.13	89.05	84.86	90.47	92.01
2013	86.94	88.64	89.55	84.35	91.22	93.14
2014	86.83	89.34	89.51	83.80	90.25	93.27
2015	87.32	89.86	90.52	84.05	91.36	93.58

数据来源：《2015 年全国制造业质量竞争力指数公报》。

广东先进制造业和高新技术产业部分产品产量增长较快。2015 年累计生产汽车 242.23 万辆，增长 10.3%，运动型多用途乘用车（SUV）产量增长 63.5%；生产微型计算机设备 3242 万台，增长 8.1%；生产手机 84448 万台，其中智能手机 64443 万台，增长 13.6%。

制造业增加值率处于国内领先位置但与发达国家差距大。2015 年，广东制造业增加值率为 22.4%，高于江苏（22.3%）、北京

（21.1%）、上海（21.4%）、浙江（19.7%），低于山东（24.8%），说明广东制造业产品附加值水平在国内相对较高。但从国际比较看，与美国（46%）、德国（44%）、日本（48%）等发达国家仍有较大差距（见表14—5、图14—9）。

表14—5　　　　2010—2015年制造业增加值率省际比较　　　　单位:%

年份	广东	江苏	浙江	山东	北京	上海
2010	23	23.1	20.2	26.3	20.1	20.8
2011	23.8	23.2	19.3	25.7	20.0	21.4
2012	24.6	22.1	18.4	25.3	19.4	21.6
2013	23	21.9	18.6	25.3	19.8	21.3
2014	22.4	22	18.7	26	19.6	21.6
2015	22.4	22.3	19.7	24.8	21.1	21.4

数据来源：各省市统计年鉴。

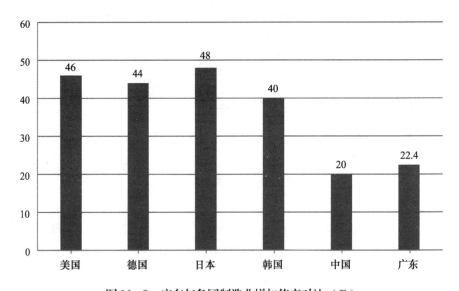

图14—9　广东与各国制造业增加值率对比（%）

数据来源：《中国制造2025》。

工业劳动生产率与发达国家差距较大。2015年，广东工业劳动生产率为 20.5 万元/人，低于江苏（29.4 万元/人）、山东（39.5 万元/人）、北京（33.3 万元/人）、上海（31.6 万元/人），高于浙江（18.7 万元/人），但是远低于美国（183 万元/人）、德国（145 万元/人）、日本（180 万元/人）的水平，表明广东制造业企业生产技术水平还有很大提升空间（见表14—6、图14—10）。

表14—6		2010—2015 年工业劳动生产率省际比较				单位：万元/人
年份	广东	江苏	浙江	山东	北京	上海
2010	13.0	18.4	12.1	23.3	22.2	22.0
2011	14.8	21.9	14.8	28.7	24.6	27.4
2012	15.6	23.5	15.1	30.0	25.2	27.0
2013	18.2	25.5	16.3	32.3	29.6	28.5
2014	19.4	27.6	17.4	36.2	31.0	30.4
2015	20.5	29.4	18.7	39.5	33.3	31.6

数据来源：各省市统计年鉴。

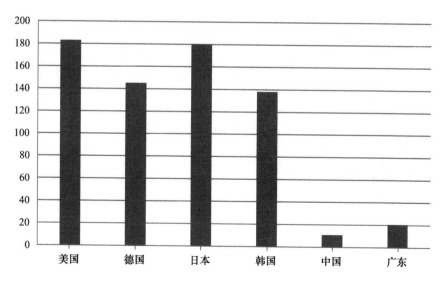

图14—10 广东与各国工业劳动生产率对比

数据来源：《中国制造2025》。

三　制度软环境建设滞后

2016 年，广东软环境指数为 0.72，在全国各省市中排名第一，广东在营商制度创新方面的工作优于国内其他省市。

其中，执行合同指数为 0.86，高于江苏（0.81）、上海（0.62）等，位列全国第一，说明广东省执行合同便利度比较高，在国内处于领先地位。从国际比较看，上海的执行合同便利度已经接近排名第一的韩国，广东得分高于上海，说明广东在执行合同便利度方面处于国际领先地位。

开办企业指数为 0.87，低于江苏（0.97）、浙江（0.97），说明广东开办企业便利度不如江苏、浙江，仍需优化。财产登记指数为 0.77，低于江苏（0.81）、上海（0.98）（见表 14—7）。

表 14—7　　　　　　　　　　　　2016 年软环境指数省际比较

省市	总指标	部分分指标		
	软环境指数	开办企业指数	财产登记指数	执行合同指数
广东	0.72	0.87	0.77	0.86
江苏	0.64	0.97	0.81	0.81
浙江	0.6	0.97	0.67	0.6
山东	0.69	0.82	0.73	0.55
北京	0.65	0.69	0.54	0.54
上海	0.57	0.69	0.98	0.62

数据来源：《2016 年中国投资环境指数报告》。

四　人力资本增长乏力

根据中国人力资本与劳动经济研究中心《中国人力资本报告 2016》，我们比较了广东与其他部分省市实际人力资本存量。总体来看，广东省的人力资本存量略高于江苏省和山东省，但远低于浙江省和天津市，特别是近年来差距不断增大。

改革开放以来，广东省的实际人均人力资本存量稳步提升，从1985 年的61.81 千元到2015 年的340.63 千元，人力资本存量增长了4 倍之多。但近年来，广东省的人均人力资本存量增速降低，人均人力资本存量被江苏省反超了。2015 年广东省的实际人均人力资本存量为340.63 千元，低于江苏省的370.10 千元（见图14—11）。

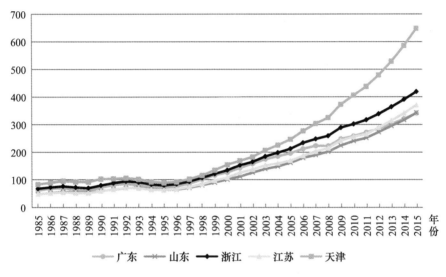

图14—11　各省份实际人均人力资本（千元）

数据来源：《中国人力资本报告2016》。

近年来，广东省针对人力资本中高层次人才不足的情况，全面加快吸收培养高层次人才。先后出台《关于加快吸引培养高层次人才的意见》和《广东省中长期人才发展规划纲要（2010—2020 年)》，实施"珠江人才计划""广东特支计划"等省重大高层次人才引进工程，高层次人才工作取得长足发展。但也存在一些问题，如政策内容上重人才引进，轻人才培养；政策覆盖的领域有待拓宽，主要集中科技领域高层次人才方面；人才服务和管理有待完善，实践中还面临操作难、流程复杂、服务不够精细周到等问题。

第四节　广东省提高全要素生产率的基本理念

提高全要素生产率是提质增效振兴实体经济的核心，是贯彻落实新发展理念、适应把握引领经济发展新常态的重要内容，更是供给侧结构性改革的中长期目标。纵观国内外经济发展经验，提高全要素生产率注重坚持以下四个方面的理念。

一　坚持打造宽松、共赢的创新环境

美国 SBIR 项目中所资助的企业有强烈的空间集中趋势，企业之间的邻近对于学习和技术创新有积极的影响；巴塞罗那产业带的发展中空间邻近性对于企业与供应商、竞争对手、服务业机构、研究机构等组织和机构建立合作关系非常重要。对美国麻省 128 公路的研究表明，对于创新和合作文化的推广让该地企业看到合作创新的强大力量，相关产业也开始复苏并快速发展。

要素环境、文化环境和政策环境是科技型企业培育和提升创新能力的重要保障，也是企业在发展的区位选择上要坚持的基本标准。科技型企业也要基于良好的区域创新环境积极拓展在区域内的网络联系，构建自身的知识网络以获取互补的知识资源，并通过探索性学习来强化创新产品的差异化。政府在区域创新政策的制定上应该注重通过营造良好的区域创新环境来促进科技型小企业的学习活动，进而提升其创新能力和竞争力。

在要素环境的营造上，可以通过培育和吸引相关企业与配套服务组织来完善产业链条、形成产业集群，并出台鼓励产学研合作的政策来促进企业与高校和科研院所的联系；在区域文化环境的营造上可以通过引导企业成立行业协会、组织举办各种沙龙、论坛、行业交流会来促进区域内企业的交流与沟通，为企业间的正式或非正式合作奠定基础；在区域政策环境建设中要加强区域内公共创新平台的建设，通过政策杠杆引导小微企业开展区域内协同创新、鼓励产学研合作，促

进区域内交互式学习的开展。

二　坚持营建规范、友好的营商环境

自 2003 年至 2014 年，世界银行已经连续 11 年发布年度《全球营商环境报告》，目的在于督促各国改善法律和监管环境，促进民营企业的发展。经过 11 年的积累，世界银行已然形成了较为完善的指标体系，包括设计企业、获得施工许可、电力建设、注册资本、获得银行信贷、投资者保护、税收、跨境贸易、合同执行和破产保护十个方面。

营商环境本质上是政府管制环境，政府的越位、缺位与错位都会影响到营商环境。推进政府职能转变，建立与市场经济体制相适应的行政管理体制，是优化营商环境的长期治本之道。构建市场经济条件下商业友好型政府管制环境，既是更好发挥政府作用的要求，也是企业的普遍呼声。

从 2008 年开始，深圳市就启动了以"行政三分制"为重要内容的综合配套改革，即"按照决策权、执行权、监督权既相互制约又相互协调的要求"推进行政管理体制改革。可以考虑优化政府部门机构设置，形成部门间的制衡机制，减少因机构间的职能交叉与重叠带来的制度性交易成本。逐步缩减、裁撤依附于行政部门的事业性收费单位及其人员，使其逐步走向社会；着力提升基层政府治理能力与水平，保障减轻企业负担的政策措施能够落实；进一步增强涉企收费的透明度，减少涉企审批事项的人力与时间耗费；建立政府政策、制度发布平台，促进部门间信息共享；支持由专业性社会组织发布区域性营商环境报告。

三　坚持构建开放、多维的创新体系

分工、合作、竞争是现代经济快速发展的核心机制。欧盟、北美经济的快速发展，科技创新的快速产业化得益于统一开放的大市场。中国科技创新体制要顺应经济科技全球化大势。科学技术创新的开放

意味着不同的学术思想、学科领域更多的交流和碰撞，推动全球科技资源自由流动和合理配置，开放是科学技术创新成功的重要前提，对促进科技创新发展有着决定性的意义。

政府要适应开放型科技创新体制的特征和要求，建立开放型政府管理理念、管理手段、管理机制和管理目标，转变政府职能，强化服务、支持和弥补市场功能缺陷的作用，突出政府在科技战略规划、政策制定、环境营造、公共服务、监督评估和重大任务实施等方面的职能，重点支持市场不能有效配置资源的基础性、前沿性、公益性、重大共性关键技术的研究与开发活动，积极营造有利于创新创业的市场和社会环境。

深化科研机构等体制机制改革，建立以企业为科技创新主体的国家创新体系。建立内生的、市场化的科技创新投资机制，塑造科技创新产业体系，在不断增加政府科技投入基础上降低政府资助占全部创新投入的比重。建立基于市场机制的科技成果利益分配制度，推动人才自由流动；创建世界知识产权交易市场，继续改革和完善知识产权制度；促进研发性投资双向自由流动；推动构建一个开放、平等的世界科技贸易体制与交流环境，加强国际科技创新监督管理。

四　坚持打造高效、统一的市场机制

全要素生产率的提高，不仅仅来自科技创新，也依靠要素质量和组织效率的提高。市场机制和法制是我国建设社会主义市场经济建设的基石，也是发达国家经济社会发展的百年经验。

积极破除要素流动和要素组合的体制性障碍，发挥市场调节要素配置高效、及时的特点。加快国有企业改革，推进混合所有制创新发展。加快破除资金流动障碍，重点解决科技创新型中小企业的资金瓶颈。加快解决劳动力和人才流动障碍，创新解决户籍、就业、入学、住房等体制性约束。加快科技成果的转化速度和知识产权的交易，让产权、知识、技术按照市场规律快速流动和运转。加快国际、国内市场的对接和整合，在全球范围内配置要素和资源。

第五节 广东省提高全要素生产率的重要举措

从长远看，广东省要坚持以提高发展质量和效益为中心，坚持以推进供给侧结构性改革为主线，着力振兴实体经济，大力降低实体经济成本，加快弥补创新发展、制造业核心竞争力、"三新"经济、制度供给、人力资本等五方面短板，多措并举提升全要素生产率，培育新的增长动力，努力保持经济中高速增长，推动产业迈向中高端水平。

一 坚持创新驱动发展战略，打造国家科技产业创新中心

基于影响广东省全要素生产率的因素分析，可以发现科技创新对全要素生产率的贡献最大，2001—2015年均贡献率高达70%，因此促进科技创新是迅速提高全要素生产率的关键。我们认为提高科技创新能力应该从弥补创新发展短板重点着手。坚持把创新驱动作为核心战略、优先战略和总抓手，努力打造国家科技产业创新中心，以产业发展牵引科技创新，以科技创新支撑产业发展，加快形成以创新为主要引领和支撑的经济体系和发展模式。

第一，加大基础研究和应用研究投入力度。广东省 R&D 投入占GDP比重较低，科技创新投入强度低。同时，国际经验表明，全要素生产率水平的提高离不开政府对研发经费的大力投入，激发了科技创新投资。政府对大学向研究型大学的转变的资助，设立公共实验室等在基础研究和科技创新中也起到了举足轻重的作用。政府应密切跟踪全球科技和产业发展方向，加强基础研究和战略高技术的前瞻部署，推动基础研究探索与经济发展需求有机结合，提升开展重大原创性研究、解决重大科技问题和关键核心技术的能力。建立基础研究基本业务费制度，为基础研究平台和长期战略性基础研究提供稳定资助。

第二，加强科技攻关和成果转化。广东省企业拥有研发机构数、专利数等指标均低于同类省份，科技创新量大但是质量不高。政府应完善落实支持企业加大研发力度的后补助等政策，大力推广普惠制，

激发企业创新潜力，大力培育发展高新技术企业，推动年产值 5 亿元以上的大型工业企业实现研发机构全覆盖。组织重大科技成果对接，重点转化超高速无线通信、智能制造、新材料等产业带动性强的科研成果。加强知识产权保护，构建高效的知识产权快速维权援助机制。

第三，加快科技创新平台建设。科学研究和科技创新在地域上呈现出明显的集聚特征。协调推进中国（东莞）散裂中子源、中微子二期实验室（江门）、惠州加速器驱动嬗变系统研究装置和强流重离子加速装置等重大科技基础设施建设。实施广东省实验室建设计划，启动建设省科学院孵化器，加快推动珠三角大科学中心建设。大步推进高水平大学、高水平理工科大学和重点学科建设。

第四，推进两大引领性工程。发挥科技创新在重点区域和重点领域的示范和带动作用。推进珠三角国家自主创新示范区建设，强化广州、深圳的创新引领作用，构建协同高效的珠三角区域一体化创新体系。系统推进全面创新改革试验116项改革事项，争取形成一批可复制可推广的改革举措。

第五，推动科技金融产业融合。科技创新需要金融资本的支持。发展普惠型科技金融，制定出台促进创业投资持续健康发展的实施意见，发展壮大创业投资，重点发展风险投资和天使投资，大力发展科技金融服务机构。

二　推进广东智能制造战略，加快落实传统产业转型升级

制造业是一个大国发展的持久动力，制造业转型升级是提高全要素生产率的基石。不论是规模以上工业企业成本费用利润率，还是规模以上大中型工业企业成本费用利润率，北京和上海的利润率水平都远高于广东。这说明广东工业企业的投入产出效益与北京和上海相比有差距。弥补制造业核心竞争力短板，应该扩大有效供给，强化品牌和质量建设，推动产业迈向中高端，促进实体经济提质增效。

第一，坚持以质量为中心引领实体经济。据调查显示，制定了质量发展战略的企业，其利润水平要比没有制定质量战略的企业高

66%。质量能力是影响企业转型升级绩效的重要因素，质量能力包括品牌、认证等，是企业重要的核心竞争力，尤其是进入新常态以来，质量成为提升企业附加值、扩大市场份额和形成国际竞争力的重要推动力，实施质量强省战略，走以质取胜和品牌发展道路，夯实质量技术基础，推动质量创新，全面提高产品技术、工艺装备、能效环保等水平，用质量优势对冲成本上升劣势。开展"增品种、提品质、创品牌"专项行动，扩大内外销产品"同线同标同质"实施范围。实施商标品牌战略，支持国家商标审查协作广州中心建设。

第二，加快实施标准化战略。加快构建广东先进标准体系，将一批关键共性技术专利上升为团体标准，发挥标准的基础性、战略性、规范性和引领性作用。加大实施标准化战略的支持力度，实施重点产业标杆体系标准建设工程、专业镇和产业集群标准化提升工程和企业标准体系建设示范工程，支持企业组建重点产业的标准联盟，鼓励和支持企业、科研院所、行业组织等参与制定国际标准和国家标准。

第三，推动制造业与互联网融合发展。扩大技术改造政策惠及面，落实技改事后奖补政策，引导规模以上工业企业开展技术改造。推进珠江西岸先进装备制造产业带建设，在珠江西岸六市一区创建"中国制造2025"区域试点示范城市群。创建国家制造业与互联网融合发展示范省，在重点领域、重点行业谋划建设工业4.0示范企业（工厂）。加快发展工业设计、投融资、信息服务等生产性服务业，大力发展面向中小微制造业企业的供应链管理和服务。

第四，加强国际产业合作。多力量、多渠道组织国际产业技术交流合作平台。加大国际并购投资力度，优化产业链上下游资源配置，推动价值链从中低端向中高端转变，提升企业整体竞争力。积极吸收外资，加强与欧美发达国家直接经贸合作，吸引更多世界500强和跨国公司到广东设立区域性总部、研发中心等功能性机构。

三　积极探索体制机制创新，做好国家改革开放先行区

第一，积极破除要素流动和要素组合的体制性障碍，发挥市场调

节要素配置的高效、及时的特点。市场机制和法制是我国社会主义市场经济建设的基石，也是发达国家经济社会发展的百年经验。加快国有企业改革，推进混合所有制创新发展。加快破除资金流动障碍，重点解决科技创新型中小企业的资金瓶颈。加快解决劳动力和人才流动障碍，创新解决户籍、就业、入学、住房等体制性约束。加快科技成果的转化速度和知识产权的交易，让产权、知识、技术按照市场规律快速流动和运转。加快国际、国内市场的对接和整合，在全球范围内配置要素和资源。

第二，紧紧牵住制度创新这个"牛鼻子"，更好发挥政府作用和有效发挥社会力量作用，加快形成有利于效率提升、创新驱动、可持续发展的制度环境和支撑体系。一要加快转变政府职能。加大放管服改革力度，巩固深化政府部门权责清单制度，全力推进行政审批标准化，推动建立覆盖省、市、县三级的事项和标准管理体系。重点精简创业创新、公共服务等领域行政许可事项，取消省级及以下政府部门自行设定的中介服务事项。推动"双随机一公开"监管方式全覆盖，建立健全信用联合奖惩机制。推行"一门式一网式"政府服务模式，完善省网上办事大厅。二要规范市场竞争环境。放宽市场准入，全面实施市场准入负面清单制度改革试点，形成可复制、可推广的制度性经验，为全国实行统一的市场准入负面清单制度探索经验。全面深化商事制度改革，深化企业"五证合一、一照一码"登记制度改革，全面推进"证照分离"改革，切实解决企业"准入不准营"问题。健全优胜劣汰市场化退出机制，简化和完善企业注销流程，完善企业破产制度。推进价格机制改革，全面放开竞争性领域商品和服务价格，完善政府定价制度和价格调控体系。加快社会信用体系建设，实行守信企业"绿色通道"，加强失信企业协同监管和联合惩戒。三要深化投资和金融体制改革。紧紧围绕增强金融服务实体经济能力，更好发挥资本市场优化资源配置作用，培育和激发资本市场创新活力。研究制定广东省深化投融资体制改革实施意见，推进企业投资项目管理体制改革。推进珠三角金融改革创新综合试验区和"互联网＋"众创金融示范区建设。四要大力发展民营经济。激发企业家精神，依法保护企业家财产权和创新收益。加大力度培育民营骨干企业，加快推动小微企业上规模。完善中小微企业信贷风险补偿机制，建立健全中小微企业融资担保和再担保机构。支持中小微企业利用多层次资本市场融资，重点培育孵化能够达到新三板挂牌或创业板、中小板上市标准的企业。

第三，创新粤港澳大湾区建设，打造国家改革开放的典范。在粤港澳大湾区的建设上，制度创新更为重要。粤港澳大湾区"一个国家、两种制度、三个关税区、四个核心城市"的格局，是其最大的特点，同时也是最大的难点所在。粤港澳三地属于不同关税区域，经济制度、法律体系和行政体系都存在着较大差异。打造粤港澳大湾区城市群，将三地合作从经济领域延展至社会民生领域，多部门、多地区面对更复杂多样的情况，更需要创新思路。建设粤港澳大湾区，需整合三方资源，探索"一国两制"框架下区域合作新机制，充分发挥港澳独特优势，促进内地与港澳深度合作，拓展港澳发展新空间。粤港澳大湾区内的前海、横琴、南沙三大自贸区首先要创新粤港澳合作机制，引入港澳的体制资源和社会管理模式，使粤港澳大湾区成为引领泛珠三角区域制度创新的试验平台和配套改革试验区。粤港澳大湾区应在坚持"一国"共性前提下突出"两制"的互补性，在有利于内地和港澳长远发展的前提下，尽可能地挖掘"一国两制"的经济社会价值，使体制机制创新更有效地促进珠三角区域合作共赢，为全国改革开放先行区战略迈出坚实步伐。

四　实施人才至上战略，凝聚创新创业创造主体

顺应劳动力结构调整的趋势，加快推动经济增长由主要依靠劳动力成本优势向劳动力价值创造优势转变，由依靠传统人口数量红利转换到依靠人口素质红利即人才红利。

首先，做好人才培养和人才储备工作。一是切实增加教育投入。在巩固九年义务教育的基础上，高水平高质量普及高中阶段教育，推进高等教育普及化，不断提高劳动年龄人口平均受教育年限和受高等

教育比例。注重教育公平，合理配置教育资源，扩大优质教育资源覆盖面，加快推进义务教育城乡一体化发展，提高欠发达地区、农村居民和女性受教育水平，保障异地务工人员随迁子女就学权利。二是着力引进和培养高层次创新型人才。依托重大科研项目、重大工程项目、重点学科、重点科研基地、国际学术交流合作项目等，引进和培养更多的科技领军人才、科技创业人才、科技创新团队，打造高层次创新型科技人才队伍。创新人才培养、引进、使用、评价和激励机制，赋予创新领军人才更大的人财物支配权、技术路线决策权，注重培育一线创新人才和青年科技人才。完善高层次人才在住房、医疗、户籍、配偶安置等方面的配套政策。改革外国人来华工作管理、服务模式，加强海外人才引进工作。三是加强国际教育合作。提升中外合作办学水平，重点支持香港中文大学（深圳）、广东以色列理工学院、深圳北理莫斯科大学等高水平合作办学机构建设和发展。提升职业教育中外合作办学项目质量，培养一批具有国际视野、通晓国际规则、能够参与国际事务和国际竞争的国际化人才。四是培育具有"工匠"精神的制造业职业技能人才队伍。系统推进现代职业教育综合改革试点省建设，实施制造业劳动力技能提升计划。增强职业教育的实用性，建立职工终身教育培训制度。大力发展现代学徒制度，以"双元制"教育为目标，真正实现职业教育和企业培训之间的互联互通。加快非技能型劳动力向技能型劳动力升级，加大高级技能型人才培养力度，提高全员劳动生产率。支持和鼓励企业有计划地对技术工人进行新技术、新工艺、新设备、新材料等方面的培训。

其次，做好人才引进、人才使用工作。高端人才的培养、引进、使用已成为引领第三次全球化格局形成的决定性因素之一。人才流动趋势决定未来经济发展格局，粤港澳大湾区的发展依靠引智用才。由于体制机制差异，目前粤港澳三地在人才流动和资源优化配置上仍存在协作不足和流动不畅的问题。面对国际竞争及挑战，优化整合粤港澳人才建设工作已刻不容缓。粤港澳大湾区的建设，应以人才引领产业，以产业汇集人才，促进高端人才、高科技成果、高新技术产业

"三高联动"，形成"培养引进一批人才、发展壮大一个产业、培育一个经济增长点"的链式效应。强化顶层设计和内外联动，加强粤港澳高校之间的合作并构建三地人力资源综合服务平台，推进综合研发基地建设，建立多元的代表性交流平台。对外建议粤港澳三地政府能够联动，化竞争为合作，共同面向海外要市场、要人才，出台各种留住高端人才的政策，形成常态的沟通机制和协调机制。

五　落实国家发展战略，引领"一带一路"建设

第一，深度参与"一带一路"建设，巩固战略枢纽、经贸合作中心和重要引擎的地位，在服务国家战略大局中拓展对外开放空间、赢得新的发展机遇。推动与沿线国家和地区开展交通基础设施、能源资源、经贸产业、人文科技等领域务实合作，支持企业进行国际化布局，以对外投资带动装备、技术、标准、服务走出去。深入挖掘广东在"一带一路"中的历史文化资源，推动经济合作与人文交流互促互进。瞄准欧美发达国家加大引资引技引智力度，高水平建设一批对外合作平台，吸引优质外商投资项目落户。支持企业通过兼并重组获取技术、品牌和销售渠道。健全引进来、走出去服务保障体系，设立更多境外经贸办事处，培育发展涉外投资贸易服务机构，形成直接联系主要投资贸易伙伴的经贸网络。

第二，深化供给侧结构性改革，在产业结构调整上取得实质性突破。做好产业发展规划，瞄准未来新兴技术产业发展方向，在财政、税收、土地等方面给予足够的优惠和支持政策。坚决淘汰落后产能，深入推进"三去一降一补"，严格执行环保、能耗、质量等法律法规和标准。大力改造提升传统产能，深入推进新一轮技术改造，提高产品质量和附加值。坚持以增量促存量的方式，逐渐淘汰落后产能，避免给经济带来太大的波动。

第三，建设粤港澳大湾区，推动全面开放新局面。粤港澳大湾区指由广州、佛山、肇庆、深圳、东莞、惠州、珠海、中山、江门九市和香港、澳门两个特别行政区形成的城市群，不同于雄安新区或滨海

新区等发展尚处于初步阶段的情况，粤港澳已然是世界第四大湾区，是国家建设世界级城市群和参与全球竞争的重要空间载体。从国际来看，部分发达国家为维护自身利益，开始推行"去全球化"的贸易保护主义模式，全球经贸投资规则和经济治理体系进入深入调整期，这对于外向型经济比重较高的中国来说，冲击极大，需要重新建立对外开放的新格局。从国内来看，经过了30多年的高速增长之后，新常态下中国经济的转型升级客观上急需寻找新的突破口，打造新的增长极。正是在国际、国内的双重需求和挑战下，粤港澳大湾区备受瞩目和期待。

第十五章

聚焦政策，建设现代化经济体系

改革开放 40 年，广东省 GDP 平均以每年 12.5% 的速度增长，为全国经济增长最快的省区之一。目前，广东省 GDP 总量占全国的近 1/10，税收约占全国的 1/7，多项重要经济指标均居全国首位。如果说中国创造了世界经济增长的奇迹，那么广东省则创造了中国的经济增长奇迹（见图 15—1）。然而，广东省经济发展中同样存在一些问题和

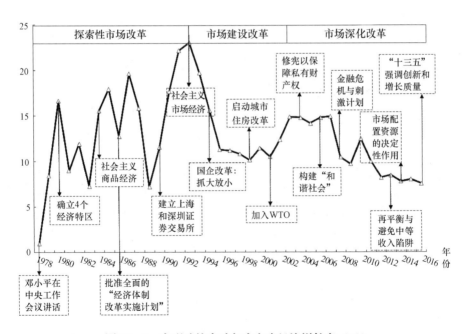

图 15—1　宏观政策变动与广东省经济增长率（%）

数据来源：《广东省统计年鉴》。

隐患，有些是改革所付出的代价，也有些是改革中出现的失误。但是，不管是哪种情况，现在已经是总结经验和调整纠偏的时候。

广东省省长马兴瑞在中共广东省十三届人民代表大会第一次会议上，明确提出广东发展中的七点不足，指明了广东经济社会发展的问题所在。他指出，"对照党的十九大报告提出的要求，结合广东的省情，我省经济社会发展中仍然存在许多不平衡不充分的矛盾和问题。主要有以下七个方面：一是区域发展不协调，粤东西北与珠三角地区发展差距较大仍然是我省突出的矛盾；二是农业农村投入欠账较多，'三农'发展水平与我省作为全国经济大省的地位不相称；三是城市规划建设和管理水平不高，城中村大量存在、违规用地、违法建设等历史遗留问题比较突出；四是污染防治攻坚任务艰巨，资源环境约束趋紧；五是民生领域还有不少短板，部分群众对上学、看病、养老、住房等诉求还很强烈；六是公共安全面临诸多挑战，部分领域风险隐患不容忽视；七是政府职能转变、作风建设与治理能力现代化的要求还有差距"。

走过40年的光辉历程，当前的广东已经站在了一个新的历史起点上，正处于经济社会转型变革轨道的关键时期。广东作为改革开放的先行区，"要以习近平新时代中国特色社会主义思想为指导，全面贯彻党的十九大精神，坚决维护以习近平同志为核心的党中央权威和集中统一领导，按照'三个定位、两个率先'和'四个坚持、三个支撑、两个走在前列'的要求，坚持稳中求进工作总基调，坚持新发展理念，紧扣社会主要矛盾变化，贯彻高质量发展的要求，统筹推进'五位一体'总体布局和协调推进'四个全面'战略布局，坚持以供给侧结构性改革为主线，深入实施创新驱动发展战略，加快构建开放型经济新体制，全面深化改革，强化生态文明建设，加强和改善民生，坚决打赢防范化解重大风险、精准脱贫、污染防治三大攻坚战，努力在全面建成小康社会、加快建设社会主义现代化新征程上走在前列"。只有正视经济发展中的问题和不足，克服前进道路上的制约因素，才能经得起国内、国际上的各种考验，才能实现经济的持续、快速、健康发展。

第一节　先行优势减弱，重视机制创新

改革开放初期，广东人民"不要别的要政策"，凭借先行先试的优惠政策，突破了传统体制上的种种束缚，闯出了一条中国特色的改革开放之路。然而，中央给政策并不意味着指出一条明确的发展道路，而是将权力下放到地方，路还是要靠自己去闯。广东所要的政策正是这种去闯、去拼、去冒的精神，这是第一次"吃螃蟹"的精神，是开拓者的精神。在探索和实践当中，"卖国""租界""破三铁"等指责不绝于耳。也正是在这个时候，广东人养成了"只干不说""多干少说"、埋头苦干的习惯，专心致志搞建设，一心一意谋发展。广东人知道宽松的政策环境来之不易，因而倍加珍惜。一方面，充分利用宽松的政策大胆地试、大胆地闯；另一方面，他们务求实效，坚决不搞花架子，在对外贸易、招商引资、基础设施建设等方面大胆突破。1988年初，在全国还在争论"人是不是商品"的时候，走在改革前列的广州人成立了人才交流中心；1992年，珠海重奖"科技富翁"，这些创造性的引才用才举措，均在全国带来了极大震撼，优秀人才一时纷纷"飞到"广东。在一些特殊的领域内，广东也进行了大胆的政策探索。譬如，随着经济的发展，基础设施的瓶颈制约日益突出，而政府又拿不出钱来。广东创造性地借鉴了香港的做法，利用BOT形式吸引外资和民间投资建起了广深高速公路等大型基础设施建设。以勇气加务实的精神进行政策探索，这是广东最成功的经验（《中国财经报》，2000）。1992年邓小平视察南方，在广东发表了著名的南方谈话，肯定了广东的实践提出了社会主义也可以搞市场经济，从而确立了改革开放的战略目标，开辟了中国特色社会主义的广阔道路。当年中央将经济特区首先确立在广东，除了优越的地理位置、海外联系以外，广东人民敢于突破、敢于创新的精神也是一个重要方面。"广东能产生经济特区，广东能够走在改革开放的前列，就是广东解放思想的产物。"

随着我国改革开放的全方位推进，广东的"特"也在逐渐消失。从经济特区到沿海、沿江、沿边开放城市，再到经济开发区、高新技术开发区等，各种开放政策不断向内陆地区延伸。自 20 世纪末开始，国家先后实施了"西部大开发""振兴东北老工业基地""中部崛起"等发展战略。从广东的实际情况来看，经济特区、经济技术开发区等原有改革试验区改革开放功能和优势已经弱化，适应科学发展观要求的创新型改革试验区的筹建明显落后了（杨再高，2008）。如果说改革开放初期，广东的"特"是向中央"要"来的，那么现在靠的只能是自己"创造"。"现在的广东不能'特'，缺少'特'，那就是我们自己的思想束缚了自己。"要想创造广东的"特"，也只能靠进一步的体制机制创新。广东需要一步步地树立和实现阶段性的战略目标。目标需要突破性，只有突破现实才能指明方向；目标需要切实性，只有切实可行才能增强信心。广东经济总量位居全国首位，但是广东在金融、创新、能源、协调等方面与国内同类地区相比尚存在许多劣势和不足。与世界发达国家和地区相比，差距会更大。广东的开放程度最高，已经成为世界经济的重要组成部分，世界经济政治波动对广东的影响越来越大。因此，广东未来经济发展的风险和挑战将长期存在，一定要克服转型阵痛、增强忧患意识，克服狭隘视野、树立世界眼光。

第二节　人均水平不高，重视民生建设

广东作为全国第一经济大省，但是其人均产值、人民生活等方面的优势并不突出。1978 年广东省 GDP 仅有 186 亿元，而到了 2016 年达到 79512.05 亿元。改革开放 40 年里，广东省经济总量增长了 427 倍，剔除价格因素后增长了 94 倍，可谓是中国乃至整个世界的增长奇迹，如图 15—2 所示。广东省从 1985 年至今，经济总量已连续 32 年居全国第一。但是，广东省经济总量优势，并不能掩盖其在人均水平上的不足。当前，广东省人均 GDP 水平要远远落后于北京市和上海

市，甚至要低于浙江省、江苏省等省区，如图 15—3 所示。

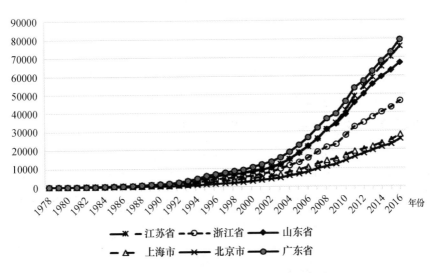

图 15—2 各省市 GDP 总量（当年价，亿元）

数据来源：各省市统计年鉴。

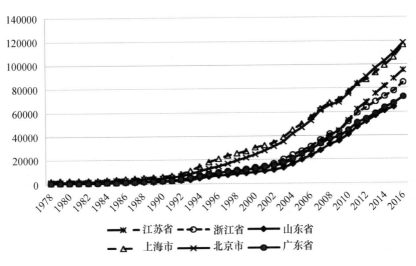

图 15—3 各省市人均 GDP（当年价，元）

数据来源：各省市统计年鉴。

广东省的人口增长率一直高于其他同类省区，人均 GDP 增长速度要低于其他同类省区。广东省吸引了大量的外来人口，对经济增长贡献很大。据统计，2016 年广东省暂住人口超过 1 亿人，为中国流动人口最多的省份。流动人口在广东省劳动力市场上"三分天下有其一"。据共青团广东省委的调查结果显示，青年外来工对广东省 GDP 增长贡献率高达 25% 以上。但是部分外来流动人口很难反映在统计数据中，因而实际的广东人均 GDP 应该比统计水平还要低得多。广东省的经济增长带来了人民生活总体水平的提高，但是由于人均 GDP 水平较低，广东收入水平也明显低于北京、上海、浙江和江苏等省市。20 世纪 90年代以来的大多数年份里，广东省城镇和农村居民的消费增长率远低于 GDP 增长率，如图 15—4 所示。劳动者报酬在初次分配中的比重从1978 年的 57.8% 下降到 2006 年的 49.2%。这说明，广东省应该在收入分配和普惠民生等方面有待加强。如何保障广大人民群众共享经济增长的成果，是广东省今后社会发展和民生建设的重中之重。在外来工较多的企业，普通劳动者的合法权益还得不到有效保障，不合理的用工现象依然存在。

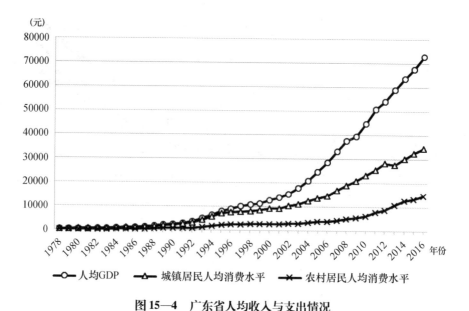

图15—4　广东省人均收入与支出情况

数据来源：各省市统计年鉴。

在未来的社会发展中，广东省应该更加注重"以人为本"，不能片面强调 GDP 的增长，而是要将增加人民收入，提高社会福利作为终极目标。"以人为本"要求各级政府在招商引资、政策制定中始终把人的生存和发展放在第一位，坚持社会公平和正义，坚决反对各种形式的官僚主义和形式主义，求真务实，艰苦奋斗。认真贯彻落实精准扶贫政策，不断提高各阶层居民的收入水平，使扩大消费建立在居民收入增长与经济增长相匹配的基础上，让消费增长真正成为拉动经济增长的主要动力，尽快实现经济增长方式由投资拉动型向消费主导型的重大转变。

第三节　产业结构转型，重视创新驱动

广东省在经济发展过程中，产业结构不断变化，支柱产业不断升级。经过 40 年的发展，广东省经济已经逐步非农化，第二产业和第三产业撑起了广东经济。从三大产业比重来看，第一产业比重不断减小，第二、第三产业比重逐渐上升，而近年来第二产业比重有所下降，如图 15—5 所示。服务业正与制造业一道"双轮驱动"，成为广东省经济增长的两个重要支撑。20 世纪 80 年代至 90 年代初，纺织服装、食品饮料与建筑材料逐渐成为广东省三大传统支柱产业；进入 90 年代中后期，传统三大支柱产业的地位逐步被新兴的电子信息、电气机械和石油化工三大新兴产业所赶上并超过。1998 年，广东省确定了重点发展的九大产业，即电子信息、电气机械和石油化工为三大新兴支柱产业；纺织服装、食品饮料和建筑材料为三大传统支柱产业；汽车、制药和森工造纸为三大潜力产业。广东的珠三角地区已经成为世界知名的加工制造和出口基地，初步形成了电子信息、家电等企业群和产业群，90% 以上的计算机零部件、80% 以上的手机部件和 100% 的彩电部件都可以在区内配套，珠三角地区电脑部件的产量已超过全球产量的 10%。

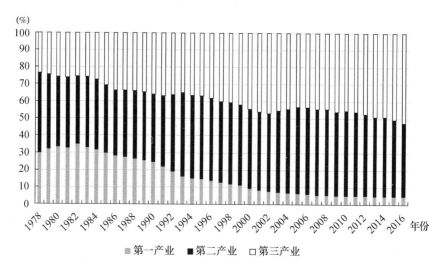

图15—5　广东省三大产业增加值比重

数据来源：《广东统计年鉴》。

　　虽然广东产业结构在不断调整，但是与国外发达国家或地区相比，其经济结构还不够优化，自主创新能力仍不强。传统的高投入、高消耗、高污染、低效益的发展模式尚未根本转变。产业竞争力不强，核心技术和关键技术掌握不多。最近的"中兴事件"，给广东敲响了警钟，也震醒了整个中国实业界和学术界。广东的高新技术产业规模居全国首位，但是高新技术产业赢利水平低，科技含量不高。高新技术产业的主动权掌握在外商手里，对外技术依存度在70%以上，珠三角一度称道的领域竟有85%的专利来自国外。尽管近年来广东高新技术产品出口不断扩大，但是总的来看，仍处于国际产业分工的垂直分工阶段。高新技术产业的研发、设计等技术含量和附加值较高的环节，大都掌握在别人手里；多数进行的是中低技术和劳动密集型生产，包括加工生产、模拟、组装，处于世界制造业价值链的低端环节。技术创新强度不高，将直接制约外向型经济的发展后劲和产业竞争力的提高。金融是现代经济的核心支撑，金融对实体经济的支持也日益增强，但广东金融业现状与现阶段经济发展水平很不相称。20世纪90年代以来，广东金融业在经济中所占比重明显低于全国平均水平，"大而不强"的特征十分明显。广东的国际竞争力还不够高，产业结构还不够优化，自主创新能力还比较弱。

提高广东产业竞争力，必须牢牢把握自主创新。R&D 是一个国家和地区科技水平、科研能力和自主创新能力的重要体现和标志。从科技活动人员、科学家和工程师、R&D 等指标来看，广东省的 R&D 投入远远落后于北京和上海，这与第一经济大省的地位很不相称。广东省的科技投入滞后于经济发展，广东省在吸引科技人才和自主创新能力方面也令人担忧，除深圳和广州以外的中小城市对外来人才的吸引力远远不够。2016 年广东的 R&D 经费支出占 GDP 比重为 2.56%，和全国水平基本持平，远落后于北京和上海。再把视野拓展到国际，发达国家的 R&D 经费支出占 GDP 比重远远超过了广东现在的水平。R&D 投入不足，必然会导致一个地区的自主创新能力不足；自主创新能力不足，又将导致本地企业缺乏核心竞争力，在国际贸易和分工体系中处于不利地位。如果说改革初期广东选择了模仿和吸收型创新，那么今天亟须的则是自主型创新。鼓励科技创新，营造学习型、创新型的社会氛围，需要政府和企业共同努力。科技创新要有主体和应用，除了加大科技研发投入和人才培养引进以外，更要加强现代产业体系建设，大力发展先进制造业、高新科技产业、现代服务业，促进产业结构的升级和优化，以此保持和增强广东的竞争力，使之成为我国参与国际竞争的主力军（见图 15—6）。

加强区域经济合作是促进产业结构升级的另一个重要途径。改革开放 40 年，粤港澳已经形成自然地理经济圈，产业互补性强。香港在现代服务业尤其是金融服务业优势明显，积累了许多宝贵经验。广东传统制造业发达，市场前景广阔，粤港澳合作将为广东的产业结构升级创造机遇。建立良好的粤港澳合作机制，建设国际粤港澳大湾区，不仅有利于合作三方的共赢发展，而且能够更好地服务于整个国家的经济发展战略。创造性地解决区域经济合作中的人员流动、金融合作、产业转移、协调机制等问题，将是今后大湾区建设的主要任务。

努力把粤港澳大湾区建设成为全球最发达、最有活力和竞争力的经济区，成为世界最重要的经贸合作平台，应该是广东不可推卸的历史责任。

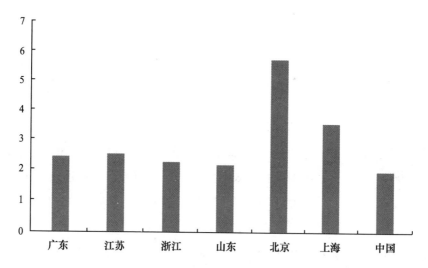

图15—6　研究与试验发展经费支出占 GDP 比重（%）

注：广东、江苏、浙江、山东、北京、上海为2016年数据。

数据来源：《2016年全国科技经费投入统计公报》。

第四节　教育发展滞后，重视科教育人

根据中国人力资本与劳动经济研究中心《中国人力资本报告2016》，广东劳动力具有"三低"的特点（见表15—1），具体如下：

表15—1　　　　　　　　　劳动力情况省际比较

指标		广东	江苏	浙江	山东	北京	上海	全国
平均年龄（岁）	劳动力	34.1	36.5	36.7	36.5	36.2	36.8	35.8
	排名	30	7	6	8	9	5	12
平均受教育年限（年）	劳动力	10.2	10.6	10.0	10.2	12.4	11.5	10.1
	排名	11	4	19	12	1	2	17

续表

指标		广东	江苏	浙江	山东	北京	上海	全国
大专及以上受教育程度人口占比（%）	劳动力	14.5	20.0	17.0	16.1	42.0	32.2	15.5
	排名	21	4	10	14	1	2	17

数据来源：《中国人力资本报告2016》。

一是劳动力人口平均年龄低。2014年广东劳动力人口平均年龄为34.1岁，居全国第30位，比全国平均水平年轻1.7岁，远比上海、浙江、江苏、山东、北京年轻。大量充满活力、勇于创新的年轻人是广东人力资源的最大优势之一。

二是平均受教育年限低。2014年广东劳动力人口平均受教育年限为10.2年，排全国第11位，远低于北京（12.4年）和上海（11.5年），低于江苏（10.6年），略高于浙江（10.0年）。根据联合国《2015年人类发展报告》，2014年美国、德国、日本、韩国25岁以上人口平均受教育年限分别为12.9年、13.1年、11.5年、11.9年，而中国仅为9.1年。广东与发达国家相比差距较大，与韩国相比约有4年的差距。

三是大专及以上受教育程度人口占比低。2014年广东大专及以上受教育程度人口占比为14.5%，居全国21位，远低于北京（42.0%）、上海（32.2%）、江苏（20.0%），也低于浙江（17.0%）、山东（16.1%），甚至比全国平均水平（15.5%）还低1个百分点。根据世界银行数据，2014年美国劳动力中受高等教育程度人口占比为34%，德国为27%，日本、韩国均达35%以上。教育发展滞后是广东经济社会发展最大短板，必须引起足够重视。

近年来，广东省针对人力资本中高层次人才不足的情况，全面加快吸收培养高层次人才。先后出台《关于加快吸引培养高层次人才的意见》和《广东省中长期人才发展规划纲要（2010—2020年)》，实施"珠江人才计划""广东特支计划"等省重大高层次人才引进工程，高层次人才引进工作取得长足发展。但也存在一些问题，如政策内容上重人才引进，轻人才培养；政策覆盖的领域有待拓宽，主要集中在科技领域高层次人才方面；人才服务和管理有待完善，实践中还面临操作难、流程复杂、服务不够精细周到等问题。

从财政投入来看，广东省各级教育生均公共财政预算教育事业费投入并不靠前。根据教育部的统计公告，2016年广东省各级教育"生均公共财政预算教育事业费"与江苏、浙江、上海、北京等差距明显。其中普通小学阶段排全国第15位，普通初中阶段排全国第16位，普通高中阶段排全国第11位，虽然较2015年在总量和排名上有了较大的进展，但中等职业学校的财政投入低于全国平均水平，三项教育事业教育费投入仅略超全国平均水平，远低于上海、北京、江苏、浙江等省市。

广东公共财政教育经费支出占公共财政总支出比重较低。2016年广东公共财政教育支出2243.90亿元，公共财政教育支出占公共财政支出比重为16.69%，仅排全国第14位，远低于山东、浙江、江苏；广东公共财政教育支出占GDP比例为2.82%，低于北京（3.54%）、上海（2.92%）、浙江（2.83%），低于全国的4.22%（见表15—2）。

表15—2　　　　　　**2016年生均公共财政预算教育事业费**　　　　单位：元

教育阶段	广东	江苏	浙江	北京	上海	全国
普通小学	9997	12503	12909	25794	22125	9558
普通初中	13726	21195	18798	45516	30285	13416
普通高中	13479	18039	21742	50803	37768	12315
中等职业学校	11598	13668	18790	38662	28302	12227
普通高等学校	20398	19057	18289	55687	30293	18747

数据来源：教育部。

第五节　能源环境趋紧，重视绿色发展

与全国其他地方一样，广东省不能回避的现实是，多年的持续高速增长是靠大量投资和消耗物质资源来实现的，即经济增长方式十分粗放，突出表现为"三高一低"，即"高投入、高消耗、高污染、低

效益"。从 2000 年至 2016 年，全省一次能源消费总量由 7983 万吨标准煤增至 27157 万吨标准煤，增两倍多。如图 15—7 所示。

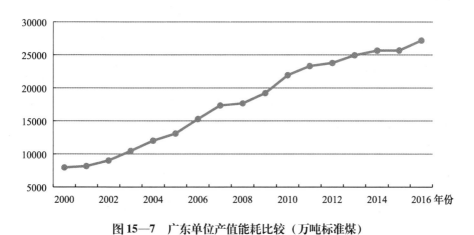

图 15—7　广东单位产值能耗比较（万吨标准煤）

数据来源：《广东统计年鉴》。

广东人地矛盾也相当突出，环境污染不断加剧，饮用水源安全受到严重威胁。资源对外依存度极高，同时能源利用率低下，能源、电力利用效率远低于世界先进水平。粗放型的经济增长方式使广东资源环境的承受能力变得越来越脆弱，资源约束矛盾日益突出，环境压力很大，资源与环境成为制约广东总体竞争力提升和区域可持续发展的"瓶颈"。全面贯彻落实科学发展观，要求加快经济增长方式从粗放型向集约型转变。转变经济增长方式，可谓老生常谈，是实现国民经济可持续发展的必由之路，也是促进全要素生产率增长的动力和源泉。在今后的发展中，广东需要构建低能耗、低污染、节能型、清洁型的产业结构，切实加强节能降耗、污染减排和集约用地，使得能源资源的开发利用工作不断突破新水平。加强对重点耗能行业、企业的跟踪监管，严格项目准入，坚决限制高能耗和使用落后生产工艺产业的发展，大力发展循环经济和绿色经济。资源和能源大都是不可再生的，单独依靠一个地区的力量是很难突破"瓶颈"约束的。"泛珠三角"区域经济合作为广东今后的经济发展提供了新的机遇。大力推进"泛珠三角"合作再上台阶，广东着力做好对事关"泛珠三角"区域合作全局具有战略性和前瞻性的重大问题的研究，进一步研究完善合作可持续发展的长效机制和措施。充分利用周边省份的矿产、水电等自然资源，以克服资源不足的难题。周边八省的自然资源相当丰富，矿产资源几乎应有尽有，不仅种类繁多，而且储藏量大，例如四川的铁矿、锰矿、石油天然气、井盐远近闻名，贵州的汞、煤，云南的稀有金属锡、铅、锌、铜以及磷、大理石等也驰名中外，广西的锰，湖南的钨和锑，江西的铜和银产量均居全国首位。广东应该充分利用这些资源，以突破资源短缺这一"瓶颈"。

第六节　区域差距过大，重视脱贫攻坚

广东这个陆地面积只占全国 1.85% 的省份，贡献了占全国近 10% 的经济总量。但是，从省内区域差异来看，广东发达区域仅集中在珠三角地区（包括深圳、珠海经济特区）；占全省面积 80% 左右的东西两翼、粤北山区（非珠三角地区），整体经济实力较为薄弱，GDP 总量在全省所占份额不足 20%，如图 15—8 所示。

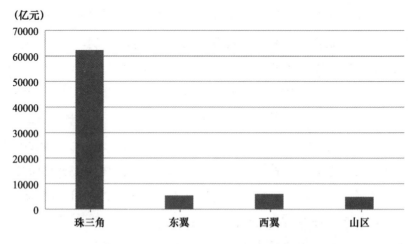

图 15—8　2015 年广东省各地区生产总值

数据来源：《广东统计年鉴》。

近年来，广东的北部山区和东西地区虽然也在发展，但由于区位条件和其他客观因素的制约，其总体水平与珠三角的差距进一步扩大。广东经济的发展，与其高度的外向经济联系有关，而多年来广东的外向经济联系基本上发生在珠三角地区，非珠三角地区外向经济联系非常有限，加上珠三角地区的经济辐射能力并不强劲，导致了非珠三角地区发展相对缓慢。当前，珠三角已呈现典型的工业化成熟期的产业结构特征，非珠三角地区第一产业比重仍较高，东西两翼和山区仍处于工业化起步阶段。

广东经济发展不平衡还表现在城乡差距的不断扩大。改革开放以来，广东省的城乡收入差异系数呈现出明显的上升趋势，如图15—9所示。区域和城乡差异过大，不利于构建社会主义和谐社会。关注落后地区的经济发展问题，是保障社会公平、稳定的需要。创造公平、公正的竞争环境，对个人的发展乃至整个民族的发展尤为重要。区域经济差距过大，可能会激发各种社会矛盾，影响社会稳定、民族团结和国家巩固。落后地区的长期滞后发展将最终影响和制约整体经济的发展。如果区域经济差异长期得不到解决，发达地区内部的发展空间

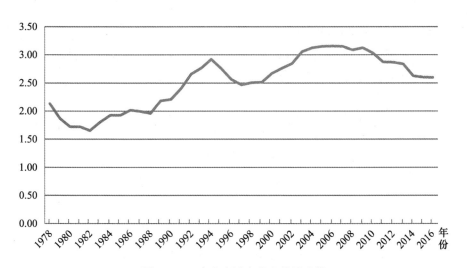

图15—9　广东省城乡收入差异系数

数据来源：《广东统计年鉴》。

会日趋狭小，高盈利机会会逐渐减少，经济成本也会随之上升。落后地区如果长期发展滞后，还会进一步萎缩国内市场，无力承接发达地区的产业、资本和技术的转移。

推进广东区域经济的协调发展，需要多方面共同突破。首先，需要做大、做强广州、深圳等中心城市，发挥区域经济增长极的辐射带动作用。广东的经济发展，不能仅依赖低端产品的简单集聚，还需要打造高端产业的增长极，这就对中心城市广州、深圳提出了更高的要求。广州、深圳不能满足于在国内同类城市中的领先地位，而应该敢于向世界先进城市"叫板"。具有2000多年历史的广州，现在已是华南地区第一大都市。这些年广州发展快，进步大，但是与香港、新加坡等先进城市比较，广州对资金、技术、人才等资源的配置能力和对区域发展的调控能力远远落后，广州还没有凸显出中心城市应有的地位。同时，面临国内其他城市迅猛发展的追赶态势，稍不注意就有可能被超越。广州要坚持走全面、协调、可持续发展的城市化发展路子，努力成为广东省建立现代产业体系和建设宜居城市的"首善之区"。树立"首府意识"，确定"首脑观念"，打造"首选品质"，发扬"首创精神"，倡导"首发勇气"，塑造"首善素质"。深圳更应继续推进深港合作，以宽阔的国际视野审视产业发展，围绕提升国际竞争力，统筹规划推进产业转型升级，形成发展高端服务业与现代制造业、高新技术产业良性互动、"双轮驱动"的格局。两个城市的分工、协作，也是在发展过程中不可忽视的问题。

其次，合理安排产业结构的空间布局，推动珠三角传统产业向周边地区转移，落实产业扶贫政策。这样做的目的，一是为珠三角的产业结构升级腾出发展空间，二是为了发挥比较优势，促进落后地区的经济发展。但产业结构的转移需要基础设施的配套和相应政策的引导。加快东西两翼和山区的高速公路、铁路、航道、港口等建设，降低企业的运输成本；对落后地区的企业提供政策性补贴和帮助等。国家的扶贫政策和广东基础设施建设将为欠发达地区带来新的契机，但是如何科学、顺利地推行这一战略也是一项新的挑战。加强广东内部的区域经济合作，积极筹备各种类型的区域合作试验区。"先富帮助后富，是义不容辞的责任，是不可推卸的义务。"

改革开放 40 年，广东发生了翻天覆地的变化，取得了优异的成绩，但是经济发展过程也存在一些制约因素，例如先发优势减弱、人均水平较差、产业结构不合理、人力资本发展不足、能源环境问题日益突出、区域差距不断拉大等。在今后的发展中，这些问题能否得到很好的解决，将最终决定着广东的排头兵地位。面对改革过程中不断出现的各种问题，需要新一代人不断前行探索，创造新条件和新方法来解决。

参考文献

《广东省政府工作报告》（2000—2018）。

《广州市政府工作报告》（1993—2018）。

《中国改革与发展》专家组：《中国的道路》，中国财政经济出版社 1995 年版。

包群、赖明勇：《FDI 技术外溢的动态测算及原因解释》，《统计研究》 2003 年第 6 期。

包群、赖明勇：《中国外商直接投资与技术进步的实证研究》，《经济评论》2002 年第 6 期。

曾学文、施发启、赵少钦等：《中国市场化指数的测度与评价：1978—2008》，《中国延安干部学院学报》2010 年第 4 期。

陈柏坚、黄启臣：《广州外贸史》，广州出版社 1995 年版。

陈德宁、沈玉芳：《广东城市化的动力特征与发展方向探讨》，《经济地理》2004 年第 1 期。

陈浪南、陈景煌：《外商直接投资对中国经济增长影响的经验研究》，《世界经济》2002 年第 6 期。

陈瑞光：《广东城乡居民消费结构变化的实证分析》，《消费经济》2004 年第 1 期。

陈韬澜：《广东省水资源变化、问题及建议浅谈》，《人民论坛》2014 年第 34 期。

陈忠暖、陈汉欣、冯越等：《新世纪以来广东文化产业的发展与演变——

与国内文化大省的比较》，《经济地理》2012 年第 1 期。

戴鞍钢：《五口通商后中国外贸重心的转移》，《史学月刊》1984 年第 1 期。

邓利方、余甫功：《广东全要素生产率的测算与分析：1980～2004——基于面板数据的 Malmquist DEA》，《广东社会科学》2006 年第 5 期。

丁小飞、康朔：《基于全要素生产率的广东省经济增长因素分析》，《当代经济》2010 年第 4 期。

段成荣、杨舸、张斐等：《改革开放以来我国流动人口变动的九大趋势》，《人口研究》2008 年第 6 期。

樊纲、王小鲁、马光荣：《中国市场化进程对经济增长的贡献》，《经济研究》2011 年第 283 期。

樊纲、王小鲁、朱恒鹏：《中国市场化指数：各地区市场化相对进程2011 年报告》，经济科学出版社 2011 年版。

樊均辉：《广东城乡收入差距及其决定因素》，《珠江经济》2006 年第 4 期。

傅晨：《让农民分享城市化的成果——论城市化的本质及对广东城市化偏差的实证研究》，《学术研究》2008 年第 4 期。

[美] 傅高义：《先行一步：改革中的广东》，广东人民出版社 1991 年版。

高尚全：《30 年，四次解放思想》，《南风窗》2008 年第 3 期。

关云平、严鹏：《深圳工业的演化路径及展望》，《开放导报》2017 年第 6 期。

广东农村 30 年改革发展报告课题组：《广东农村 30 年改革发展报告》，《南方农村》2009 年第 2 期。

广东省地方史志编撰委员会：《广东省志——环境保护志》，广东人民出版社 2001 年版。

广东省环保厅：《广东省环境状况公报》（1995—2017）。

广东省科技厅 21 世纪议程领导小组：《中国 21 世纪议程广东省实施方案研究报告》，广东经济出版社 1997 年版。

广东省统计局：《广东国民经济和社会发展统计公报》（2005—2017）。

广州市发展和改革委员会：《第五个五年计划简介》。

广州市发展和改革委员会：《第六个五年计划简介》。

广州市发展和改革委员会：《第七个五年计划简介》。

广州市发展和改革委员会：《第八个五年计划简介》。

广州市发展和改革委员会：《第九个五年计划简介》。

广州市发展和改革委员会：《第十个五年计划简介》。

广州市发展和改革委员会：《广州市国民经济和社会发展十一五规划》。

广州市发展和改革委员会：《广州市国民经济和社会发展十二五规划》。

广州市发展和改革委员会：《广州市国民经济和社会发展十三五规划》。

广州市经济贸易委员会：《加快提升广州工业产业竞争力的实施意见》
（2005）。

广州市社会主义学院、广州市工商局合编：《广州私营经济发展探
索》，广州出版社 1994 年版。

郭庆旺、贾俊雪：《中国全要素生产率的估算：1979—2004》，《经济
研究》2005 年第 6 期。

国家发展改革委经济体制综合改革司、国家发展改革委经济体制与管
理研究所：《改革开放三十年：从历史走向未来》，人民出版社 2008
年版。

国家生态环境部：《中国环境状况公报》（1989—2017）。

国务院研究室课题组：《中国农民工调研报告》，中国言实出版社 2006
年版。

何琳：《广东农村资本形成路径的影响因素分析》，《广西社会科学》
2004 年第 9 期。

何新安：《广东省绿色经济发展总体评价与区域差异分析》，《经济论
坛》2016 年第 9 期。

侯周周、程福云、王瑾等：《珠江三角洲各城市综合竞争力评价分析》，
《科技创业月刊》2015 年第 10 期。

胡乐伟：《一口通商后广州港茶叶贸易的盛衰变迁及其影响》，《农业

考古》2011 年第 2 期。

华民、韦森、张宇燕等:《制度变迁与长期经济发展》,复旦大学出版社 2006 年版。

黄浩、易振球:《改革之星——广东改革开放十年实践 100 例》,广东人民出版社 1988 年版。

黄静波、付建:《FDI 与广东技术进步关系的实证分析》,《管理世界》2004 年第 9 期。

黄玖立、吴敏、包群:《经济特区、契约制度与比较优势》,《管理世界》2013 年第 11 期。

黄克亮:《建国 60 年来广东城乡基层民主建设的发展及实践创新》,《广州社会主义学院学报》2009 年第 4 期。

黄宁生、匡耀求:《广东相对资源承载力与可持续发展问题》,《经济地理》2000 年第 2 期。

黄启臣:《清代海上丝绸之路的中美贸易——兼论广州"一口通商"的始发港地位》,《岭南文史》2014 年第 2 期。

暨南大学课题组:《广东工业产业竞争力分析报告》,《南方经济》2004 年第 5 期。

简小欢、杜道洪、孙建:《广东山区农村剩余劳动力的转移和人口迁移 (1978~1995 年)》,《南方农村》1996 年第 S1 期。

蒋述卓:《广东文化产业发展与对策研究》,广东人民出版社 2005 年版。

匡耀求、黄宁生等:《广东可持续发展进程》,广东科技出版社 2001 年版。

李华杰、黄涵荪、叶煜荣:《蛇口工业区的崛起——对招商局创办蛇口工业区的调查》,《学术研究》1982 年第 1 期。

李玲、李明强:《人力资本、经济奇迹与中国模式》,《当代中国史研究》2010 年第 1 期。

李闰华:《社会资本与岭南边缘地区历史变迁》,《广西社会科学》2005 年第 6 期。

李若建:《改革开放以来广东省社会结构的变迁——基于人口调查资

料的分析》，《中山大学学报》（社会科学版）2008 年第 5 期。

李小平、朱钟棣：《国际贸易、R&D 溢出和生产率增长》，《经济研究》2006 年第 2 期。

李晓宁：《经济增长的技术进步效率研究：1978—2010》，《科技进步与对策》2012 年第 7 期。

李秀华：《综合保税区在区域经济发展中的作用探讨》，《商业时代》2013 年第 19 期。

廖声丰：《乾隆实施"一口通商"政策的原因——以清代前期海关税收的考察为中心》，《江西财经大学学报》2007 年第 3 期。

林江、骆俊根：《港资对广东技术进步的影响分析》，《世界经济》2005 年第 4 期。

刘爱静：《FDI 对广东省三大产业就业效应研究》，《现代商贸工业》2018 年第 14 期。

刘陈璐：《广东劳动力供求预测研究（2011—2020 年)》，暨南大学，2013 年。

刘广、林文意：《广东省区域资本配置效率测度及优化策略研究》，《现代商业》2017 年第 30 期。

刘惠：《广东可持续发展与产业结构研究》，暨南大学，2001 年。

刘梦虎：《深圳特区招商局蛇口工业区的建设》，《城市规划》1996 年第 6 期。

刘启宇、刘红红：《广东文化产业发展的现状、问题和对策》，《学术研究》2007 年第 6 期。

刘夏明、魏英琪、李国平：《收敛还是发散？——中国区域经济发展争论的文献综述》，《经济研究》2004 年第 7 期。

罗青兰：《从近十年产业结构变动看"新常态"下广东出路》，《广东经济》2018 年第 4 期。

罗清和、朱诗怡：《从经济特区到自由贸易区：中国改革开放路径与目标的演绎逻辑》，《深圳大学学报》（人文社会科学版）2018 年第 1 期。

骆世广：《资本形成能力及与经济增长关联机制变迁研究》，《金融教育研究》2017 年第 1 期。

马建会、李萍：《广东劳动力市场结构性失衡探究》，《当代经济》2008 年第 19 期。

马胜伟、何元贵：《全要素生产率对出口贸易的影响——基于广东省的实证分析》，《工业技术经济》2010 年第 3 期。

穆红梅：《广东省外商直接投资与出口贸易的关系研究》，《福建金融管理干部学院学报》2016 年第 4 期。

欧阳南江：《改革开放以来广东省区域差异的发展变化》，《地理学报》1993 年第 3 期。

阮湛洋：《供给侧改革视角下融资结构变动对产业转型升级影响研究——基于广东数据的实证研究》，《吉林金融研究》2018 年第 2 期。

舒元：《广东发展模式：广东经济发展 30 年》，广东人民出版社 2008 年版。

苏基才、蒋和平：《广东农业技术进步贡献率的测定》，《南方农村》1996 年第 4 期。

谭冬梅：《户籍改革新突破：广东农民工积分制入户城镇》，《传承》2011 年第 31 期。

［美］托马斯·G. 罗斯基：《经济效益与经济效率》，《经济研究》1993 年第 6 期。

王兵、王昆：《环境管制下广东省工业全要素生产率增长的实证分析》，《暨南学报》（哲学社会科学版）2010 年第 6 期。

王成岐、张建华、安辉：《外商直接投资、地区差异与中国经济增长》，《世界经济》2002 年第 4 期。

王鸿诗：《广东农民工社会保险问题初探》，《改革与开放》2008 年第 3 期。

王瑞：《"先走一步"：习仲勋与改革开放》，《兰台世界》2017 年第 8 期。

王世豪、万春红：《广东省农村富余劳动力流动及转移对策》，《国际经贸探索》2010 年第 4 期。

王硕：《深圳经济特区的建立（1979—1986）》，《中国经济史研究》2006 年第 3 期。

王志刚、龚六堂、陈玉宇：《地区间生产效率与全要素生产率增长率分解（1978—2003）》，《中国社会科学》2006 年第 2 期。

危旭芳：《广东产业结构的演进、问题与对策》，《广东行政学院学报》2006 年第 5 期。

魏后凯：《外商直接投资对中国区域经济增长的影响》，《经济研究》2002 年第 4 期。

吴丹：《广东省发展绿色经济的资源环境分析》，《2012 中国可持续发展论坛》（2012 年专刊），2013 年。

吴能全、周斌、李辉蛾：《广东省技术引进与技术进步》，"中华经济协作系统"研讨会，2000 年。

吴奕新：《广东特区 30 年改革开放与发展的回顾与思考》，《南方论丛》2010 年第 4 期。

吴长征：《珠江三角洲城市群对外贸易关系的对比分析》，《广东财经职业学院学报》2003 年第 1 期。

萧冬连：《农民的选择成就了中国改革——从历史视角看农村改革的全局意义》，《中共党史研究》2008 年第 6 期。

谢树兴：《土地制度改革的思考——珠江三角洲城乡就业一体化与完善》，《创业者》1996 年第 4 期。

徐现祥、陈小飞：《经济特区：中国渐进改革开放的起点》，《世界经济文汇》2008 年第 1 期。

徐晓绵：《集体建设用地流转实践的问题与对策探析——以珠三角地区为例》，《特区经济》2015 年第 2 期。

许学强、李郇：《改革开放 30 年珠江三角洲城镇化的回顾与展望》，《经济地理》2009 年第 1 期。

杨丹娜：《谁为农民工撑起"保护伞"？——广东农民工社会保障问题

探讨》，《广东经济》2013 年第 11 期。

杨国华：《可持续发展指标体系及广东可持续发展实验区建设研究》，
中山大学，2006 年。

杨开忠：《中国区域经济差异变动研究》，《经济研究》1994 年第 12 期。

杨全发、舒元：《广东对外贸易促进经济增长分析》，《世界经济文汇》
1999 年第 4 期。

杨晓明、田澎、高园：《FDI 区位选择因素研究——对我国三大经济圈
及中西部地区的实证研究》，《财经研究》2005 年第 11 期。

杨秀琴、熊启泉、江华：《广东对外贸易与经济增长关系的协整分
析》，《华南农业大学学报》（社会科学版）2005 年第 2 期。

易露霞、尤彧聪：《基于全要素生产率的广东外贸"供给侧改革"驱
动发展路径实证研究》，《产业与科技论坛》2018 年第 8 期。

尤彧聪：《供给侧改革视阈下的广州外贸企业创新驱动资源配置与外
贸转型升级的相关性实证研究》，《当代经济》2017 年第 20 期。

袁欣：《广东对外贸易的困境与出路》，《特区经济》2006 年第 3 期。

云青：《低碳增长极低碳广东绿色经济》，《质量与市场》2011 年第
11 期。

张峰、宋晓娜、薛惠锋等：《产业结构调整引发的水资源消耗与水环
境效应检验：来自广东省的实证》，《科技管理研究》2018 年第
3 期。

张富饶：《广东城乡居民收入差距影响因素实证分析》，华南师范大
学，2007 年。

张汉昌：《1979—1994：广东宏观经济效益评述》，《南方经济》1995
年第 9 期。

张捷：《广东省生态文明与低碳发展蓝皮书》，广东人民出版社 2015
年版。

张晓东、池天河：《90 年代中国省级区域经济与环境协调度分析》，
《地理研究》2001 年第 4 期。

张振刚、白争辉、陈志明：《绿色创新与经济增长的多变量协整关系

研究——基于 1989—2011 年广东省数据》,《科技进步与对策》2014
年第 10 期。

张振刚、田帅:《珠三角区域经济发展的影响因素分析——基于面板
数据协整理论的实证研究》,《改革与战略》2010 年第 5 期。

章宁宁:《我国金融发展优化资本配置效率区域比较的实证研究》,浙
江大学,2006 年。

赵玲玲、马行裕:《广东工业产业竞争力综合评价指标体系设计研
究》,《南方经济》2003 年第 6 期。

赵培华:《外商直接投资对广东对外贸易影响的实证研究》,暨南大
学,2006 年。

郑功成:《社会保障学》,商务印书馆 2000 年版。

郑京海、胡鞍钢:《中国改革时期省际生产率增长变化的实证分析
(1979—2001 年)》,《经济学》(季刊) 2005 年第 1 期。

郑重、周永章:《农村土地利用制度改革及城乡一体化问题研究——
以珠江三角洲产业发展规划为例》,《2009 中国可持续发展论坛暨中
国可持续发展研究会学术年会论文集》(下册),2009 年。

钟坚:《深圳经济特区改革开放的历史进程与经验启示》,《深圳大学
学报》(人文社会科学版) 2008 年第 4 期。

钟庆才:《利,还是弊:广东农民工短缺现象的分析与思考》,《人口
研究》2005 年第 6 期。

钟晓青、张万明、李萌萌:《基于生态容量的广东省资源环境基尼系
数计算与分析——与张音波等商榷》,《生态学报》2008 年第 9 期。

左正:《广东工业化进程与新型工业化道路》,《南方经济》2003 年第
7 期。

Acemoglu D. , Johnson S. , Robinson J. A. , "The Colonial Origins of
Comparative Development: An Empirical Investigation", *American Eco-
nomic Review*, Vol. 91, No. 5, 2001.

Aschauer D. A. , "Does Public Capital Crowd Out Private Capital?", *Jour-*

nal of Monetary Economics, Vol. 24, No. 2, 1989.

Aschauer D. A. , "Infrastructure and Macroeconomic Performance: Direct and Indirect Effects", *The OECD Job Study* 1995: *Investment, Productivity and Employment*, 1995.

Aschauer D. A. , "Is Public Expenditure Productive?", *Journal of Monetary Economics*, Vol. 23, No. 2, 1989.

Aschauer D. A. , "Public Investment and Productivity Growth in the Group of Seven", *Economic Perspectives*, Vol. 13, No. 5, 1989.

Balasubramanyam V. N. , M. Sapsford D. , Salisu M. A. , "Foreign Direct Investment and Growth: New Hypothesis and Evidence", *Lancaster University Economics Discussion Paper Series EC7*, Vol. 70, No. 3, 1998.

Baumol W. J. , "Productivity Growth, Convergence, and Welfare: What The Long-run Datas How", *The American Economic Review*, Vol. 76, No. 5, 1986.

Blanchard O. , Shleifer A. , "Federalism with and without Political Centralization: China versus Russia", *IMF staff papers*, Vol. 48, No. 1, 2001.

Blomström M. , Kokko A. , Globerman S. , "The determinants of host country spillovers from foreign direct investment: A Review and Synthesis of the Literature", Inward Investment Technological Change and Growth. Palgrave Macmillan, London, 2001.

Blomstrom M. , Lipsey R. E. , Zejan M. , "What Explains the Growth of Developing Countries?", *Convergence of Productivity: Cross-National Studies and Historical Evidence*, Vol. 62, No. 3, 1996.

Loren Brandt, Thomas G. Rawski, eds. , "China's Great Economic Transformation. " *Cambridge University Press*, 2008.

Caves R. E. , "Multinational Firms, Competition, and Productivity in Host-Countrymarkets", *Economica*, Vol. 41, No. 162, 1974.

Cheng L. K. , Kwan. Y. K. , "What are the determinants of the location of foreign direct investment? The Chinese experience", *Journal of Interna-*

tional Economics, Vol. 51, No. 2, 2000.

Démurger S. , "Infrastructure Development and Economic Growth: An Explanation for Regional Disparities in China?", *Journal of Comparative Economics*, Vol. 29, No. 1, 2001.

Edwards S. , Openness, "Productivity and Growth: What Do we Really Know?", *Economic Journal*, Vol. 108, No. 447, 1998.

Francis D. H. , Sandberg W. R. , "Friendship Within Entrepreneurial Teams and its Association with Team and Ventureperformance", *Entrepreneurship Theory and Practice*, Vol. 25, No. 2, 2000.

Grossman G. M. , "Helpman E. Innovation and Growth in the Global Economy", *MIT press*, 1993.

Hall R. E. , Jones C. I. , "Why Do Some Countries Produce So Much More Output Per Worker Than Others?", *The Quarterly Journal of Economics*, Vol. 114, No. 1, 1999.

Kokko A. O. , *Foreign direct investment, Host Country Characteristics, and Spillovers*, 1994.

Li H, Zhou L A. , "Political Turnover and Economic Performance: The Incentive Role of Personnel Control in China", *Journal of Public Economics*, Vol. 89, No. 9 – 10, 2005.

Lin J. Y. , "Development Strategy, Viability, and Economic Convergence", *Economic Development and Cultural Change*, Vol. 51, No. 2, 2003.

R. E. Lucas Jr, "On The Mechanics of Economic Development", *Journal of Monetary Economics*, Vol. 22, No. 1, 1988.

Maskin E. , Chenggang Xu, "Soft Budget Constraint Theories: From Centralization to the Market", *Economics of Transition*, Vol. 9, No. 1, 2001.

North D. C. , *Structure and Change in Economic History*, Norton, 1981.

M. Obstfeld, K. Rogoff. , *Foundations of International Macroeconomics*,

Cambridge, MA: MIT Press, 1996.

Peluffo A. *Trade Liberalization and Manufacturing Performance: The Uruguayan Case*, Universiteit Antwerpen (Belgium), 2010.

Qian Yingyi, Xu Chenggang, "Why China's Economic Reforms Differ: the M—Form Hierarchy and Entry/Expansion of the Non-State Sector", *The Economics of Transition*, Vol. 1, No. 2, 1993.

Robinson S., Syrquin M., *World Bank. Industrialization and Growth: A Comparative Study*, New York: Published for the World Bank [by] Oxford University Press, 1986.

Sachs J. D., "Warner A M. The Curse of Natural Resources", *European Economic Review*, Vol. 45, No. 4 – 6, 2001.

Sen A., *Inequality Reexamined*, Clarendon Press, 1992.

Shane S, Venkataraman S., "The Promise of Entrepreneurship as a Field of Research", *Academy of Management Review*, Vol. 25, No. 1, 2000.

Timmons J. A., *New Venture Creation*, Tata McGraw-Hill Education, 1985.

Venkataraman S., "The Distinctive Domain of Entrepreneurship Research", *Advances in Entrepreneurship*, *Firm Emergence and Growth*, Vol. 3, No. 1, 1997.

Xu Chenggang, "The Fundamental Institutions of China's Reforms and Development", *Journal of Economic Literature*, Vol. 49, No. 4, 2011.

后　记

　　四十年沧海桑田，四十年波澜壮阔，改革开放成就了一个繁荣富强的中国。从 1978 年的十一届三中全会拉开中国改革开放的大幕，到 1992 年邓小平南方谈话坚定建设社会主义市场经济，再到 2018 年党的十九大确立进入新时代，我们坚定地走在伟大的复兴之路上。中国从一个封闭落后的农业国，转变为今天世界第二大经济体和第一大贸易国。中国人民以足够的信心、勇气和智慧，一路上披荆斩棘风雨兼程，不断地试错、纠错和前进，走出了一条中国特色的社会主义道路。

　　这场伟大的变革一开始就选择了勤劳智慧的广东人民，而广东人民凭借敢于创新、锐意进取和兼容并包的精神，创造出来了一个个中国奇迹。陆地面积仅占全国 1.85% 的广东省，贡献了占全国九分之一的经济总量、七分之一的财税收入、四分之一的外资总额和三分之一的外贸总额。从"三来一补"的加工贸易，到广东制造，再到广东创造，广东的发展轨迹和经济模式，在每个发展阶段始终都是全国其他地区学习的榜样。"广东是改革开放的排头兵、先行地、实验区，在我国改革开放和社会主义现代化建设大局中具有十分重要的地位和作用。"

　　三十而立，四十不惑。今天，中国改革开放事业已进入不惑之年，改革进入攻坚期和深水区。广东的经济发展是全国的缩影，认真研究总结广东改革开放的成就和经验，有助于深化对改革开放的认识，更有利于在今后的改革之路上趋利避害，继往开来。广东继续坚定不移全面深化改革，继续谱写改革开放浓墨重彩的新篇章，继续引领中国新一轮改革开放，具有深远的历史意义和重大的现实意义。

本书围绕着改革开放四十年来广东经济如何崛起这个问题展开，力求系统阐述广东改革开放以来的经济发展模式，旨在见微知著为探索中国的大国崛起提供鲜活素材。漫长的历史经验表明，要实现宏观经济预期的增长，必要的条件包括资金、劳动力、资源和技术。其中，资源禀赋不仅包括土地资源，还有地理位置等自然条件，这也是广东作为改革开放先行者的基石。

本书的总体框架是由现象到本质，通过回顾广东四十年的经济发展历程和实现路径，分析经济发展的原因和逻辑，目的是总结经验和教训。在前言中，简要描述了历经四十年的改革开放，广东的经济总貌和变化特点。第一部分回顾了经济特区作为中国改革开放起点的时代需求，及其为改革开放进行"摸石探路"的历史经验。第二部分包含三章内容，分别从深圳、广州以及珠三角等地区考察广东在城市化和工业化过程中积极探索经济发展的足迹，从而对本书的主要问题给出初步的回答。前两部分重在阐述广东各界人士改革开放过程中的制度探索。第三部分由四章构成，沿着经济增长的基本要素，即资本的市场化配置、人力资本的积累、土地流转和技术进步等，展开对广东经济发展本质的探索。第四部分由四章构成，主要是从产业结构、对外贸易、民生建设和生态文明建设等角度探索广东在改革开放 40 年中取得的成效。第五部分是广东省改革开放四十年的经验总结和对未来发展的展望，也是本书的落脚点。这部分是在前面分析的基础上，从区域经济、增长新动力和现代化经济体系等方面，剖析广东经济建设中存在的问题和不足，为未来发展提出一些前瞻性的思考，期待开启广东建设新征程。

本书涉及的内容仅限于广东的经济发展领域，其他领域的内容由丛书其他作者组织完成。在编写过程中，本书力求涉及内容具有良好的理论依托和翔实的数据图表支持，在扩大内容覆盖范围的同时，保证其准确性、真实性和科学性，做到有理可依、有据可循。除此之外，本书在依据贯穿全书主脉络的基础上，在各个部分采用了比较独特且多样的视角进行阐述，其中包括了很多具有历史特性的事件，以增强论述的趣味性和可读性。对于历史事件的复述，大多引自新闻报纸或者其他相关论著，这里对前人的研究表示敬意和感谢。作者之前参加的广东省委省政府各级部门的委托课题，也为本书提供了许多宝贵的素材，尤其是大量的调研工作给了我很多现实感受，也坚定了写这本书的信念。本书涵盖了中国科学院学部"粤港澳大湾区建设成为世界级经济区研究"子课题"全球视角和中国经济发展新阶段中的粤港澳大湾区建设"、广东省软科学研究计划项目"广东省区域创新能力评估和创新体系建设研究"（2015A070704019）和广东省普通高校创新团队项目"社会主义市场经济理论基础与政策体系"（2016WCXTD001）的部分研究成果。本书的出版得到了中山大学岭南（大学）学院学科建设经费的资助，在此表示诚挚的感谢。

我很庆幸本书的编写得到了一批非常优秀的研究生的帮助，他们提供了很好的助研工作，包括数据资料的收集以及基本内容的整理，并且在章节的布局上也提供了很好的建议。他们是曹昱葭（第七、八章）、杨豪（第六、十三、十四、十五章）、吴裕晴（第六、九、十章）、朱雅典（第二、四、五章）、陈小伟（第六、十一、十二章）、易露英（第一、三、五章）。从他们身上，我感受到了新一代中国学术人的认真、执着和热情，感谢他们给予我的动力和希望。

广东四十年的经济发展过程中，承载着太过太多值得歌颂和传承的记忆，也蕴含着许许多多值得深究的道理。但是，由于作者能力有限，书中难免疏漏或不妥之处，还请读者批评指正。

以此纪念这个伟大的时代！

才国伟

2018 年秋于康乐园